红色阅读

于俊道■主编

叶剑英交往纪实

中国社会科学出版社

图书在版编目(CIP)数据

叶剑英交往纪实/于俊道主编.—北京:中国社会科学出版社,2015.8
ISBN 978-7-5161-5884-5

Ⅰ.①叶… Ⅱ.①于… Ⅲ.①叶剑英(1897~1986)-生平事迹
Ⅳ.①K825.2

中国版本图书馆CIP数据核字(2015)第069713号

出版人 赵剑英
责任编辑 武云
特约编辑 丁云
责任校对 张敏
责任印制 李寡寡

出版 中国社会科学出版社
社址 北京鼓楼西大街甲158号
邮编 100720
网址 http://www.csspw.cn
发行部 010-84083685
门市部 010-84029450
经销 新华书店及其他书店

印刷装订 北京市昌平新兴胶印厂
版次 2015年8月第1版
印次 2015年9月第1次印刷

开本 710×1000 1/16
印张 20
字数 330千字
定价 59.00元

凡购买中国社会科学出版社图书,如有质量问题请与本社联系调换
电话:010-84083683

目录

“吕端大事不糊涂”

——叶剑英和毛泽东

一

毛泽东的大名，叶剑英是在大革命时期听说的。但两人真正相识，是在土地革命战争时期。

广州起义失败后，叶剑英到苏联留学，1930 年初回国后，到上海工作了一段时间。叶剑英向往毛泽东在江西创建的中央苏区，便主动要求到那里去搞军事工作，经周恩来同意于 1931 年 4 月到达瑞金。

当时，中央苏区在毛泽东、朱德领导下刚刚取得粉碎敌人第一次“围剿”的胜利，巩固和扩大了根据地。中共中央根据六届三中全会的决定，在江西省宁都县的小布成立了中共苏区中央局，并指定周恩来、项英、毛泽东、朱德等人为委员，周恩来任书记。在周恩来到职以前，由中央派来的项英代理书记，同时撤销了以毛泽东为书记的红一方面军总前委。成立中央革命军事委员会，项英任主席，毛泽东任副主席兼总政治部主任和红一方面军政治委员。叶剑英到达苏区之后，被委派负责军委参谋部的工作。

蒋介石不甘心第一次“围剿”的失败，于 2 月又调集 20 万军队，以何应钦为“陆海空总司令南昌行营主任”，开始对中央革命根据地发动第二次大规模“围剿”。在这种形势下，苏区中央局召集紧急会议，讨论第二次反“围剿”的战略方针。叶剑英也参加了这一讨论。讨论中有三种不同的意见：一是主张“分兵退敌”，到根据地外面去打。理由是，敌军步步为营，严密包围，红军相对弱小，只有分散到苏区外面去打游击，把敌人引出苏区去，才能保存红军和苏区。二是主张大撤退，大转移，退出中央苏区，到云、贵、川去建立新的苏区，摆脱敌人。有人还搬出斯大林的话证明“四川是中国革命的理想根据地”。这两种意见，实际上代表了项英等人的观点；与这两种意见截然相反的是以毛泽东为代表的一些同志的意见，主张仍然采取“诱敌深入”的作战方针，在苏区里面迎击敌人。

会上发生了激烈的争论。

由于项英是中央局代理书记，又打着坚决执行中央四中全会指示的旗号，因而其主张得到了许多人的赞成。叶剑英刚到苏区不了解情况，未明确表态，但倾向于项英的意见。毛泽东始终不同意项英的意见，他从实际情况出发，坚持主张采用后一种打法。

由于几种意见的争论相持不下，无法统一，苏区中央局决定召开由各军军长、政委参加的扩大会议。会上，毛泽东分析敌我形势：敌军数量虽多，但都不是蒋介石的嫡系部队。他们内部矛盾重重，各自为了保存实力以邻为壑，且地形不熟，情况不明，给养困难，士气低落。而我军有三个有利条件：第一红军好，士气旺盛，上下团结，军民一家，求战情绪高，且有丰富的作战经验；第二群众好，苏区人民翻身得解放，分了田地，拥护红军，仇恨敌人；第三地形好，红军熟悉地形，可以把敌人引到我们预想的战场去消灭。现在的问题是我们到底敢不敢打？毛泽东引而不发地提出这一问题后，许多军长、政委踊跃发言，主张坚决回击敌人的进攻，保卫红色政权。叶剑英在毛泽东发言时，边听边记，认真思考。他是第一次听毛泽东作这样精辟的发言，心中顿时豁然开朗，改变了原来的看法。于是，他在会上发言，拥护毛泽东的意见。会议经过充分讨论，终于肯定了毛泽东提出的诱敌深入的战略方针，在苏区内迎击和歼灭敌人。

打不打的问题解决之后，接下来讨论如何打的问题。

林彪首先发言，主张先打蒋光鼐、蔡廷锴的第十九路。有人主张拣小的打，一块一块切，一口一口吃，先吃掉小的敌人。林彪坚持己见，强调“打得一拳开，迎得百事来”。毛泽东笑了笑说：“这一拳打不开呢！不是百事不来了吗？”他接着说：“我主张打中敌，中等敌人一打，那些虾兵蟹将就会逃之夭夭。”毛泽东提出先在赣江西边打第五路军，这一路兵力多，是敌人“围剿”的主力，但这支部队刚从北方来，水土不服，战斗力不强，打垮他们是有把握的。而且打垮他们之后可向东发展，在建宁、黎川、秦宁扩大根据地。毛泽东的正确意见，获得了与会多数人的赞成，叶剑英也发言表示同意。于是，苏区中央局确定了先拿第五路军开刀，再各个击破的战役计划。

第二次反“围剿”战役在毛泽东正确思想的指导下，在朱德、毛泽东的直接指挥下，红军以三万兵力，在15天内，由西向东横扫700里，连打五个胜仗，歼灭国民党军三万余人。叶剑英参与了这次战役的指挥。他在总司令部里，认真学习毛泽东、朱德指挥红军作战的艺术，同时注意调查研究，掌握敌情、我情，逐步取得了运筹指挥的发言权。

苏区中央局会议关于战略问题的讨论和两次反“围剿”战役的伟大胜利，使叶剑英受到了极大的教育。他自己后来常说，那几个月，他的思想认识产生了关键性的飞跃。通过会议的争论和战争实践，他深深感到毛泽东是我党我军中最杰出的政治家、战略家。毛泽东料敌如神，知己知彼，深孚众望，深得人心。他下决心拜毛泽东为师。他特地找到毛泽东，主动地向他汇报了自己思想变化的过程和体会。毛泽东对叶剑英这种谦虚的态度表示赞赏和欢迎，他说：“你刚到苏区，情况不熟，这不是你的问题。项英是军委主席，他有最后决定权嘛!”

二

1932年10月上旬，中共苏区中央局全体会议在江西宁都召开。会议根据中共临时中央的有关决议和指示，开展了中央局从未有过的所谓“反倾向斗争”，激烈地批评和指责毛泽东过去坚持的正确方针政策。会后，在上海的中共临时中央，以要毛泽东主持中央政府工作的名义把他调回后方，随即撤销了他的红一方面军总政治委员的职务，由周恩来兼任。叶剑英未参加宁都会议，但对会议撤销毛泽东对红军的指挥权表示不同意见。

宁都会议后不久，中共临时中央又电示苏区中央局，令叶剑英和刘伯承对调，叶剑英任中国工农红军学校校长兼政委。

苏区中央局对创办红军学校十分重视。在建校之初，毛泽东曾意味深长地说过：新旧军阀都懂得，有权必有军，有军必有校。国民党办了个“黄埔”，我们要办个“红埔”，一定要把红校办成培养军事人才的基地。经

过前二任校领导和全体教员们的艰苦创业，短短一年多的时间，红校已初具规模。

叶剑英到校上任时，虽然毛泽东已经离开红军领导岗位，但叶剑英在领导学校工作的过程中，仍然继续贯彻古田会议精神和毛泽东倡导的从战争中培养干部的训练方针。他在召开全校干部会议讨论办校方针时，毫不含糊地指出："毛主席是正确的，古田会议精神是对的，红校的教学和训练必须从红军实际需要出发，吸收中央红军和其他苏区几次反'围剿'战争的经验，使干部通晓本行业务，提高阶级觉悟和基本战术素质。"

抓好教员队伍建设，是提高教学质量的关键。当时教员队伍比较复杂：有的是从红军战斗部队抽来的各级领导；有的是留苏、留日的学生；还有的曾是保定、黄埔军校的毕业生。军政素质各不相同，学术观点也不一致，如何统一教学思想，是迫切需要解决的课题。叶剑英决定，采用学习讨论会的形式，首先组织教员学习毛泽东总结和提出的作战指导原则，学习古田会议决议。每次学习讨论会开始前，叶剑英都会指定中心发言人。待中心发言人讲完以后，其他人根据自己的学习体会予以评论和补充。讨论会结束时，再由会议主持人对讨论的内容进行总结。这样教员边教边学，长进很快，逐步形成了一支理论水平较高的教员队伍。叶剑英还经常邀请毛泽东、朱德、周恩来、邓颖超以及陆定一、凯丰等人到校作报告。

三

中央苏区的第五次反"围剿"，在博古、李德等的错误指挥下接连失利。

1934 年五月间，中共中央书记处作出决定，准备将红军主力撤离中央根据地。但中共中央和中央军委领导人仍没有适时作出转变战略方针的决断，转移的准备工作只在极少数中央领导人中秘密进行，甚至连毛泽东也未通知。叶剑英回忆说："那时蒋介石采取堡垒战术，节节推进，步步为营。苏区很小了。鱼很大，但盆子很小，养不活。最后决定长征是没有办法才采取的行动。毛主席不同意他们那样打，打那么长时间。他主张深入到敌人心脏里去，调动敌人，采取主动，可惜他的正确建议没有被中央接受。”

当时，叶剑英刚从福建前线调回总部任军委四局局长，兼管军委直属队工作。

1934年10月中央革命军事委员会发布命令，决定将军委、总司令部及其直属部队组成“第一野战纵队”，又称军委第一纵队。叶剑英任司令员，博古、张闻天、周恩来、毛泽东、朱德、王稼祥、李德等随其行动。

10月10日，中央红军开始长征。叶剑英率领军委第一纵队从瑞金等地出发西进，进行大规模的战略转移。

长征途中，1935年1月15至17日，党中央在遵义召开政治局扩大会议。会议集中批判了王明“左”倾冒险主义在军事上的错误，重新肯定了以毛泽东为代表的正确军事路线。会议改组了党的中央领导，增选毛泽东为政治局常委。遵义会议结束了王明“左”倾冒险主义在党中央的统治，实际上确立了毛泽东在红军和党中央的领导地位，在最危急关头，挽救了红军，挽救了党，挽救了革命，成为中国革命的一次伟大历史转折。

遵义会议期间，中央纵队未单独设立司令部，由总司令部兼理。叶剑英在总司令部拖着带伤的身体协助周恩来、朱德指挥作战，日夜守候在作战值班室，处理紧急军务。

叶剑英十分关心遵义会议的进展情况，当他得知会议的结果时十分高兴。他衷心拥护会议的正确决定，拥护毛泽东的领导。他冒着大雨，连夜向部队传达会议精神。

遵义会议后，党中央、中革军委机关在遵义附近与敌人兜圈子。一天，中央机关行军到一条山谷时，突然从北边山坡上冲来敌军一个连的兵力，向中央机关人员猛烈开火。毛泽东、周恩来、朱德等都在敌射击圈内，情况非常危急。中央机关人员只好躲进一条流水沟里。过了一会儿，敌军吹起冲锋号，冲下山来，高喊：“活捉朱毛！”在这千钧一发之际，叶剑英率队从后面跟了上来。他当即下令：“通信排跟我来！”亲自带领一个排迅速冲上南面的高山，集中火力向北边压下来的敌人还击。敌军遭到狙击，摸不清底细，不敢再往下冲。双方对峙了一阵，敌军退去。中央机关转危为安。大家说：“好险呀！要不是叶参谋长及时赶到，我们要吃枪子了！”

1935年2月28日，在第二次占领遵义老城的老鸦山战斗中，三军团参谋长邓萍不幸牺牲。三军团向中央发电报，指名要求叶剑英去接任。党中央和毛泽东考虑战斗正在激烈进行，前方需要派得力的干部，便同意了三军团的要求。叶剑英在危难之际奉命前往三军团任参谋长，协助彭德怀、杨尚昆指挥三军团作战。

3月上旬，中革军委在打鼓新场附近召开重要军事会议，研究成立军事指挥小组问题。出席会议的有军委委员以及一、三军团负责人，纵队司令员、政委等。三军团参谋长叶剑英和政治部主任刘少奇也出席了这次会议。会议中间，敌机突然袭来。叶剑英眼疾手快，急呼："主席跟我来!"他拉着毛泽东的手，急忙跑出屋子，到山脚边的茅草地里，隐蔽起来。敌机空袭过后，会议继续。长征中，叶剑英两次为中央机关解围，保护毛泽东等中央领导人的故事，在红军中传为佳话。毛泽东十分赞赏叶剑英遇险不惊、急中生智的胆识。

四

1935年6月中旬，中共中央和中央红军主力与红四方面军在懋功胜利会师，两支部队总兵力约十万人。同日，在懋功县城召开了胜利会师庆祝大会，两军指战员兴高采烈，欢欣鼓舞。然而，就在广大干部战士欢庆会师的大喜日子里，四方面军主要领导人张国焘与党中央之间，却在红军前进方向和战略方针上出现了越来越大的分歧。

党中央根据华北事变后，全国抗日民主运动已走向新的高潮，华北已成为抗日斗争前线的形势，主张红军继续北上，建立川陕甘革命根据地，以便在北方建立抗日的前进阵地，领导和推进全国抗日民主运动。但张国焘依仗人多枪多，向党中央闹独立。他过高地估计敌人的力量，看不到革命形势发展的趋势，主张红军向边远地区实行总退却，指出向新疆、青海、西康发展的意见。为了解决这一重大战略方针问题，党中央于6月26日在懋功北部的两河口召开政治局会议。根据会议精神，政治局于28日作出了《关于一、四方面军会合后战略方针的决定》，指出："我们的战略方针是集中主力向北进攻，在运动中大量消灭敌人，首先取得甘肃南部，以创造川陕甘苏区根据地，使中国苏维埃运动放在更巩固、更广大的基础上，以争取中国西北各省以至全中国的胜利。”经过讨论，张国焘勉强同意毛泽东、周恩来等多数人关于北上的意见。会后，张国焘回到理县的住地后，又致电中央，仍坚持南下，并在部队中散布不信任中央的言论。策动他的支持者向中央提出改组军委和红军总司令部的名单，请张国焘任军委主席，并给予“独断决行”的大权。中共中央为了照顾红军的团结，于7月18日任命张国焘为红军总政治委员。张国焘这才勉强同意四方面军向毛儿盖前进。党中央决定派叶剑英、李卓然等到四方面军工作。

7月21日，中革军委决定以原四方面军总指挥部为红军前敌总指挥部，徐向前兼总指挥，陈昌浩兼政治委员，并应四方面军徐向前的要求，任命叶剑英为参谋长。

叶剑英接到命令后，向毛泽东等告别。毛泽东同他作了亲切谈话。随后，他带领红军总司令部机关十余名作战参谋和机要干部，立即奔向毛儿盖，去红军前敌总指挥部报到。

8月3日，中共中央由于张国焘反对北上贻误战机，被迫放弃松潘战役计划，决定改经草地北上。据此，红军总部制定了《夏洮战役计划》，将一、四方面军编为左、右两路军。以一方面军的第五军、三十二军，四方面军的第九军、三十一军、三十三军为左路军，在朱德、张国焘、刘伯承率领下，从卓克基出发，经阿坝北进；以一方面军的第一军、第三军，四方面军的第四军、第三十军为右路军，在徐向前、陈昌浩、叶剑英率领下，从毛儿盖出发，经班佑北上阿西，党中央、中革军委随右路军行动。

为了查明与找到过草地的捷径，以减少损失，缩短路程，叶剑英到三十军与军长程世才亲自找向导作调查，然后，迅速从三十军回到前敌总指挥部汇报情况，并提出愿率一部分兵力先行开路。毛泽东听取叶剑英汇报后，马上召集徐向前、陈昌浩和叶剑英等开会，进一步研究右路军北上的具体路线。经过一番讨论，最后肯定了右路军经草地到班佑，然后走拉卜愣的行军路线。

叶剑英一看路线定下来心里很高兴。他请示毛泽东说：“这一段路线我找向导打探过了，还是让我带个先遣队先走吧，蹚一蹚路！”毛泽东立即表态同意：“那好，带一个团不够吧，是不是带两个团？”随即征求徐向前、陈昌浩的意见。徐陈同意后，便决定叶剑英率两个团先行。

叶剑英率领部队经过几天几夜草地上的艰苦行军，好不容易来到了大草地北端的班佑。班佑靠大路边，是敌人骑兵经常出没的地方。叶剑英在进班佑前一天，先头部队与敌骑兵相遇，打了一仗。进班佑后，敌人三千多骑兵又来向我二六五团驻地进攻。叶剑英与程世才一起指挥部队打退了敌骑兵的进攻。

在这次战斗中，我军缴获了敌军许多马匹。第二天，程世才派出两个营的部队去“打粮”，又从敌骑兵手中夺得了几匹马和一些牛羊。叶剑英向程世才建议，把战利品分出一部分送给毛泽东等中央领导同志和中央机关和后续部队。后来，秦邦宪见到叶剑英、程世才，感激地说：“你们送来一头牛，让我们饱餐了一顿，太谢谢啦！”

叶剑英和程世才抓紧在班佑小住的时间，继续找向导老李和当地藏民调查去甘南的行军路线。待毛泽东、周恩来、徐向前、陈昌浩等陆续到达班佑后，叶剑英向毛泽东等报告了先遣部队一路情况和下一步部队行动的意见。

他建议说：“按照原计划去拉卜愣，还要走四天的草地，一路上会遇到许多敌人骑兵，不好对付；如果从班佑这里向东北转弯，接近大路，越过巴西，占领包座，很快就可以到达甘南了。”

毛泽东很重视叶剑英参谋长的意见，他翻看地图，又征求周恩来等人的意见后点头说：“剑英的意见很好，我们就决定从这里转弯吧。”此后，右路军即从班佑改道，向巴西、包座、俄界前进。叶剑英成功地完成了开路先锋的任务。

9月12日，中共中央政治局在俄界举行扩大会议，着重讨论与张国焘的斗争及今后的战略方针问题。叶剑英出席了会议。会议一致通过《关于张国焘同志的错误的决定》。会议还决定将红一方面军主力和中央军委纵队改编为中国工农红军陕甘支队，彭德怀为司令员，毛泽东为政治委员，叶剑英为参谋长。第二天，中共中央率领陕甘支队由俄界地区出发。14日，中共中央再次致电张国焘，“再一次要求张总政委立即取消南下的决心及命令，服从中央电令，具体部署左路军与四、三十军继续北上”。

但是，张国焘顽抗到底，令左路军和右路军的四军、三十军南下，另立中央，宣布“毛泽东、周恩来、博古、洛甫应撤销工作，开除中央委员及党籍，并下令通缉。杨尚昆、叶剑英，应免职查办”，直至狂妄要求取消党中央。他的反党篡军的罪恶活动发展到了登峰造极的地步。如果没有叶剑英截获“密电”并采取勇敢机智的斗争行动，如果没有党中央和毛泽东、周恩来等同志当机立断，率领一、三军团单独北上，脱离险境的话，会出现不堪设想的结局。毛泽东、周恩来等为此多次赞扬叶剑英“吕端大事不糊涂”，“板荡识忠臣”，为党为人民立了一大功。

1935 年 9 月中旬，在哈达铺毛泽东向陕甘支队干部说，一、四方面军分家时，剑英给我送了电报，立了一大功。1937 年 3 月 21 日在有张国焘等人在场的延安政治局扩大会议上说：“张国焘一到毛儿盖就反了，他就在这里大开其督军会议，用枪杆子来审查党中央路线。”……接着，在谈到左路军和右路军的问题时，毛泽东说：“叶剑英同志便将秘密的命令偷来给我看，我们便不得不单独北上了，因为这电报上说：‘南下，彻底开展党内斗争。’当时如果稍微不慎重，那么会打起来的。”

1967 年夏天，毛泽东视察大江南北，曾与杨成武谈及此事，摸着自己的脑袋风趣地说：“叶剑英同志在关键时刻是立了大功的。如果没有他，就没有这个了。他救了党，救了红军，救了我们这些人。’

1935 年 9 月中旬，陕甘支队在北上进军中，叶剑英协助毛泽东、彭德怀指挥部队斩关夺隘，越过岷山，攻克天险腊子口，18 日占领甘南的哈达铺。陕甘支队在哈达铺进行休整。红一军改编为第一纵队；红三军改编为第二纵队；中央军委纵队改编为第三纵队，叶剑英兼司令员。休整后，叶剑英率领第三纵队继续北进。9 月 27 日，我军占领榜罗镇和通渭县城。在这里叶剑英和几位同志从国民党报纸上看到有关陕甘苏区的消息，遂向毛泽东提出北上陕北的建议。其时，中央也正在分析全国局势，对陕甘苏区和西北军的情况尤为关注。在榜罗镇，党中央政治局常委举行会议，根据陕北尚有相当规模的苏区和红军等情况，决定党中央率领陕甘支队进至陕北，和当地红军一起，保卫和扩大陕北根据地。会后，陕甘支队分三路北上。

至此，中央红军胜利结束了历时一年，途经 11 个省的两万五千里长征。叶剑英以对党的耿耿忠心和殷红鲜血为这首史诗谱写的壮丽篇章，永放光华。

五

红军陕甘支队于1935年11月初到达甘泉地区同红十五军团胜利会师。3日，中华苏维埃共和国中央政府决定成立中国西北革命军事委员会，同时决定恢复红军第一方面军番号，彭德怀任司令员，毛泽东任政治委员，叶剑英任参谋长，王稼祥任政治部主任。8月，西北革命军事委员会任命叶剑英为参谋部参谋长。

11月下旬，叶剑英协助毛泽东、彭德怀指挥直罗镇战役，歼敌一个师又一个团，俘敌5300余人，缴枪3500余枝。这次战役胜利，打破了国民党军对陕甘革命根据地的第三次“围剿”，巩固了陕甘苏区，有力地配合了全国红军的行动，为党中央把全国革命大本营放在西北，举行了“奠基礼”。

当时全国的形势是，日本帝国主义继侵略我国东北之后，又制造了华北事变，日益加紧扩大对中国的侵略。国民党政府却继续执行“攘外必先安内”的卖国政策，整个中国面临着沦为日本殖民地的危险。中日两国之间的民族矛盾急剧上升为主要矛盾，促使国内各阶级、各政治集团的政治态度发生了新的变化。全国各地抗日救亡运动风起云涌，此起彼伏。

中国共产党和中国工农红军始终站在抗日救国的前列。党中央、红一方面军及其所在的陕甘苏区面临着一系列的困难：红军立足的陕北根据地面积狭小，人口稀少，土地薄，粮食短缺，供应困难，又处在国民党军的封锁和包围之中。在这种情况下，党的战略方针是什么？党和红军下一步的发展方向应该放在那里？这是党关心的大问题，但在认识上并不一致。党中央迫切需要对新的形势变化作出科学的分析，制定出正确的政治路线和革命策略。中共中央于12月17日在瓦窑堡召开政治局扩大会议，讨论党的策略路线与战略方针问题。通过了《关于目前政治形势与党的任务决议》，确立了建立抗日民族统一战线的总政策。

在讨论党的战略方针过程中，叶剑英积极提出建议，拥护党的正确主张。1935年12月19日毛泽东特复电叶剑英等：“对战略方针的提议均收到，我完全同意兄等的意见，洛甫同志及中央各同志在大会上均无不同意见，政治局已开了三天会，很好地讨论了当前的形势力量与任务。后天讨论军事问题，详情后告。”

1936 年 1 月底，毛泽东来到陕西省延长县，与彭德怀、叶剑英等召开西北革命军事委员会会议，着重讨论要不要东征作战的战略问题。由于认识分歧，会议围绕着“巩固地向前发展”还是“从发展中求巩固”问题进行了激烈的争论。毛泽东提出打阎锡山，要东渡黄河。当时有些同志反对他的意见。理由是我们刚到陕北，自己队伍少，部队很疲劳，陕北群众工作没做好，因此要巩固。阎锡山统治山西几十年，他们的保甲政策行之有效，堡垒很多，黄河不易过，过去不易立足，他们对阎锡山估计过高。有人说：“我们过黄河有东北军在我们后面，他拦头一将，我们老帅没地方跑了。”这些人提出的口号是要“要巩固地向前发展”，意思是要先巩固后发展。叶剑英和彭德怀觉得他们说得也有道理。毛泽东不同意这种意见，认为必须进入山西，在发展中求巩固。他说：“一般情况下，是需要巩固的向前发展。这是一般的道理。但今天在陕北的特殊情况下，必须从发展中才能求巩固。”

叶剑英听了毛泽东的分析，说：“毛主席，我原来坚持老原则，也认为要巩固的向前发展，没有看到这种特殊情况，我现在懂得了要从发展中巩固的道理。我想通了。”

毛泽东又同他亲切交谈，使叶剑英认识到，当时长征刚结束，红军力量削弱，前面有阎锡山，后面有张学良，全国人民要求抗日。只有表示我们有力量，表示我们真诚抗日向北走，才能团结东北军，坚持抗日的方向，才能振奋人心。在当时特定条件下，不是巩固地向前发展，而是相反，是从发展中求巩固。红军渡河东征，虽然黄河那边站不住脚，可是声势很大，可以扩大红军，缴获武器装备，解决一部分物资给养问题。他坚定地认为毛泽东的这一方针是正确的，并全力以赴贯彻执行这一方针。他立即组织地方党政机关，继续做渡河的各种准备工作，并加强对渡河先锋队和船工的行政动员和技术训练。

20 日 20 时，发起东征战役。红一方面军以“中国人民红军抗日先锋军”名义，在毛泽东、彭德怀指挥下开始渡河战斗。

当晚夜幕沉沉，黄河咆哮。第一、第十五两个军团冒着凛冽寒风，利用夜暗从陕北清涧以东的沟口、河口开始强渡。各军团突击队和先锋团以勇猛果敢的动作，一举突破了阎锡山精心筑起的黄河防线，摧毁了晋绥军沿河碉堡和河防工事，迅速控制了滩头阵地，掩护主力部队渡河向纵深发展。叶剑英亲临渡口，具体指挥，随时向毛泽东、彭德怀、周恩来电报部队渡河情况，最后率领方面军直属队随十五军团之后渡河。

东渡黄河后，为了发展胜利，中央军委决定以这一地区为作战枢纽、分兵南下北上。组成右、中、左路军。叶剑英指挥中路军负责牵制和吸引晋绥军主力，支援左右两路军的进攻行动。

3月21日毛泽东、彭德怀电令部队："为保障后方交通，赤化石楼全县、中阳南部、永和北部，猛烈扩大上述地区游击队、赤卫军、少年队，并继续包围石楼之目的，所有上述地区一切武装、部队，统一归叶剑英指挥。"

叶剑英根据毛泽东和军委指示，指挥中路军与敌军巧妙周旋，钳制敌人。他尤其注意控制石楼通往水头、石口镇、隰县、永和、留誉五条道路，充分发动群众，坚壁清野，封锁断绝敌人一切粮食供给。

4月中旬，敌人集中兵力进逼石楼。叶剑英于4月17日致电毛泽东、彭德怀："敌本17日逼近石楼城30里处，东西联络线有被切断可能，已令马家庄兵站自明18日暂停后运。我军在城内被敌夹击，拟即将主力集结城北，不得已时转移义蝶附近，阻滞敌西进，并抵抗打击永和北进之敌。已令经家岔迅速转移。"

毛、彭同意叶的部署，集结主力打击永和北进之敌，缓和了石楼地区的紧张形势，继续控制黄河渡口，掩护前委机关，使炮兵部队及后方笨重物资安全渡过黄河，保障后方交通运输和伤员的转运工作。与此同时，叶剑英大力开展地方工作，扩大部队，建立和发展了抗日游击队，建立了地方党和政府机构；征集兵员，筹粮筹款，解决陕甘苏区的物资供应。有一次，游击队在石楼县伪县长家炕里挖出六大罐银元，叶剑英命令将这些银元统统运回后方，送给毛泽东和中央领导同志，用作红军军费。

叶剑英领导的中路兵力虽然不多，但他英勇机智，巧于用兵，吸引和钳制晋军主力，圆满地完成了军委的战略意图，受到毛泽东的赞许。

六

红一方面军东征回师后，全国抗战出现了更好的形势。党中央到达陕北后，抗日民族统一战线工作在东北军和十七路军中有了很大的进展。

为适应这种形势，1935 年 12 月，党中央在瓦窑堡召开的政治局扩大会议上，决定成立东北军工作委员会，以周恩来为书记，叶剑英为副书记。

6 月 15 日，叶剑英同李克农奉毛泽东和党中央之命去蟠龙、琉璃坡、石家砭等地，了解中央军、东北军的兵力部署、进军动态，及时向毛泽东、周恩来通报敌情，并尽一切可能，利用各种关系，向东北军一〇七师、一一七师官兵进行政治宣传，积极开展统战工作，为阻止敌军进攻瓦窑堡提出许多建议，并根据毛、周指示，进行大量救护伤员，保障供给、修补道路等方面的工作。从 6 月 15 日至 22 日，一周之内，叶剑英亲笔给毛泽东、周恩来写信 14 封，并派卢伟良等专人送去。这些信内容涉及敌、我、友各个方面，不仅反映了当时抗战与统战形势任务的复杂与艰巨，也反映了红军内部机构、人事和教育以及协助延安地区干部开展工作等诸多问题，深得毛泽东、周恩来的重视。对推动统一战线、加强我党我军内部建设起了重要作用。

为了加强党的统一战线工作的领导，7 月 9 日毛泽东致电周恩来，“要剑英到安塞附近侦察。”党中央派叶剑英到安塞领导东线工作委员会（又称东线工委），与朱理治、边章伍等一起作陕北地区东北军的工作，争取他们联合抗日。

叶剑英到安塞后，根据毛泽东、周恩来的指示，立即深入到各地工委调查研究，于 7 月 26 日召开安塞、延安两县工委及县一级机关负责人会议，详细报告了当前政治形势和任务，党中央的工作部署。当晚和翌晨分别又召开了安塞、延安两工委会议，进行解决具体问题。

叶剑英在工作中及时向毛泽东和中央请示报告、发出了大量电文，有时一日数封，有时派人专送，得到中央的支持和指导帮助。

七

1937年7月7日，日本帝国主义者制造卢沟桥事变，发动了蓄谋已久的全面侵华战争。中国守军第二十九军一部奋起反抗，全国性抗日战争从此开始。

全国人民热烈响应中国共产党的号召，掀起了抗日救亡的热潮。

这时，叶剑英正在参加和平解决西安事变的工作，仍留西安，工作更加紧张忙碌。他遵照中共中央和毛泽东的指示，与各界抗日爱国人士频繁交往，昼夜热情接见各方面、各阶层代表，听取他们的呼声和建议，商谈抗日救国的办法。7月9日，他将西安各抗日救亡团体的意见概括整理成四点建议，向党中央作了报告。四点建议是：促请南京政府派部队增援在卢沟桥奋起抗战的二十九军；红军立即作准备增援华北的动员；向在卢沟桥英勇抗战的二十九军致电表示支持和慰问；派人前往华北、组织抗日义勇军。

毛泽东当晚即复电叶剑英："请答复救国会及各方，他们要求各事，我们都同意，并且正在做。请他们努力在外面与政府、党部及各界领袖协商，迅速组成对付大事变的统一战线，唯有全国团结，才能战胜日本。"

叶剑英根据毛泽东的指示，以中共和红军代表身份，继续与国民党政府军事委员会西安行营主任蒋鼎文等保持联系，就国共两党合作具体事宜、红军改编、使用等问题，进行交谈，并将谈判情形和有关建议及时报告给党中央。

7月底，叶剑英获悉南京政府军事委员会即将召开国防会议，蒋介石拟请毛泽东、朱德赴会。他即将这一消息以"万万火急"电告毛泽东和党中央："蒋目前的困难是平津陷后，和平无望，牺牲已到最后关头……后方无一省一军不拥护中央，蒋无可借口，亦无谎可说。蒋只有决心抗战才能维持统治。"叶剑英考虑毛泽东的安全，在电文中建议："毛、朱已在被请之列。我想毛不必去，朱必须去。免为汉奸人所借口。"

毛泽东和党中央采纳了叶剑英的建议，确定派周恩来、朱德和叶剑英去南京参加国防会议。周恩来、朱德、叶剑英在国民政府军事委员会召开的国防会议和各种座谈会上分别发言。叶剑英在发言中，根据毛泽东的指示，着重讲了政略战略问题。

抗日战争第二年，在中国半壁河山沦入敌手，抗日战争进入艰难的相持阶段之际，国民党当局接受共产党人的建议，决定在南岳举办游击干部训练班。这是抗战初期国共合作，发展统一战线的一个创举。

1938 年 11 月 25 日，周恩来、叶剑英出席蒋介石在南岳召开的军事会议，再次向蒋提出这个问题。蒋决定办游干班，并要中共派干部去教游击战。会后，周、叶就有关办班的具体问题与国民党方面达成协议。中共中央确定，派叶剑英带一批得力干部去南岳参加主办游干班。毛泽东说："让叶剑英去吧！讲我们的一篇道理。"

于是，叶剑英立即着手从组织上教学上进行准备，于 1939 年 2 月赴南岳主持办班。

训练班开课后，经过一段实践，叶剑英于 4 月 23 日写了《参加南岳游击干部训练班工作情形报告》，派人送给在重庆的周恩来，并报中央和毛泽东。

在训练班，叶剑英不仅负责全盘的教育工作，而且亲自讲授"游击战争概论"这门主课。根据毛泽东的《论持久战》《抗日游击战和战略问题》等著作，自己动手编写讲义，每星期讲课两次，受到国民党学员热烈欢迎，被称为"游击战争战略家"。

1939 年 6 月 9 日，叶剑英来到西南山城重庆。

这时的重庆，是中国抗战的陪都，国民党政府所在地，也是中国共产党中央派出的代表机关中共中央南方局的所在地。叶剑英到来之后，担任南方局常委兼军事部长，在南方局书记周恩来的直接领导下立即投入了紧张的工作。

1940 年 3 月，蒋介石在重庆召开各战区军以上参谋长会议。国民政府军事委员会发出通知，邀请十八集团军参谋长叶剑英和新四军参谋长张云逸参加。蒋介石企图通过会议统一口径，宣布共产党、十八集团军的"罪状"，进而发动更大规模的反共高潮。

在这次会议之前，蒋介石作了精心安排，为了限制叶剑英参谋长的申辩发言，军委会规定每个战区集团军参谋长的发言不得超过 30 分钟。会议待叶剑英发言之后，蒋介石拟以请叶参谋长吃饭的方式，发表“训令”，宣布十八集团军的“罪状”。

中共方面接到国民政府军委会的开会通知时，叶剑英正因摔伤了胳膊进行治疗。为了应付这场斗争，他决定带病出席。为了更好地应付复杂的局面，赢得这场“交战”的胜利，叶剑英组织有关同志日夜加班搜集资料，分析形势，研究对策，作了充分准备。

根据党中央、毛泽东提出的坚持抗战反对投降，坚持团结反对分裂，坚持进步反对倒退的方针。叶剑英确定在这次会议上的态度是拥蒋抗日，反对摩擦，一切以抗战、团结、进步的大局为重。充分摆事实，讲道理，晓以大义，争取更多人的同情，粉碎国民党顽固派的阴谋诡计。

开会那天，叶剑英按照规定，身着黄呢子军服，佩带中将军衔，进入会场。他虽然伤未痊愈，臂带石膏夹板，但仍精神抖擞、仪态从容。

会议刚开始，蒋介石就杀气腾腾地批评冬季攻势打得不好，要开会检讨，整顿军纪军令。接着，话锋一转，说接到很多人报告。表示这次冬季攻势之所以失败，是因为十八集团军“游而不击”，袭击友军，包庇叛军，破坏抗战，制造摩擦等等不法行为所造成的。现在要彻查此事，严肃军纪。

蒋介石的话音一落，按照他们预定的计划，天水行营参谋处处长、第二战区参谋长楚溪春，冀察战区参谋长黄伯韬，第八战区章参谋长，第十战区周副参谋长，第三十四集团军参谋长罗泽闿等连珠炮式地发言，抛出“袭击友军”、“掩护叛军”、“破坏政权”、“强征粮食”、“滥发钞票”、“贩卖毒品”等罪名，大肆进行攻击。蒋介石、何应钦自以为得计，眉飞色舞。

叶剑英却不动声色，泰然自若，冷静地倾听每个人的发言，准备后发制人，予以反击。会议开到第三天，叶剑英见时机成熟，便要求发言。在得到会议主持人同意后，他仪态大方地走上讲台，环顾四周，胸有成竹，有针对性地集中讲了两个问题：一是作战问题，二是摩擦问题。

叶剑英列举从战略到战役战斗方面的具体事实，有力地驳斥了所谓十八集团军“游而不击”、“制造摩擦”等的论调，揭穿了事实真相，驳斥国民党军官的流言，粉碎了蒋介石想借检查冬季攻势作战失败为名，加罪于十八集团军的阴谋。

叶剑英在发言的过程中，全场座无虚席，鸦雀无声，当讲到30分钟时，军委会参谋次长刘斐遵照蒋介石的命令，报告说时间到了。这时叶剑英说："我还没有讲完!"他旁若无人，继续讲下去。当讲到张荫梧勾结日伪军进攻十八集团军的罪行时，蒋介石沉不住气了，大声质问说："有这回事吗?"叶剑英响亮地回答"有"，立即把缴获的张荫梧和日伪军勾结的有关材料影印件拿出来，一件一件宣读，并把材料当众交给蒋介石看。蒋介石做梦也没有想到叶剑英的皮包里藏着这些法宝，而且当场示众，弄得唉声叹气，直摸脑袋。叶剑英越讲越有劲，一直讲了一个半小时。由于他的发言大义凛然，有理有据，合情合法，使许多人心悦诚服。

从 1939 年底第一次反共高潮到 1940 年 10 月第二次反共高潮爆发，相隔 10 个月。能够争取到这 10 个月的时间，原因是多方面的，有政治的，军事的，国内的、国际的各种因素，其中一个重要的原因就是叶剑英这篇讲演打乱了蒋介石想立即发动更大规模军事进攻的阴谋计划。蒋介石搬起石头砸了自己的脚。参谋长会议之后，叶剑英给党中央写了一个报告，连同发言稿一起送上。毛泽东把叶剑英的这篇著名讲演交给中央领导同志和其他同志传阅，并在讲演稿上作了批示："叶剑英同志 1940 年 3 月初在全国参谋长会议上的报告，此报告得到了大多数的同情。"董必武赞誉这次讲演是"叶剑英舌战群儒"。后来，毛泽东在中国共产党"七大"的一次发言中说，叶剑英在长征中截获张国焘的密电立了一功，挽救了中央，避免了损失。在重庆与国民党斗争，"舌战群儒"，又立了一功，有这两条是完全可以信赖的。

随着形势的发展，根据中共中央"驻渝干部要尽量减少"的指示，1941 年 2 月 3 日，叶剑英携带周恩来的函件和巨款，以及南方局直接领导下的党与非党干部及所联系的同情分子的撤退、疏散和隐蔽计划，飞抵延安，没有休息便立即到杨家岭向毛泽东汇报。当晚，毛泽东致电周恩来："剑英本日上午 10 时抵延，畅谈五小时。收到来示，欣慰之至，报纸题字亦看到，为之神往。小超同志照片收到，谢谢。"

从此，叶剑英结束了长达四年之久的在国统区的统战工作，回到了延安，回到了毛泽东的身边。

八

1941年2月14日，毛泽东主席让中共中央书记处通令全军："叶剑英同志已回延安，现任中共中央军事委员会参谋长，驻延安办公。"

叶剑英长期战斗在统战工作的最前线，对敌、伪、顽、友等各方面情况了如指掌，加上他本人具有精湛的军事造诣和出色的谋略才干，很快就成为毛泽东、朱德指挥全国敌后抗战的最得力的助手之一。

设在延安城西北王家坪的中央军委，是中共中央指挥抗战的大本营。从这里发出的每一项指标，下达的每一个号令，无不牵动着各抗日根据地乃至重庆、东京、华盛顿和莫斯科等各方的神经。叶剑英作为军委参谋长，深知自己肩上的分量，日夜思虑着如何给中央、军委当好参谋。他经常交代周围的同志说，参谋部的工作非常重要，处理问题要特别谨慎，要遵照党中央和毛泽东的意图办事，照顾好上下左右关系，尤其要考虑到下边有什么困难。他以身作则，带头学习贯彻党中央、毛泽东的指示，妥善处理各种问题。由他领导研究制定的作战方案，搞得十分细致、周密。

叶剑英事必躬亲，每天要办理几十件以至上百件的中央军委的重要军务和上呈下达的文电。凡军委机要处的电报，送谁，抄谁，都要经过他批发，急件随到随办。由他代军委起草的许多文电，都要呈毛主席、朱总司令审批后签发或者由他们三人联名发出，很少用"剑英"个人名义发出。那时军委总部有一个不成文的法规，就是一切工作节奏随着毛泽东转。毛泽东习惯于夜间工作，叶剑英也陪着不睡觉。时间长了，同志们对他下了这样一个评语：叶参谋长工作细心谨慎，事事周到。

观察战局的本领来自刻苦的学习和周密的调查研究。叶剑英常以"作之君，作之师"的古训来勉励自己和一起工作的领导干部，既要做群众的领导，又要当群众的老师；遇事总是先作学生后作先生，学习十分刻苦。不但自己学，还组织有关的领导干部、机关干部学。学习的内容有马恩列斯和毛泽东的军事著作，特别是毛泽东持久战的战略战术原则。他强调把唯物辩证法正确运用到军事领域中，作为研究、指导战争的唯一武器，他规定学习时间，建立学习制度，定期进行讨论小结。

1941年下半年，叶剑英与王稼祥根据毛泽东的指示，结合各根据地对敌斗争的实际，共同主持起草了《关于抗日根据地军事建设的指示》，经毛泽东、朱德审阅、修改后，于11月7日由中央军委正式下达各根据地遵照执行。“指示”明确规定：每个根据地的军事机构应包含主力军、地方军、人民武装三个部分。军事建设的中心注意力，应放在地方军及人民武装的扩大与巩固上。主力军应采取适当的精兵主义，其工作重心是提高其政治军事技术的质量。“指示”对地方军及军区的职责、自卫队及民兵的组织，活动方式以及军队与民兵的武器等问题都提出了具体要求。

随着这一指示的贯彻落实，叶剑英同军委总部同志一起认真整理和总结各根据地斗争经验，从群众的实践中，逐步摸索出一套对付敌人的办法。

为了打破并战胜日寇的围困和国民党顽固派对延安及敌后根据地的封锁，使敌、伪、友、我的军事动向能够及时交流汇报，叶剑英组织总参谋部人员汇编了《每周战报》、《一月军事动态》等内部资料。随着第二次世界大战形势的发展，叶剑英又在总参谋部成立了资料研究室，编辑《国际资料》，负责搜集、整理各交战国的战况，研究外国军事动态和军事著作。

毛泽东看了这些材料后很高兴，说这样做“大有帮助”，并且嘱托叶剑英对作战局和资料研究室的同志在生活上多加照顾。有相当长一段时间，胶东的许世友同中共中央失去电讯联络。1942年电台突然叫通了，他高兴地派人专程到延安，送给中央一根黄璨璨的金条。毛泽东亲自把这根“进贡”的金条奖给了总参谋部作战部门。

1941年6月22日，苏德战争爆发。由于德军突然袭击，攻势猛烈，很快逼近列宁格勒，苏军处于极其被动的地位。在这种严重形势面前，中国战场当面的日军会如何动作？对其应当作怎样估计，作什么样的准备？这是关系到中国抗战和全世界反法西斯战争前途的一个值得认真思索的问题。根据毛泽东和军委的意图，叶剑英及时组织参谋部人员进行讨论（日共野坂参三也参加了讨论），分析了日军北进、南下的两种可能性，认为我们的战略思想和战争准备的侧重点应当是对付日军南下。他将这个倾向性意见及时上报中央和毛泽东，以供决策参考。

后来战争的发展，特别是日本偷袭珍珠港事件证明，叶剑英对日军动向的分析预见完全正确，对中共中央制定有关方针决策起了重要作用。

与此同时，叶剑英继续密切注视着苏德战场战局的发展，1942 年夏，德国法西斯军队在苏德战场南翼实施重点进攻，疯狂攻击斯大林格勒。有些人被德国法西斯得逞于一时的表面现象所迷惑，看不出其外强中干的虚弱本质。叶剑英提醒大家观察战局要着眼于发展，透过现象看本质，对苏军转败为胜要有充分的信心。果然，不久苏军即在斯大林格勒顶住了敌人的全面进攻，取得了粉碎德军包围的巨大胜利。怎样估计这一胜利？是一般性的，还是带决定性的？当时延安各界对此众说纷纭，认识并不统一。按照毛泽东的部署，叶剑英再次组织参谋部人员展开讨论，正确分析苏德战场上两军力量的对比及消长趋势。他得出结论说，这次胜利是整个苏德战争的转折点。他把这一意见亲自整理成书面材料上报党中央，受到了毛泽东和朱德的赞许。

1943 年夏，国民党政府借共产国际解散之际，妄图发动第三次反共高潮，调动 50 万大军准备进攻陕甘宁边区。这时八路军主力部队大都在抗日前线，党中央和毛泽东等领导人所在的延安地区只有三四万留守部队。面对这种大兵压境的形势，叶剑英沉着冷静，同参谋部的同志昼夜不停地商讨对策。他考虑到，根据敌我兵力对比，动用武装力量打退国民党军队的进攻，难以取胜。经过反复潜心研究，他想出了一个近乎“空城计”的政治作战方案，破例使用我们掌握的敌情动态，公开揭露国民党的进攻阴谋，发动全解放区军民以至全国进步力量，奋起反对和制止反动派破坏抗日、挑起内战的罪行。

毛泽东、朱德对叶剑英这个建议，十分赞赏，完全采纳，决定按预定计划部署兵力，作好保卫边区的自卫准备，给来犯者以迎头痛击，同时着力打好政治仗，动员一切舆论，广泛开展宣传战，公开揭露国民党反动派破坏抗战、制造内战的阴谋。毛泽东为《解放日报》撰写了题为《质问国民党》的社论，警告蒋介石：必须立即撤退进犯边区的军队，纠正一切错误。与此同时，敌后各抗日根据地军民和国民党统治区爱国民主人士纷纷集会，发表声明和通电，声讨顽固派。

这一场以军事实力作基础的声势浩大的政治宣传战，赢得了国内外各界人士的同情。由于我方掌握了国民党军队的一切行动计划直至兵力部署、行军路线等确凿的细节，并对其揭露无遗，使得正在日夜调兵遣将，准备内战的国民党大为震惊，十分狼狈，进退维谷，最后只好下令收兵。反共高潮以彻底失败而告终。

在抗日战争面临严重困难的时期，中国共产党为了增强党的战斗力，使全党在思想上、政治上、组织上得到进一步统一，确定在党内进行一次普遍的马克思主义思想教育的整风运动。这次整风运动是从1941年5月毛泽东作《改造我们的学习》的报告开始准备的。中共中央根据报告精神，于7、8月间作出《关于增强党性的决定》和《关于调查研究的决定》。9月，中央政治局扩大会议又讨论了党的历史问题。会上高度评价了毛泽东的思想和实践，严肃批判了王明的错误路线，同时开展了批评和自我批评。叶剑英出席了这次会议，9月12日作了发言。他在发言中用毛泽东提出的反主观主义、反宗派主义的精神来剖析自己。他说，要“脱裤子”赤裸裸地来检查自己，看看自己有无犯过错误的伤痕。他回顾了自己参加革命的23年走过的道路和所做的工作，总结经验：在工作中学习，向毛主席学习，肃清思想上的主观主义。

整风运动全面开展起来以后，中共中央决定在整风的同时，进行一次普遍的审查干部的运动。这个运动本来是要解决敌我矛盾的问题，肃清、争取并改造潜入我党我军的极少数的特务、破坏分子。虽然中央在决定中强调整风和审干二者在性质上互相区别，不能混淆，但事与愿违，出现了严重的混淆两类矛盾和扩大化问题。尤其在1943年夏延安开展的“抢救运动”，问题更为严重。叶剑英和其他一些同志感到审干的“抢救运动”做法不对头，他曾向党中央、毛泽东谈了自己的看法：“延安哪有这么多特务呀？如果这样的话，那延安还能不能存在？这样搞法不行。”因此，得罪了主张搞“抢救运动”的康生。康生一伙告他的“阴状”，说他右倾，并制造借口，搞逼供信、蓄意迫害他的亲属，还制造事端，两次剥夺了他参加中央政治局扩大会议的权力。后来，毛泽东提出九条方针，强调“调查研究，一个不杀，大部不抓”，才纠正了极左的做法。叶剑英在军委直属队自始至终坚持实事求是，抵制“抢救运动”的过火行为。他几次深入到二局等单位，贯彻落实党的正确的方针政策，找挨过整的同志一一谈话，弄清问题，纠正错误，做出正确结论，使绝大多数同志得到甄别平反，摘掉“帽子”，重新走上工作岗位。

九

抗日战争胜利后，中国政治局势面临着重要转折。

毛泽东在《抗日战争胜利后的时局和我们的方针》以及党的七大开幕词中作了精辟的分析。叶剑英根据毛泽东的论述，在1945年11月27日，在延安向中外记者发表谈话，对当时的局势是这样估计的："国民党抗战期间和抗战后的政策在基本上已有所改变，即由联共抗日政策转化为联合敌伪进行反共的内战政策。"中国共产党一方面，尽力争取和平，反对内战，另一方面必须对于蒋介石发动全国规模内战的反革命计划有充分的准备，展开针锋相对的斗争。

1945年10月10日，国共两党经过一个多月的谈判达成协议，决定尽快召开政治协商会议。

12月16日，党中央和毛泽东指派叶剑英作为我党出席政治协商会议的代表之一，在周恩来率领下，从延安飞抵重庆，同国民党代表就停止国共军事冲击问题进行谈判，确定建立军事调处执行部。经过毛泽东提名批准，党中央派遣叶剑英出任军调部中共代表，于1946年1月中旬从重庆乘机抵达北平，参加军调部工作。

叶剑英在北平，身居虎穴。根据毛泽东的指示，在周恩来的直接领导下，整整战斗了1年零39个日日夜夜。于1947年2月2日，带领军调部我方最后一批人员，飞回延安，受到总参谋部的热情欢迎，受到毛泽东、刘少奇等中央领导同志的高度赞扬。

1947年春，国民党在全面进攻解放区的计划失败之后，便集中兵力重点进攻山东解放区和陕甘宁边区。中共中央决定主动撤出延安，毛泽东决定同周恩来等继续留在陕北指挥作战，同时指定由叶剑英负责组成中央后方委员会（简称后委），进驻晋西北地区，统筹中央的后方工作。

3月底，叶剑英率领中央和军委机关三千余人，冒着凛冽的寒风，东渡黄河，到达晋西北临县三交镇。这里有军委总参谋部、总政治部、中央组织部、宣传部、统战部、调查部、中央办公厅等工作机构。从国民党统治区撤回的同志也陆续来到三交，总共达五千人左右。根据中央决定统由后方委员会负责统一领导，叶剑英任后委书记。

后委担负着繁重的中央后方保障和参谋工作。叶剑英充分利用驻地固定和电台集中的有利时机，开展通讯和情报工作；及时掌握国内外特别是国民党军的动态，整理上报中央和毛泽东，通报各个战区；同时负责沟通中央与全国党政军各方面的通讯联络，成了中央和各地的“耳目”，为保证毛泽东直接指挥陕北作战和全国解放战争，起到了重要保证作用。后委被赞誉为中央的“最佳参谋部”，毛泽东非常满意。

叶剑英在后委期间，不论出席全国的土地会议，还是参加临县地方工作会议，都积极向广大干部群众宣传毛泽东主持制定的自卫战争第二年的战略方针，宣传外线作战的可能性和重要性。他说，这个方针的提出，不是一种偶然的动机，而是毛主席根据战争发展的规律提出来的，是斗争形势决定的。现在蒋管区人民要求我们去帮助他们反对饥饿，得到土地，反对独裁，得到民主。我们应当因势利导，满足人民的要求，推动革命形势继续向前发展，努力争取全国的胜利。

三交镇是吕梁山下、黄河岸边一个非常偏僻的小山村，环境非常艰苦。由于这里架设电台，情报频传，被国民党侦察发现，多次派飞机轰炸、扫射。毛泽东十分关心叶剑英和后委的安全，经常了解那里的情况。叶剑英根据毛泽东的指示，安排三交的后委机关大部住进窑洞办公，并且亲自带领大家在山脚下挖了许多防空洞。这样，减少了国民党飞机轰炸的损失。

有一次，王震从三交回到前方，毛泽东问他：“三交镇那个地方安全有没有保障，国民党还派飞机去轰炸吗？”王震回答说：“问题不大，叶参谋长他们警惕性很高，在驻地山上设有观察哨，安装了防空警报器，发现敌机，马上报警。”听了王震的汇报，毛泽东放心地点点头说：“这就好了！”

人民解放战争将要进入第三个年头。全国各个战场捷报频传，全国胜利在望。

1948 年暮春，党中央和叶剑英领导的中央后委在河北省平山县西柏坡村同刘少奇领导的中央工委会合了。

一天，晴空万里，红日高照。几位中央领导同志在毛泽东住地门前的大树下商议军政要事。散会时，毛泽东请叶剑英留下，对他说：“剑英，有一件事，想跟你商量一下。今后战争规模将越打越大，我们的干部大部分缺乏指挥大部队作战的经验，需要重新学习。中央决定，在华北军区办一所军政大学，想让你去当校长兼政委，你看怎么样?”叶剑英对这个突如其来的决定没有思想准备，但他一向组织观念很强，立即表态，愉快服从组织决定。

叶剑英说：“中央这个决定，是对我的信任，我没有意见。只是多年没有做这项工作了，担心完不成任务。”毛泽东说：“我们研究过了，认为你能胜任这项工作。中央决定调华北军区的萧克给你当助手。你们都有办校经验。”接着，毛泽东又提出办校的方针和要求，告诉他华北军大应当坚持理论联系实际，直接为战争服务，同时还要为未来的国防建设的需要着想，为解放军的正规化建设培养人才。

在办校中，叶剑英向全体教学人员提出“不教而战是谓弃之，不学而教是谓害之”的名言，动员大家互相为师，教学相长，齐心努力是贯彻毛泽东制定的理论与实际结合的教学思想。他根据战争形势发展的需要，明确提出军事教育要突出毛泽东军事思想，进行《十大军事原则》的教育。

华北军大在叶剑英领导下，由于全体教职员工共同努力，取得了显著成绩，为华北地区乃至全国解放培养了一大批军事政治干部，得到毛泽东、朱德等中央领导同志的赞扬。

十

解放战争进入第三年后，毛泽东同志及时地组织了辽沈、淮海、平津三大战役，指挥人民解放军向国民党军队展开战略决战。这三大战役，使国民党赖以生存的发动反革命内战的精锐部队基本上归于消灭，大大地加速了解放战争的胜利到来。随着解放战争的胜利，收复北平已指日可待。

1948 年底，叶剑英离开华北军大，被委任为北平军事管制委员会主任兼市长。

毛泽东在河北省平山县西柏坡亲自找叶剑英等人谈话。他嘱咐说：“这次接管北平，影响中外，你们务必办到如同沈阳、济南那样的接受和管理成绩，不要落在沈阳和济南之后。特别要注意，不要犯接受石家庄初期时的那些‘左’的错误。”这语重心长的话语，表达了党中央的深切期望。

1949 年 1 月 31 日，北平和平解放。

叶剑英入城以后，即忙于各个机构、各条战线的接管工作。同时，为安排党中央、毛泽东在北平驻地，准备迎接毛泽东等中央领导同志入城而紧张忙碌着。

是啊！毛泽东主席等中央领导人和中央机关进城后住在哪里好呢？叶剑英费了心思。他经过调查研究，又与其他人商量，并征得周恩来的同意，把中央领导人和中央机关的办公室和居住的地点，初步选在中南海，并派人组织力量进行整修。

3 月 24 日，古老的北平沐浴在春风里，喜气洋洋，轻歌曼舞，它要迎接一位伟大的人民领袖。

这一天，毛泽东和他的战友们吃过午饭，一挥手笑着说："走啦，咱们进京赶考！"

毛泽东等离开西柏坡，坐着一辆吉普车先来到涿县，然后乘火车直达北平清华园。

25 日，叶剑英得到通知，专程到涿县来迎接毛泽东等中央领导人。他向毛泽东敬了个军礼，介绍了北平和平解放的情况。

他说："北平的所有名胜古迹，都受到了保护，没有遭到任何损失和破坏。城市里的生产和生活一切正常，北平的男女老少都称赞北平的和平解放。和平解放北平，这是一个大奇迹。在古今中外的战史上，国都、大城市或重要阵地，不是攻打不下被迫退兵，就是强行攻占，将敌人消灭。无条件的和平解放，在战史上几乎是没有的。"

"是啊，战史上见不到，咱们今天就见到了，这是傅作义将军的功劳，他带了一个好头。"毛泽东笑着说，"今后，南京政府、各地的地方政府和国民党军队，还可能这样做。这样做，对国家对人民对他们自己都有好处。"

"北平和平解放时，不少民主人士来信来电，表示他们坚决拥护共产党，要和共产党更好地合作，希望共产党在北平成立全国性的政府。"叶剑英作了补充。

毛泽东说："他们不知道我们已经在七届二中全会上把北平定为首都，慢慢他们就会知道的。但是，要最后决定还得召开政治协商会议。"

叶剑英接着报告说，北平和平解放后，工厂照样生产，商店照常营业，学生照常上课。北平的政权机关和官办机构，都派了军官和接管人员。社会秩序很好，也没有发生骚乱。过去那些社会流氓也没有敢出来捣乱。反动分子和潜伏下来的特务，现在还没有公开出来进行破坏。

毛泽东听了满意地说：“和平解放的城市一切都正常，这就好了。”他要求对参加军事管制的人讲清楚：我们不但解放大城市，我们还要管理好大城市。人民解放军和全体党政干部，要学会管理都市工作和学会做经济工作。

当天下午，叶剑英陪同毛泽东、朱德驱车去西苑机场检阅参加平津战役的人民解放军部队。他们穿着旧大衣，戴着旧棉帽，站在敞篷吉普车上，深情地望着一排排大炮、装甲车。

晚间，毛泽东等在颐和园休息，随后又移往香山的双清别墅。

这期间，经过几个月的日夜整修，中南海里里外外已是焕然一新。

1949 年 6、7 月间，叶剑英亲自去双清别墅请毛泽东和党中央迁入中南海办公。毛泽东直到谢世，一直都居住在中南海。

但是，叶剑英在北平工作的日子并不长。毛泽东考虑，为了加强对广东、广西地区党政军工作的统一领导，有必要组建新的中共中央华南分局。于是经他提议，中央任命叶剑英为华南分局第一书记，并要叶剑英和第四、十五两兵团负责人统帅一支部队向广东进军。

毛泽东几次请叶剑英进中南海亲切交谈。

“剑英，中央决定你带领大军南下，解放两广，有什么考虑？”

“主席，我感到担子太重，多年不做地方工作了，怕搞不好，请主席和中央多提醒、多指教。”

毛泽东对叶剑英的谦逊质朴的品格一向很欣赏，很满意。但他还是要听听叶剑英的意见。

叶剑英深知毛泽东的民主作风，简要地汇报了自己的设想和南下的准备工作情况。他觉得一个突出的问题是干部“危机”，风趣地说：“主席，华南解放晚，别处都把干部要走了，剩下能分配给我们的干部太少了。”

他顿一顿打个比方说：“我们客家话中种水田有一种‘水尾田’，意思是流到最后剩的水就不多了，请您帮助多给一点水吧！”

毛泽东感到眼前这位“客家老”提了一个很关键但又棘手的问题。他借叶剑英的比喻，也很风趣地回答：“‘水尾田’是‘水尾田’，但是你那里有一股泉水嘛。”

毛泽东讲的“泉水”是指方方同志领导的原华南分局、两广纵队和广大人民群众，是说在那里蕴藏着取之不尽、用之不竭的人才资源。

叶剑英明白：毛泽东是要求他自力更生地解决干部问题。

毛泽东看出叶剑英有点为难，于是，主动提出，要中央组织部尽力为华南分配一些干部，从北平、山东、华北军政大学及一些大学生中挑选了一批干部，陆续送到华南。

关于工作部署，毛泽东同叶剑英商量，确定第一步，叶带领南下干部先到江西赣州同四兵团、十五兵团负责人及方方等人会合；第二步召开会议，着重解决好党、政、军领导机构的组成和各级干部的配备、解放广东的作战部署、接收和管理广东的各项政策以及准备对付帝国主义的经济封锁和军事干涉等各个方面的问题。

毛泽东最后嘱咐说：“剑英，你是熟悉两广情况的，那里素有革命传统和基础。随军南下的同志对原华南分局及各级党委工作的成绩要有恰当的估计。”

叶剑英非常重视毛泽东的提醒，表示一定尊重原有的干部和已有的工作基础。

毛泽东想了想说：“突出的是团结问题，搞好团结才有力量，可以战胜一切。”

叶剑英说：“这是非常重要的。我一定带头搞好南下干部与本地干部、军队干部与地方干部、新干部与老干部之间关系，请主席放心！”

叶剑英受命后即离开北平南下，于9月上旬到达江西省赣州。经过赣州会议，确定具体作战计划后，叶剑英和陈赓等指挥的独立兵团分路向广东敌军发起攻击。

10月14日，广州解放。

广州刚解放时，国民党飞机时常来袭扰，进行轰炸。敌人暗藏特务在地面上配合，活动很猖獗，曾两次把炸弹扔进市政府院内爆炸。国民党特务机关在香港成立行动小组，训练特务，伺机潜入广州，预谋暗杀广州市

长叶剑英。有一次，叶剑英外出开会回来，在途中突然遭到暗藏特务连开三枪，幸未中弹。市公安局立即将情况报告华南分局和党中央。毛泽东知道以后，对叶剑英和华南分局其他领导同志的安全极为关心。他一面指示公安部门加紧采取反特措施，一面给叶剑英发电嘱咐："注意安全，不要在公开场合露面，如集会、讲演等等。"

叶剑英对毛泽东的关怀，由衷感谢，复电说：我及分局同志，应尊来示，提高警惕，加强保卫，免遭暗算，同时加强侦察破案，镇压敌之阴谋。叶剑英始终保持旺盛的斗志，浑身是胆，照常出席各种群众活动场合，开展各项活动，给人以大的力量和鼓舞。

社会治安好转之后，叶剑英便把主要精力投入城乡建设的方面。1950年，他主持召开城市工作会议，主要研究在生产系统进行民主改革和工厂管理的方针，制定了一系列具体政策，很有成效。

这一年6月，党中央召开七届三中全会，一项重要议程是研究进一步调整工商业的问题。在会上，叶剑英结合广东的实际情况发言说："广东在公私、劳资、城乡、内外的这些工作上也遇到了一些困难，也的确有些毛病和麻烦。应该采取调整的办法，达到共存共荣，将来实行和平转变。"

"讲得对。"毛泽东听了很感兴趣。

叶剑英接着说："在这一时期，政权制度是新民主主义的。生产建设的武器就是调整，也就是限制。依靠调整、限制、达到公私兼顾，劳资两利，城乡互助，内外交流的互助，也就是达到恢复、发展生产、繁荣经济的目的。"毛泽东听到这里很赞成叶剑英的意见，补充说："有些是我们要自己限制，要把尾巴夹紧一点。"

叶剑英的通篇发言，得到毛泽东和与会同志的赞赏。他回到广东，立即主持召开全省市镇工作会议，贯彻落实中央全会精神。

广州局势稍微稳定之后，叶剑英根据毛泽东1950年11月17日"迅速将广西土匪肃清"的指示，与陶铸等到广西南宁，与张云逸主持召开省委扩大会议，研究部署了广西剿匪工作。叶剑英对会议结果很满意，并将情况向毛泽东作了报告。

按照党中央和毛泽东的要求，经过半年多的努力，广西全境股匪基本消灭，为建立和巩固城乡各级人民政权和应付外敌的可能入侵打下了良好基础。

在剿匪反霸的同时，叶剑英主持华南分局召开专门会议，进行试点，从实际出发，贯彻中央人民政府1950年6月颁布的《中华人民共和国土地改革法》，在广东地区进行了土地改革，取得了很大成绩。1951年1月和4月，中南土改委员会的负责人两次到广州，对广东土改试点县的工作提出了不适当的批评。不久，刮起了一股指责广东“和平土改”、“地方主义”的风。叶剑英曾就此事向来广州检查“三反”、“五反”运动的薄一波表明了自己的不同的看法和态度。薄回到北京，向毛泽东就自己所了解的情况，作了如实汇报。

1952年6月，毛泽东主席将叶剑英、方方、陶铸召到北京，批评了华南分局领导工作中存在的“和平土改”和“地方主义”的“错误”。

叶剑英在领导土改中，政策掌握得好，符合广东的实际情况。毛泽东批评“地方主义”，主要指的是华南分局第三书记方方。所以毛泽东说，叶剑英对这个问题没有什么责任，更不能说是搞“地方主义”的头头。尽管如此，为了照顾大局，此后不久召开的华南分局扩大会议上，叶剑英还是作了自我批评，并向来广州检查“三反”、“五反”工作的薄一波谈了自己的看法，请他在适当时机向毛泽东和党中央转达。

十一

1953年10月，叶剑英奉毛泽东之命离开中共中央中南局代理第一书记、中南军事委员会代理主席的岗位，返回北京，担任中共中央军事委员会委员、中央人民政府人民革命军事委员会副主席，翌年，被任命为中国人民解放军武装力量监察部部长。

毛泽东根据马列主义原理，一向把建立新型的人民军队作为武装革命斗争和无产阶级专政的首要条件和首要问题来看待，认为没有人民的军队，便没有人民的一切。建国以后，他继续强调建设一支优良的现代化的革命军队，建立强大的国防军，并创立了一套完整的国防现代化的理论。

叶剑英到中央军委岗位以后，在出席全国军事系统党的高级会议上和其他会议上，根据毛泽东的指示，多次发表文章和讲话，积极探讨未来战

争和现代条件下的部队建设问题，阐述我军在原有基础上建立一支现代化、正规化的强大国防军的重要意义。他还对我国由单一兵种型向诸兵种合成型军队转变过程中出现的新问题；如各军兵种的领导机构如何设置，组织指挥系统、编制体制如何确立，政治工作、教育训练如何进行，武器装备、供给保障如何加强，等等，提出了明确具体的建议。

为了加强国防现代化建设，中央军委根据毛泽东1954年提出要搞“两弹”的建议，开会研究原子弹和导弹等尖端武器的研制，并着手进行筹备工作。叶剑英态度鲜明，极力支持并赞同毛泽东、周恩来的意见，主张搞“两弹”，并逐步用之于加强部队装备和训练。此后，叶剑英就“两弹”和人造卫星研制、发射问题多次向有关部门作指示、批示，并就有关问题向毛主席、周总理请示报告。

1955年冬，叶剑英在亲自主持带领全军性的大规模的辽东半岛抗登陆演习中，非常重视运用毛泽东军事思想作指导。他认为，毛泽东提出的十大军事原则对现代战争仍具有重要的指导意义。他说：“20世纪是原子的世界。原子的发现和运用到战场上，无疑将给战争的进程和结局带来重大的影响。但应该指出，原子武器的出现和现代军事技术的发展，并没有根本地改变现代战争的基本规律及其指导原则，而只是为作战双方提供了充分利用现代战争规律的更加有利的条件罢了。对我们中国人民解放军的干部来说，更应该指出的是，毛主席在解放战争时期所拟定的十大军事原则，在现代战争中仍然具有现实的指导意义。”他针对某些人提出的“毛泽东军事思想不能解决现代化作战问题”的论调，举例说明了如何把“不打无准备之仗”、“以歼灭敌人有生力量为主要目标”、“集中绝对优势兵力”、“创造战场”等原则运用于现代战争之中，使大家对毛泽东军事思想有了新的认识。

十二

20世纪中期，随着现代科学技术的飞跃发展，军事科学领域出现了一系列新问题，世界各国都在努力加以研究和探讨。叶剑英作为主管全军军事教育训练的军委领导人之一，清醒地认识到了这种形势，深感建立与发展我军自己的军事科学，势在必行。他经过调查研究和深思熟虑，于1956

年冬向中央军委和毛泽东主席提出建立军事科学院，全面系统地开展军事科学研究工作的建议。这一具有远见卓识的建议，立即得到了中央军委和毛泽东主席的批准。叶剑英任建院筹备委员会主任，着手调配干部，组织力量建院。1958 年 3 月军事科学院正式成立，叶剑英任院长兼政委。

5 月 25 日，叶剑英向毛泽东主席写了一个报告。这个报告除了汇报建院经过外，还对军事科学研究的方针、任务、对象及方法步骤等一系列问题，作了系统的阐述。提出，军事科学院应当以马列主义、毛泽东思想为指针，采取厚今薄古，学习、研究、生产三者相结合的方法，广泛利用现代科学技术的成就，从我国、我军的实际情况出发，研究出适合我军在未来战争中所需要的战术、战役的指导思想及作战方法，编写出我军的作战条令和我军战史。

毛泽东看了叶剑英的报告，表示赞同，指示军事科学院“应该集中一批有丰富经验和战斗经验的同志，搞出自己的一本战斗条令来”。

根据毛泽东的指示，叶剑英在武汉主持召开军委各总部、各军兵种、各大军区领导同志参加的编写条令座谈会。随后又在北京召开全军第一次科学研究工作会议，明确编写条令和其他各项科研任务和分类体系，提出全军科研工作要“统一规划，全军动手”，从上到下建立统一的组织机构和研究体系。发动全军动手搞科研，编写出各种条令、条例来。

叶剑英反复阐明用马列主义、毛泽东思想总结我军经验，从事军事科学研究的极端重要性。他指出，军事科学不同于自然科学，是研究战争的理论科学。这种理论概括起来就是毛主席常说的战争的规律和战争指导规律。我们研究军事科学，就是要解决对战争规律的全面的系统的认识。战争和战略的理论是军事科学的骨干。为了便于研究，他把军事科学研究的范围划分为军事思想、军事学术、军事技术三个方面。

叶剑英提出在军事科学研究中，要坚持“以我为主”的原则。这就是“以毛泽东军事思想为指针；以保卫祖国的战略方针为依据；以总结我军经验为主，有选择地吸收苏联及其他国家的经验；认真地研究敌人；从我国我军现实情况出发，照顾到今后可能的发展”。并解释说，这五条是个统一体，不能孤立与分割。毛泽东军事思想是我们进行军事科学研究工作的统帅和灵魂。总结经验、学习友军、研究敌人都必须运用毛泽东的军事思想作指导。我军的经验是我们研究与发展军事科学的宝贵基础，现实情况是我们的立足点，照顾将来就是要看到发展。总起来贯穿着一个“以我为主”的精神，就是要“在我军已有经验的基础上，从客观实际情况出发，独立自主地考虑问题，解决问题”。叶剑英强调指出，“以我为主”，有主有次，主次是对立的统一。“我”不是孤立存在的，“我”的对立面是“敌”，我的旁边是“友”。因此，“以我为主”要有选择地学习苏联及其他国家的先进经验，认真研究敌人。“我”本身有过去、现在和将来，因此要在总结过去经验的基础上，立足于现实，着眼于将来。由此可见，上面提到的各点互相之间有其内在的联系，其中主导的是毛泽东的军事思想。只有掌握了毛泽东军事思想才能正确的解决我、友、敌和过去、现在、将来的关系。

在叶剑英主持下，军事科学院和全军共同努力，编写各种条令、条例工作进展比较快。截至1959年年底，总共编写出空军、海军、炮兵、装甲兵、防化兵、通信兵、铁道兵战斗概则和条令，以及司令部、后方勤务条令等二十余种，编写出各种专业的条例、教程、教范、教材等一万五千余份。《合成军队战斗条令概则》、《合成步兵战斗条令》、《合成军队军师战斗条令》、《合成军队团营战斗条令》、《内务条令》、《纪律条令》、《队列条令》、《政治工作条例》，从1961到1964年先后经军委批准颁发全军试行。

1959年9月，中共中央组成新的军事委员会，叶剑英被任命为中央军委常委。1960年初，兼任全军军事训练和军事学术研究委员会主任，在领导全军军事学术研究工作的同时，又继续肩负起了领导全军院校和部队的教育训练工作的重任。

叶剑英根据毛泽东建国后关于部队必须适应现代化正规建设的要求，展开了正规化训练，严格训练，迅速提高现代化作战能力的指示，在领导全军训练过程中，经过实践探索，对军事训练在我军建设中的重要地位、作用以及训练的方针、任务、对象和方法等提出了独创性的见解，总结一套比较完整的军事训练的理论，从而丰富和发展了毛泽东军事思想。

他在军事训练中坚持贯彻毛泽东倡导的理论联系实际的原则，强调做到红、专、健结合。“红”，就是要有高度的政治觉悟和优良的思想作风。“专”，就是能熟练地掌握本身的业务技术。“健”，就是要有健壮的身体。红、专、健，就是毛主席指示的“德育、智育、体育”。必须向着这个目标努力，三者缺一不可。只红不专不行，是空谈的政治家；只专不红更不行；但只有红专，没有健也不行，这是“物质基础”。现代战争对人的身体素质提出了更高的要求。杜甫有句诗“身欲飞兮病在床”，躺在床上爬不起来，技术再好也没有用。所以，除了抓红、专之外，还要抓健。

叶剑英在主持全军训练中，深入部队训练实践中作调查研究，研究训练改革问题，总结群众性的练兵经验，不断探索和改进练兵方法。1963 年秋，他发现并大力提倡郭兴福教学方法。他从继承我军的光荣传统和现代革命军队的高度，评价了郭兴福教学方法的特点及意义，高兴地指出，郭兴福教学法的出现，不仅得到南京军区部队的赞同，还自发地在其他一些部队传播，这充分说明群众是真的英雄，群众的创造力量是无穷无尽的。他把郭兴福的教学方法概括为五大特征：第一，善于在教学中抓现实思想，充分调动练兵的积极性，并能够发扬教学民主，集中群众的智慧，实行官兵互教，评教评学；第二，把练技术、练战术、练思想、练作风紧密地结合一起，把兵练得思想红，作风硬，战术活，而且身强力壮，一个个都像小老虎一样；第三，采取由简到繁，由分到合，情况诱导，正误对比的方法，逐步加深认识，掌握要领；第四，把言教与身教，苦练与巧练结合起来，使战士百听不厌，百练不倦；第五，严格要求，一丝不苟，谆谆善诱，耐心说服。叶剑英指出：“上述这些方法，不仅适合于步兵，而且适合于各军种、兵种。”他认为，不能把郭兴福教学法简单看成部队训练的一种具体方法，不能低估郭兴福教学法对全军现代化建设的意义。

这一年 12 月 27 日，叶剑英正式向中央军委写报告，扼要介绍了郭兴福教学法的内容和特点，建议军委在全军加以推广。毛泽东仔细看了这份报告，当看到文中第二个特点，即“把兵练得一个个都像小老虎一样”时，在下面划了一条杠，说“这一条我最感兴趣”。当看到报告中提出“郭兴福教学法继承了我军传统的练兵方法”一句时又说：“不仅是继承，而且有发展。”最后，毛主席肯定和赞扬了郭兴福的教学方法，并对罗瑞卿说：“叶帅找到了一个好方法。”

不久，军委向全军发出指示，在全军范围内开展大比武，广泛深入地掀起了学习郭兴福教学法的群众运动。北京、济南部队举行“尖子”表演时，毛泽东和中央一些领导同志前往观看。毛泽东看后很高兴，称赞“尖子”表演很好，要在全军普及，并指出：光有“尖子”是不够的，普及“尖子”经验要很快布置，要抓紧这项工作。叶剑英遵照毛泽东的指示，立即向全军提出了当前军事训练工作的意见，指出：“今后军事训练的中心任务是全面落实毛主席的指示，狠抓普及”，并对普及工作提出了具体要求。

叶剑英在领导全军部队训练的同时，根据毛泽东历来强调的教育思想对军队院校的办校方针、教育体制、教育内容和教学方法等各个环节，进行深入研究，不断改革和完善，形成了比较完善的教育体系。他提出，办校中要贯彻毛泽东倡导的一切从实际出发的干部训练方针，坚持理论联系实际，为军队现代化服务的办校方向。

十三

1966年，“文化大革命”开始。身为中央书记处书记和军委副主席兼任军委秘书长的叶剑英，负责主持军委日常工作。他重任在肩，异常繁忙，心情一直处于紧张和矛盾之中。他出于对毛泽东的长期信赖和深厚感情，虽然从一开始就感到运动来得迅猛，处于“不理解”的状态，但对这场大革命还是拥护的，并积极参加领导运动。然而随着运动的深入，问题暴露得越来越多，他觉得运动的矛头所向不对，开始为国家和军队的命运和前途担忧，对运动出现的一些错误逐步进行抵制和斗争。

斗争集中围绕着“要不要党的领导和要不要稳定军队”问题展开。

林彪、江青一伙从“文化大革命”一开始就企图在制造天下大乱的同时搞乱军队。他们指示军内“造反派”冲击军队机关和围攻军队领导干部，妄图从乱中夺权，改变人民军队的性质，使之成为他们随心所欲地篡党夺权的工具。

叶剑英始终坚定地认为，“天下不能乱，长城不能毁”，只要军队不乱，天下就保得住。因此，叶剑英要求军队必须保持高度戒备，听从统一指挥，并同徐向前、聂荣臻、陈毅等几位元帅等多次研究，制定了一系列稳定军队的规定和措施。

但是，在林彪、江青一伙的煽动下，到11月，进入北京的军队院校师生已达10万人，到处冲击中共中央和国务院、国防部，直至冲击毛泽东的住地中南海。

叶剑英为了稳定首都局势，经报毛泽东批准，于11月13日，由总政治部在北京工人体育场召开军队院校和文体单位来京人员大会。叶剑英和几位军委副主席在大会上作了重要讲话，强调稳定军队，对“文化大革命”中出现的许多非正常现象和错误做法，提出了严肃批评。

叶帅在讲话中引证毛泽东的话说，鲁迅的《阿Q正传》中有个人，是不准别人改正错误，不准人家革命。要允许人家犯错误，允许人家改正错误，允许人家革命。毛主席说，过去旧戏演《三娘教子》，现在“文化大革命”是“子教三娘”。我们要向青年学习。但是，我奉劝青年同志们，要时时读毛主席的书，照毛主席的指示办事，但不要把毛主席著作当作“圣经”来念，不要再犯教条主义错误。

11月29日，在工人体育场再次召开的军队院校师生大会上，叶剑英着重阐述了毛泽东对青年一代的亲切关怀和殷切希望，以及军队院校培养学生的重要意义。他肯定绝大多数师生是革命的、是好的，同时对少数人不守纪律、“住大房子”、“坐小汽车”、讲排场、摆阔气等破坏解放军优良传统的不良倾向提出了严厉批评。他说：“一小撮人煽动一部分群众到毛主席办公的地方猛冲、猛打，这行吗？这些人如果不改，就是废品，将来不能用的。有人说我又挑动群众斗群众，不是！我不敢挑动群众斗群众。这样的人不是群众，是废品，要洗刷！有人冲我们的国防部是个大错误，严格讲是反革命！”最后，他苦口婆心地劝说同学们回校闹革命，搞好本单位的斗、批、改。

林彪、江青一伙对几位元帅的迫害，有增无减。他们指使“造反派”纠缠叶剑英在两次“10万人大会”上的讲话，没完没了，硬逼他继续检查。

此事上告到毛泽东那里。毛泽东想使叶开脱，说：“检讨一下，了此一案。”12月31日，年末岁尾，叶剑英根据毛泽东的指示，被迫到军队院校所谓师生代表会议上违心地进行“检讨”，算是“送旧迎新”。但是此事并未了结。军内造反派在“中央文革”一些野心家的策动下成立“批资反筹备处”，确定1967年1月5日联合召开“批判资产阶级反动路线大会”，指名要叶剑英到会检讨。后来周恩来总理亲自出面制止了这次批判大会的召开，又一次保护了叶帅。

1967 年 1 月 22 日，毛泽东在人民大会堂接见参加军委碰头会的同志。毛泽东特意招呼叶剑英等坐在他的身边，并询问军委碰头会情况，叶剑英扼要地谈了自己的意见。会议开始，气氛相当紧张、激烈。军队许多高级领导干部此时此刻见到他们日夜想念的毛泽东主席，心情非常激动，纷纷向他汇报部队在“文化大革命”中遇到的问题，诉说自己在运动中受到的委屈。毛泽东边听边作解释，表示同意叶剑英和几位老帅们的意见。他说，人民解放军是无产阶级专政的柱石，要防止帝国主义侵略，抓紧战备。军队要稳定，要团结，不要你搞我，我搞你，不要分裂。

根据毛泽东的指示，叶剑英主持军委碰头会议，同其他几位军委领导同志商量，一致认为无论如何要稳定军队，要搞个命令，搞个章程。经过反复研究，拟定了军委命令初稿，送中央文革讨论，经过修改，又报请毛泽东批示。毛泽东亲自找叶剑英、徐向前、陈毅、聂荣臻等同志进行研究，最后定为八条，并认为八条命令“很好，照发”。1 月 28 日由中央军委颁布执行。

这“八条命令”主旨在稳定军队。由于经过毛泽东批准，对稳定军队局势确实起到了很大作用。

为了进一步解决稳定军队局势问题，1967 年 2 月 6 日，军委碰头会议转移到西山，在叶剑英主持下继续开会。大家分析一些地区军队混乱的局势，感到“八条命令”还不够，也未完全落到实处，还要再规定几条加以限制。为了进一步贯彻军委命令，叶剑英又主持制定了《中共中央军委关于军以上领导机关文化大革命的几项规定》（即七项规定），进一步规定了稳定军队的具体措施。叶剑英说：“本来八条一个文件就可以解决问题了，现在又搞了个七条，这些都是我们斗争出来的。”

“八条命令”和“七条规定”相继颁布后，立即消除了一些地区的混乱现象，保证了部队的正常秩序，在一定程度上挫败了江青、陈伯达、康生等人乱军夺权的阴谋。双方斗争日趋尖锐、白热化。

1967 年 2 月 14 日，周恩来在中南海怀仁堂主持召开政治局碰头会（即怀仁堂会议）。在这次碰头会上，叶剑英同其他几位元帅和老同志责问康生、陈伯达、张春桥一伙，对他们的错误做法提出了尖锐批评。散会后，张春桥、王力、姚文元立即向江青汇报，并于当晚整理出会议记录，歪曲事实，捏造罪名，向毛泽东作了汇报。

2月18日深夜，毛泽东召集部分政治局委员开会，非常尖锐和激烈地批评了在怀仁堂会议上提意见的几位老帅和老同志，指责他们是搞复辟，搞翻案。从2月25日起至3月15日，在怀仁堂召开了七次“政治生活会”批评这些同志。林彪、江青、康生、张春桥等人把“三老”、“四帅”在不同会议上对“文化大革命”的批评诬陷为“二月逆流”，借机掀起所谓“反击全国自上而下的复辟逆流”的浪潮，更大规模地打击迫害党和国家的各级领导干部。此后，中央政治局便在实际上停止了活动，批判斗争却一直没有停止。康生说：“二月逆流首先打第一炮的是叶剑英。”

但是，叶剑英逆流而上，继续坚持斗争，制止一些“造反派”到各大军区打砸抢、扰乱部队正常秩序的错误行为，维护部队的稳定。

直到党的八届十二中全会以后，毛泽东亲自找几位元帅谈话，并在1969年1月3日批示：“所有与‘二月逆流’有关的老同志及其家属，都不要批判，要把关系搞好。”至此对所谓“二月逆流”的批判才开始降温。以后，毛泽东多次讲到“二月逆流”平反问题，中共中央专门作出决定，为“二月逆流”平反。

1969年春节，毛泽东找几位老帅谈话，要他们到工厂去蹲点，作点调查，接受工人阶级的“再教育”。叶剑英被指定去新华印刷厂。

叶剑英冒着凛冽的寒风来到新华印刷厂，分配到装订车间工作。他真心实意地按照毛泽东的指示来接近工人，参加劳动，以一个普通劳动者的姿态，和工人同吃同劳动，虚心向工人学习。

2月，突然发生苏联边防军悍然侵入我国神圣领土的“珍宝岛事件”。

这时叶剑英虽然被迫离开军委领导工作岗位，但对“文化大革命”中发生的这一重大事件极为关注。3月初，他根据毛泽东、周恩来指示，同其他几位在北京“六厂二校”蹲点的元帅一起讨论国际形势问题。3月18日向党中央、毛泽东写了报告，提出了七条具体建议。下旬，又同其他几位元帅一起多次研究了珍宝岛反击作战问题，并根据研究的意见由他负责整理了一份《从世界的森林看一棵珍宝岛树》的报告上呈毛泽东。报告站在世界全局高度分析了苏联入侵珍宝岛的原因、目的及其发展趋势，进而揭示了美苏称霸全球的战略企图、与各国之间的矛盾斗争；并适应当时形势，对民兵建设、军事训练、军工生产等一系列问题提出了具体建议。

九大以后，叶剑英和陈毅、徐向前、聂荣臻等几位元帅受毛泽东、周恩来之托，多次在紫光阁成武殿聚会，在陈毅主持下，全面深入讨论国际形势和战略问题。后将讨论的情况整理成一份书面报告，向党中央和毛泽东主席、周恩来总理提出了外交方面的建议。这些具有重大战略意义的建议，后来为毛泽东首肯，被中央采纳，对缓和中美关系、打开外交新局面，起到了积极的促进作用。

1970年7月16日，叶剑英突然被告知，解除在湖南三百多天的“流放”生活，由长沙乘机返回北京。

随后，叶剑英同中央其他领导人飞上庐山参加党的九届二中全会。会上，林彪、陈伯达一伙早有预谋，搞突然袭击，抛出“称天才”的材料，坚持设国家主席，迫不及待地进行抢班夺权。这当即受到毛泽东、周恩来以及与会多数同志的揭发批判。毛泽东写了《我的一点意见》一文，严厉批评了陈伯达，给林彪反革命集团当头一棒。叶剑英坚定地站在毛泽东一边，始终保持清醒的头脑，旗帜鲜明，实事求是地与林彪、陈伯达进行斗争。

会议结束后，毛泽东在庐山住地同周恩来、叶剑英连日研究“批陈”问题，确定逐步开展“批陈整风”运动，并把调查陈伯达反革命历史的任务当面交给了周、叶。从此，叶剑英在毛泽东、周恩来的直接领导下，站在同林彪反革命集团斗争的第一线。他亲自带领工作组前往福建陈伯达家乡以及广东、广西、湖南、湖北等地调查，查清了陈伯达的反动历史，比较系统地揭露了这个“红色理想家”、政治骗子的反革命真面目。

十四

1971年9月13日，林彪叛逃以后，中共中央和毛泽东决定：黄、吴、李、邱离职反省；由军委副主席叶剑英主持军委日常工作。叶剑英在危难之中受命，责任重大。于10月4日给毛泽东写信。他在信中首先写道：“林彪及其妻、子叛变，黄、吴、李、邱附逆，以为勾结几个死党，掌握几架飞机，散布几句谣言，制造几桩借口，就可以施展阴谋，篡党篡国，结果作恶自毙，余孽落网，从反面促使全党提高觉悟，提高警惕，增强团结，增强战斗力。这证明坏事做到头可以变成好事。”然后，报告了军委直属各大单位传达中共中央关于林彪叛党叛国事件通知的情况。

叶剑英在信中，对如何传达九一三事件提出了建议。他肯定了中央有计划有步骤地传达规定，认为从传达的效果看，快比慢好，显比隐好，应当加快步伐，尽快传达到基层。这样似台风过后，万里无云，做到思想上充实提高，组织上调整巩固。

叶剑英在信中最后袒露了自己当时的心情：“这次主席令我主持军委日常工作，我十分感戴主席的信任，但又十分害怕工作做不好，误了大事。”他表示自己要“努力学习，努力工作”，同时，希望毛主席、周恩来总理及政治局各同志能经常对军委工作作出指示，提出意见，以便使工作中少出差错。他请求毛泽东“有时请赐一见，得到指示，以利工作”。

毛泽东读了叶剑英的信，当天即召集叶剑英和军委办公会议的同志们谈话，就军委的工作作了重要指示。他指出，林彪搞了十几年，军队的问题不少。“四好”运动搞了很多形式的东西，军事训练也有形式主义，部队的作风也搞坏了。要好好整顿我们的军队，肃清林彪的影响。军队要严格训练，严格要求，才能打仗。

为了贯彻中共中央、毛泽东关于整顿军队的指示，叶剑英首先集中力量抓好军队系统从上到下关于林彪事件的传达。他深入到部队，亲自宣讲中央文件精神。在此基础上，着手揭批、清理与林彪事件有牵连的人和事，纯洁各级组织，统一全军指战员的思想。

根据毛泽东的指示，从1971年底开始，叶剑英即着手筹备召开一次中央军委扩大会议，准备讨论解决全军存在的一些重大问题，制定有关方针政策，以指导全军。

1973年12月12日，毛泽东亲自主持召开中央政治局会议，讨论全国各大军区司令员互相调动问题。他指着叶剑英说：“你是赞成的，我赞成你的意见。我代表你讲话。”最后，他让叶剑英把各大军区司令员、政治委员都找来参加会议，叶剑英负责具体主持这项工作。12月22日，中央军委发布命令，令北京与沈阳、南京与广州、济南与武汉、福州与兰州军区司令员相互对调。在召集这些军区司令员开会宣布中央和军委的决定时，毛泽东作了重要讲话，并亲自指挥司令员们唱“三大纪律八项注意”歌。叶剑英也在会上讲了话。他根据毛泽东的意图，着重说明这次各大军区司令员工作调动的重要性和必要性，要求大家认真贯彻党中央、中央军委和毛主席的指示，在规定的时间内到职。各军区司令员们坚决执行命令，迅速做好交接工作，在规定的时间内到位任职。毛泽东对叶剑英参与领导完成这项重大工作，十分满意。

1974 年元旦刚过，正当叶剑英受毛泽东、周恩来之命，紧张投入指挥西沙之战的时候，江青一伙突然发难，掀起“批林批孔”、“批儒”的恶浪，把矛头对准周恩来、叶剑英，干扰对越南当局入侵西沙群岛的反击。西沙之战刚刚胜利，1 月 24 日，江青一伙在北京首都体育馆召开军队系统“批林批孔”报告会。为了稳住军队，叶剑英没有具体部署军队进一步开展“批林批孔”。江青一伙气急败坏，扬言“要整整军队”，继续攻击叶帅。叶剑英采取灵活巧妙的反击措施，于 1 月 30 日直接写信给毛泽东，对于军队的干部子弟当兵等问题作了自我批评。毛泽东在叶剑英的信上批示：“此事甚大，从支部到北京，牵动几百万人，开后门来的也有好人，从前门来的也有坏人。现在形而上学猖獗，片面性。批林批孔，又夹着批走后门，有可能冲淡批林批孔。小谢、迟群讲话有缺点，不宜向下发。”毛泽东制止了江青一伙准备在全国播放“批林批孔”大会录音的企图。中共中央根据毛泽东的意见发出通知，提出领导干部送子女参军问题，放在运动后期妥善解决。江青一伙大为光火。张春桥竟然诬蔑叶剑英说：“有人利用检讨进行反党，也是一大发明。”叶帅给毛泽东的信对江青一伙是个有力的打击，有效地制止了“四人帮”利用“批林批孔”攻击周、叶，进而大整老干部的阴谋。

十五

1976 年，元旦。

毛泽东发表了他在 1965 年 5 月填写的两首词《水调歌头·重上井冈山》和《念奴娇·鸟儿问答》。

年近八旬的叶帅，认真读着毛泽东第一次公开发表的两首诗词。他太熟悉、太喜爱毛泽东的诗词了，就像熟悉喜爱诗词的作者毛泽东本人一样。

这一半是因为他经过多年与这位伟人相处，十分敬仰他的诗品和人品；另一半是因为他自己也是一位诗人。自古以来，大凡诗人与诗人之间，志同道合者，其灵感总是相通的。大概因为这个缘故，对于毛泽东的诗词，叶剑英有点偏爱，甚至可以说是酷爱了。早在延安时代，他就习惯于吟诵传抄的毛泽东的诗，而且奉之为上品。建国以后，1957 年 1 月，《诗刊》第一次公开发表了毛泽东的 18 首诗词，叶剑英读后兴奋极了，虽然许多篇是他早已熟悉的，但他仍然反复吟诵，爱不释手。这次发表的这两首诗词，也同样吸引着这位元帅。

“绝妙好词！绝妙好词！”他一遍一遍地听着，一句一句咀嚼着，琢磨着，品评着，一赞三叹。他被这两首词雄伟磅礴的气势、富丽清新的格调，深深地打动了。

叶帅有一个习惯，常常给身边的工作人员和服务人员读诗、背诗、讲诗，尤其遇到好诗更是如此。这次也是，他不但自己读，还教给在身边的孩子们和服务员小周、小卢读，让他们背诵。

他顺手翻开刚刚送来的《人民日报》。读着第一首词，他仿佛又回到 40 年前的中央苏区革命老根据地；读着第二首词，觉得更有韵味，读着读着不由地“啊”了一声，随口说道：“这首词也是写在 1965 年秋！10 年了。”

是的，真是无独有偶。那一年叶帅在大连棒槌岛也写了一首诗，那就是几乎同一时间，同样背景下写下的七律《远望》：

忧患元元忆逝翁，
红旗缥渺没遥空。
昏鸦三匝迷枯树，
回雁兼程溯旧踪。
赤道雕弓能射虎，
椰林匕首敢屠龙。
景升父子皆豚犬，
旋转还凭革命功。
……

这首诗不论在意境和格调方面，确实可与毛泽东的《鸟儿问答》相媲

美。当时，叶帅正在开会，有感，吟成此诗，写在一张小条上。不知怎的，由董老辗转传到北京，后来发表在10月6日的《光明日报》上。毛泽东72岁寿辰之际，毛岸青和邵华去祝寿，毛泽东当即挥毫，一字不误地背抄此诗，赠送儿子和儿媳。后来，毛岸青和邵华特将父亲录写的《远望》原件送给叶帅，并附信云："叶伯伯，记得1966年元旦前，我们去看望父亲，父亲挥笔写了《远望》诗一首，以教育、鼓励我们。"

叶剑英是一位满腹经纶又虚怀若谷的人。他的古典文学造诣很深，旧体诗词功底很厚。毛泽东生前很欣赏他的诗词和诗才。1965年，毛泽东给陈毅元帅写信谈诗，说"剑英善七律，董老善五律，你要学律诗，要向他们请教。"

1975年5月3日，毛泽东与在京中央政治局委员谈话，谈到"长沙水"、"武昌鱼"和"孙权搬家南京"的典故，突然想起辛弃疾的词《南乡子》，问叶剑英是否还记得起来，叶帅未加思索，当场吟诵出来。

毛泽东听了很满意，指着叶剑英说："此人有些文化。"接着借辛词发挥读道："天下英雄谁敌手，曹刘，当今惜无孙仲谋"，然后又指叶剑英说："他看不起吴法宪。黄、吴、李、邱不是曹刘，刘是刘震，曹是曹里怀，就是吴法宪不行。"

在诗词方面，叶剑英尽管受过毛泽东的多次赞扬，但他从不以诗人自居，平素作诗，只是兴之所至，抒发情怀，随写随丢，连个底稿也不留，当然不会想到毛泽东竟然亲录他的《远望》诗赠教子女。他高兴地托人将原件送到荣宝斋裱糊起来，留作纪念。

回忆起这件往事，叶剑英望着毛泽东亲录的《远望》，对照毛泽东的《鸟儿问答》，细细品味一阵子，默默背起《庄子》的《逍遥游》。

毛泽东在词中引此典故，鲲鹏展翅，扶摇羊角，多大的气魄！实在是大家手笔，常人莫及。

1976年是个灾年。元旦刚过，周恩来总理逝世之后，只隔几个月时间，朱德委员长相继谢世。老战友走后，天灾人祸不断降临，毛泽东主席病情日益加重。尤其以"吕后"自居的江青，从精神上、肉体上百般折磨毛泽东，使毛泽东的病势更趋恶化；生命垂危。在毛泽东弥留之际，中央攻治局的委员们守候在他的病房，排着队走到病榻前，一个一个同他诀别。叶剑英走过来了。这时毛泽东双目微睁，看到了站在他面前的叶剑英，眼睛突然亮了起来，并且活动手臂，轻轻相招。可是，叶剑英只顾伤心，泪眼模糊，并未察觉。待他走出病房时，毛泽东忽又意识清醒，以手示意，招呼他回去。一位护士见此情景，马上跑到休息室找到叶剑英说："首长，主席招呼您呢！"叶剑英立刻转身回到病榻前，聆听最后遗教，只见毛泽东睁开双眼，嘴唇微微翕动，想说什么，但又说不出来。叶剑英握着他的手，又急又悲，凝神注视，伫立良久，只好移动沉重的脚步，离开病房。他陷入了沉思：主席为什么特意招呼我呢？还有什么嘱托？……他的心情很沉痛，意识肩上的担子更重了。

1976年9月9日，毛泽东与世长辞。在全国人民沉痛悼念的日子里，"四人帮"更加猖狂地向党进攻，迫不及待地加紧了篡党夺权的步伐。

面对"四人帮"的肆虐横行，全党全军和全国人民经过巨大创痛之后，更加觉醒了，10年浩劫的"文化大革命"必须结束，祸国殃民的"四人帮"必须清除。人心思治，人心思定，人们瞩目于叶剑英。这位老革命家虽然已经"靠边站"，但他还未被罢掉中共中央副主席、中央军事委员会副主席的职务，在国内外享有重望。因此，粉碎"四人帮"的伟大斗争，把叶剑英推向20世纪70年代中期中国历史舞台的中心。他意识到肩上责任的重大，毅然挺身而出承担起历史赋予的使命。

处在这场斗争的漩涡里，叶剑英高瞻远瞩，审时度势，分析估量全国的形势和人心的向背，同时想到了毛泽东的伟大一生和最后遗愿。毛泽东不愧是一位伟大的马克思主义者，尽管他在晚年错误地发动和领导了"文化大革命"，但他毕竟察觉了江青等人阴谋篡权的活动。他在政治局宣布他们一伙是"上海帮"、"四人帮"并进行过严厉批评，表示要加以"解决"。同时，从组织安排上，堵住了他们妄想爬上党和国家最高领导职位的路。叶剑英认为，这是毛泽东对付"四人帮"的"两着棋"。他想到，毛泽东还多次向老同志讲过汉朝周勃、陈平铲平吕氏叛乱，巩固汉室政权的故事。这些都给叶剑英留下了深刻的印象。他联想到毛泽东弥留之际，想托以后事又欲语不能的情景，清醒地意识到，解决"四人帮"问题，也是继承毛泽东的遗愿。毛泽东从1974年起对"四人帮"几次提出批评。1975年5月3日批评他们破坏中央团结时说："问题要解决。下半年不行，明年，明年不行，后年。”后来因整邓小平，此事遂搁了浅。现在到了非解决不可的时候了。叶剑英这位跟随党为共产主义事业奋斗多年的老党员、老战士，眼看着党又一次面临生死存亡的危机，在这个严重关头，他不负众望，又一次挺身而出，团结众人，坚持斗争，挽救危局。

毛泽东逝世后不到一个月，10 月 6 日，叶剑英在较长时间的酝酿的基础上，与华国锋等中央主要领导同志一起，根据政治局多数同志的意见，代表党和人民意志，果断地作出重大决策，一举粉碎了江青反革命集团，从危难中挽救了党。在这场斗争中，叶剑英起到了决定性的作用。这位老革命家以非凡的胆略、忠诚的信念，完成了毛泽东最后托付的任务，为党为人民又一次作出了重大贡献。

（范　硕）

“疾风知劲草，板荡识诚臣”

——叶剑英和周恩来

列宁在论述马克思和恩格斯的战斗友谊时曾经说过这样一段话：“古代传说中有许多非常动人的友谊的故事。欧洲无产阶级可以说，它的科学是由两位学者和战士创造的，他们的关系超过了古人关于人类友谊的一切最动人的传说。”

在我们中国共产党内，革命领袖之间，也存在着类似的情形。如叶剑英和周恩来就有许多动人的友谊故事。

一

叶剑英与周恩来的革命友谊，开始于第一次国内革命战争时期。

1924 年初，第一次国共合作的喜讯像和煦的春风吹遍了中国的大地，也吹到了法国的巴黎。当时旅欧的周恩来，根据中国共产党第三次全国代表大会的决定，同孙中山派到法国筹组国民党支部的代表商谈两党合作问题，并被选为国民党驻欧支部执行部代理执行部长，负责主持国民党驻欧支部的工作。1924 年 9 月初，周恩来奉中共中央指示返回大革命策源地广州，担任中共广东区委委员长兼区委宣传部部长。他作为一个共产党的领导人，公开参加国民党，拥护孙中山重新解释的三民主义和所制定的新政策，为实现新民主主义的“国民革命”而奋斗。

就在这同一时期，同一地点，叶剑英作为一个普通的国民党员、追随孙中山的民主主义革命者，也正以建国粤军第二师参谋长的身份活跃在广州军界和政界，满腔热情地支持和参加国共合作的伟大事业。

周恩来回到广州，第一件大事就是坚决维护孙中山主持的革命政府的权威，参与指挥平息商团的反革命叛乱。叶剑英奉命率建国粤军第二师部分官兵，同其他革命军一起，也参加平叛作战。在这次平定商团的叛乱中，叶剑英第一次在周恩来的领导下参加战斗。

不久，周恩来调至黄埔军校，先任教官，后任政治部主任。叶剑英在周恩来到黄埔军校之前，已经担任军校的教授部副主任，并亲自执教，成为当时学校很有威望的教官之一。在办校与教学的过程中，叶剑英通过与周恩来等共产党人直接和间接的交往，具体感受到共产党人的革命精神和工作作风，十分敬佩。他认识到，国共两党真诚合作是国家和民族的希望所在，只有共产党才能救中国。他第一次提出了加入中国共产党的要求。

1924 年底，盘踞在东江流域的广东军阀陈炯明乘孙中山北上之机，公开叛变孙中山，进犯广州，准备推翻广东革命政权。在中共广东区委的推动和支持下，广州留守政府决定东征，讨伐陈炯明。以共产党员和共青团员为骨干的黄埔军是东征部队的中坚力量。周恩来作为中共广东区委常委兼军事部部长、黄埔军校的政治部主任参加东征军的领导，负责政治工作。他领导政治部制定了严明的纪律，同时制订了战时宣传计划。周恩来领导的政治工作在东征中发挥了很大的作用。

粤军第二师编在东征部队的右路军，充当先头部队参加作战。叶剑英作为第二师参谋长同师长率部于一月底从广州沿广九路向淡水进发。出发前，他在苏联军事顾问的帮助下制订了作战具体计划，并根据周恩来提出的要求，向部队官兵讲明此次作战的目的和意义，鼓动部队发扬猛进、猛攻、猛追、猛扑精神，奋勇进击，连战皆捷，很快到达淡水城郊。叶剑英实地勘察地形，了解敌情，制定作战方案，并赶到右路军司令部，向蒋介石、周恩来和苏联顾问报告，拟定联合进攻淡水的作战计划。周恩来谦逊亲切的态度、机敏周密的思考，使叶剑英受到了启示和教育。特别是在作战中，周恩来与各级党代表率先垂范、鼓励黄埔校军英勇杀敌的精神，更使叶剑英敬佩不已。

艰难显奇才，困境识真知。叶剑英更深一层结识周恩来，是在淡水之战后的白芒花镇。当时就下一步作战计划发生了激烈争论：蒋介石和他的追随者力求先打惠州，令部队掉头西进；叶剑英和张民达则主张对惠州围而不打，而以主力东进，直捣叛军老巢潮汕。双方坚持己见。周恩来冷静地听取了双方的理由，认为暂时放弃重镇惠州，集中兵力歼灭当面敌军力量，夺取最后胜利，是正确的作战方针，因而果断地支持张民达、叶剑英的意见。于是，许崇智作出了继续挥师东进的决定。右路军乘胜追击，攻克海丰，横扫潮梅，取得全胜。战争的结局表明，周恩来在白芒花争论的关键时刻所作出的判断是正确的，叶剑英佩服周恩来的胆略和智慧。

粤军第二师与黄埔校军并肩作战中，叶剑英多次与其官兵接触，亲眼看到，这些学生军因为有共产党员和青年团员为骨干，政治工作十分有力，打起仗来很勇敢，很懂战术，不由从心底产生赞佩之情。同时，他又亲眼看到，东江及潮梅一带的工农运动，在中国共产党的组织领导下，蓬勃发展人民群众纷纷起来支援东征军，这是东征胜利的根本所在。共产党的纲领、政策，马克思、列宁的著作，周恩来等著名共产党人的革命言行和奋斗精神，使叶剑英的思想受到极大熏陶和影响。因而，在大革命失败以后，他毅然决定与蒋介石和国民党右派彻底决裂，迎着白色恐怖的逆流，再一次提出了加入中国共产党的要求。1927 年 7 月，叶剑英在国民革命军第四军中找到一位梅县同乡、1924 年入党的老党员李世安，并恳切地向他表明自己决心跟随共产党革命到底的强烈愿望。那时党内有些党员仍然觉得叶剑英是国民党的高级军官，需要继续考验。但是，李世安相信叶剑英，同意介绍他入党，并特意找到在武汉的周恩来，汇报了叶剑英的情况。周恩来根据他几年对叶剑英的接触、观察，当即表示说，这个人我了解，可以吸收进党。在关键时刻，周恩来以一个卓越共产党领袖的慧眼和魄力，支持和帮助了叶剑英，使他得以由党组织批准为正式党员。

二

1930年，叶剑英结束在苏联的学习生活，回到上海，向周恩来汇报了在苏联学习的情况。周恩来留他暂时在上海军委工作，与刘伯承一起翻译苏军步兵战斗条令。经过一段努力，条令译好成书，送往各个根据地，对我军建军作战起到了参考作用。1931年初，周恩来找叶剑英谈话，征求他对今后工作的意见。叶剑英说：我过去一直在军队工作，现在回国来，还是想搞军事工作，希望组织派我到苏区去。周恩来根据叶剑英参加东征、北伐、广州起义的经历，认为他是一位很有军事头脑的指挥员，决定派他到中央苏区去工作，并特意发报给苏区中央局，让叶剑英担任中央军委参谋部负责人。1931年11月25日，中央军事委员会成立，正式任命叶剑英为中央军委委员兼总参谋部部长，后改为工农红军总参谋长。

不久，周恩来从上海到达中央苏区，在反“围剿”作战中，叶剑英第一次作为毛泽东、周恩来、朱德的助手，在军事指挥中表现出突出的才干。

1932年8月7日，周恩来和叶剑英等同志出席在江西兴国县召开的中央军委的重要军事会议。会议决定攻取乐安、宜黄两县。叶剑英根据周恩来的指示，领导参谋部制订了向北行动的作战方案。部队在周恩来、毛泽东等指挥下，于17日、20日分别攻克乐安城和宜黄，共歼敌高树勋部二十七师五千余人。这次战役，由于叶剑英首先领导参谋人员作了侦察，制订了周密的作战计划，周恩来等领导同志很满意。他在南丰写给苏区中央局的报告中说：过去军事行动上无方案，这次我们力矫此弊，制定了北取乐安、宜黄的作战方案，本着这个方案去做，实现和完成了第一步作战计划，获得伟大成功。这实际是对叶剑英负责的参谋工作作了充分肯定和赞扬。

周恩来不仅在军事工作方面十分重视叶剑英的意见，在其他工作方面也注意发挥他的才能。这年10月，他代表苏维埃政府和工农红军，与福建政府和十九路军派来瑞金的代表吴明等人进行谈判时，就常偕同叶剑英一起参加，听取他的意见。其后，即使叶剑英遭到李德等“左”倾领导者的

排斥，由福建军区前线调回军委任第四局局长时，周恩来也一如既往，照样器重他、信任他，并赞扬他是能上能下的好干部。长征开始前，中央决定将军委总司令部、总政治部及其直属队组成野战第一纵队，任命叶剑英为纵队司令员。周恩来采纳了叶剑英提出的保护被“左”倾领导者排斥打击的党的骨干的建议，尽最大努力保护和安排一批干部参加长征。长征途中，在遵义会议期间，叶剑英在军委总部协助周恩来、朱德指挥作战，得到了极大信任。特别是在一、四方面军会合后，叶剑英将张国焘的密电及时送给毛泽东和党中央，受到毛泽东、周恩来等中央领导同志的高度重视。党中央连夜召开紧急会议，率领红一方面军主力北上，避免了红军内部可能发生的武装冲突，维护了团结。事后，周恩来多次表彰叶剑英在关键时刻为党立了大功，赞扬说：“疾风知劲草，板荡识诚臣。”也正是在这种疾风劲吹的时刻、板荡险恶的环境中，他们的胆略愈壮，才华愈显，彼此更相知，友谊更加深了。

三

第二次国内革命战争末期和抗日战争前期，周恩来、叶剑英遵照党中央的指示，在党的统一战线的工作岗位上，共同战斗了近五年的时间。这期间，周恩来、叶剑英的接触和交往，比以前各个时期都更直接，更密切。他们之间的友谊发展到了一个新的、更为广阔的天地。

1935 年 12 月，党中央召开瓦窑堡会议，决定建立最广泛的抗日民族统一战线。会后，周恩来担任中央东北军工作委员会书记，领导进一步开展东北军、西北军的统战工作。此后，周恩来同张学良进行了直接会谈。张学良接受了我党提出的停止内战、一致抗日的主张。1936 年 7 月下旬，为了进一步解决我党与东北军、十七路军团结抗战问题，中央委派叶剑英、朱理治等同志在安塞领导开展东线东北军工作。叶剑英根据周恩来的指示，主持召开了安塞、延安两县工委负责人会议，进一步健全机构、明确任务，然后组织力量，分头调查研究，结交工作对象，积极开展各种活动。在此期间，叶剑英给周恩来写过许多信请示汇报工作。从 7 月 28 日至 8 月 29 日，一个月时间内就亲笔写了八封信，派人送去。信中对东北军驻防、移防等活动情况，官佐与士兵关系，军队与百姓的关系，部队思乡抗日情绪，以及红军与东北军之间友好往来、交换枪支弹药、开展联欢活动等等，无所不谈。周恩来见信后，立即答复，能解决的问题及时给予帮助解决。如根据叶剑英的请求，周恩来派出人民剧社到安塞演出抗日剧目，发放书籍传单，对于激发东北军官兵的抗日热情起了很大作用。叶剑英在开展东北军统战工作的同时，还积极做十七路军的基层工作。他在给周恩来的信中说："十七路军工作，依我所知，不能完全按照东北军工作指导原则，因该部与东北军有许多差异。"在周恩来的具体领导下，经过叶剑英和东线工委的共同努力，延安地区的东北军、十七路军与红军不仅停止敌对行动，而且和睦相处，互派代表，互通情报，互相帮助，变成了真正的友军。

1936 年 9 月，党中央根据张学良的要求，派叶剑英作为我党代表秘密到达西安，同张学良进行合作抗日的谈判和联络工作。叶剑英用电台及时向毛泽东、周恩来等中央领导同志汇报情况，并得到他们的指示。在西安，叶剑英通过张学良向蒋介石转达了我党提出的《国共两党抗日救亡协定》。经过谈判，张学良帮助红军解决了部分棉衣、经费等问题。西安事变发生后，周恩来率博古、叶剑英作为我党代表，在西安同张学良、杨虎城一道，与蒋介石、宋子文、宋美龄等谈判，促成了西安事变的和平解决。

蒋介石回到南京以后，背信弃义，采取政治欺骗、军事压迫的办法，妄图搞垮红军和东北军、十七路军联合抗日的统一战线。内战又面临一触即发之势。周恩来、叶剑英坚决贯彻中共中央坚持和平解决西安事变的方针，同东北军、十七路军高级将领协商，发表通电，抗议南京政府扣押张学良和企图重新挑起内战的阴谋。同时与杨虎城一起制定了有东北军、十七路军和红军参加的联合作战方案，以对付国民党中央亲日派"讨逆军"的进攻。接着，周恩来、叶剑英为解决东北军内部的战与和两派的尖锐矛盾，冒着危险，多方奔走，调解矛盾，避免分裂，并主动接近、帮助处境十分困难的杨虎城将军处理各种棘手问题。周恩来离开西安以后，叶剑英留在西安，担任联络任务，继续为使西安和南京达成和解的协议创造条件、贡献力量。

西安事变之后，叶剑英随周恩来一起同国民党当局直接谈判。1937 年春，周恩来、叶剑英代表中国共产党在西安同国民党代表顾祝同、贺衷寒、

张冲谈判，重申中共中央致国民党五届三中全会电中提出的“停止一切内战，集中国力一致对外”、“迅速完成对日抗战之一切准备工作”等五项要求和“在全国范围内停止推翻国民政府之武装暴动方针”、“红军改名为国民革命军”等四项保证。谈判还提出了恢复张学良的自由、复职授权等问题。

谈判着重解决是全面抗战还是片面抗战的问题。这期间，周恩来与朱德、叶剑英曾到南京参加国防会议，并继续同国民党谈判。在国防会议期间，周、朱、叶共同就抗日战争的战略方针、作战方式、战场部署等问题作了重要发言。他们还通过与国民党当局多次谈判、交涉，从南京国民党监狱中营救出一大批被关押的共产党人。在武汉谈判当中，周恩来、叶剑英等遵照中共中央的指示，继续坚持各党派联盟的主张，坚持建立统一战线组织，制订共同纲领，改革国民党政治机构。在政治机构改革问题的谈判中，由于周恩来、叶剑英等我党代表一再坚持，国民党方面不得不同意搞参政会。这期间，周恩来、叶剑英等还就我军改编后的经费、装备、物资供应问题，战绩宣传问题，新四军的组建等问题，同国民党当局进行谈判，达成了有关协议。

在同国民党团结抗战方面，经过谈判，我们决定协助国民党在南岳举办游击干部训练班。周恩来根据党中央、毛泽东的指示，向蒋介石推荐叶剑英参加游击干部训练班的领导工作。周恩来、叶剑英研究制订了教育计划大纲，由周恩来交给蒋介石不久，国民政府军事委员会正式公布汤恩伯为训练班主任，叶剑英为副主任，后改由蒋介石兼主任，白崇禧、陈诚兼副主任，汤恩伯任教育长，叶剑英任副教育长。周恩来被聘请为国际问题讲师。周恩来、叶剑英在训练班的讲课，以及叶剑英带领我方人员的出色工作，在国民党的教官、学员中产生了深刻的影响。后来，叶剑英起草了《参加南岳游击干部训练班工作情形报告》，托人送到重庆，交给周恩来，对参加训练班的工作作了全面总结。

1939年至1941年春，国民党顽固派在日本的诱降政策和英、美的劝降政策影响下，先后两次发动反共高潮，制造了“竹沟惨案”、“平江惨案”和震惊中外的“皖南事变”等一系列严重事件，使国共合作抗日的局面面临分裂、倒退的危险。周恩来、叶剑英在重庆国民党统治区配合中共中央和抗日根据地军民，同国民党顽固派进行了针锋相对的斗争。他们或致电国民党当局，或直接约见蒋介石等军政要员，驳斥顽固派制造事件的种种借口，揭露事实真相，并强烈要求惩办肇事者，为死难烈士雪冤。同时，他们采取发表文章、接见记者、散发传单等方式，向社会揭露和公布事实真相，赢得国内外进步力量的广泛同情和支持，给国民党顽固派造成强大的舆论压力，为粉碎顽固派的反共摩擦活动创造了条件。

新民主主义统一战线的队伍有无产阶级、农民、小资产阶级、自由资产阶级，有时甚至有些大地主大资产阶级也参加进来。因此，这个队伍很大，很复杂，力量不平衡，不容易统一。周恩来、叶剑英在共同进行统一战线工作中，为争取这些力量中的大多数，壮大统一战线的队伍，做了大量艰苦细致的工作。

首先，他们同国民党上层党政军要员进行了大量的谈判、联络工作，并利用矛盾，进行了分化和争取工作，使一些比较开明、正义的人士在政治上同情我党我军。如国民党的谈判代表张冲、张治中等，周恩来、叶剑英在同他们的谈判过程中，发展了同他们的个人交往和友谊，使他们在许多问题上，能够采取较为友好的态度。

其次，对于民主党派和无党派人士，他们也做了大量的宣传、争取和团结工作。在武汉、重庆等地，周恩来、叶剑英广泛接触了民主党派人士，或出席他们的会议，或一起聚餐，或个别拜访，交换对于时局的意见，主张政治民主，团结抗日，反对国民党一党专政。在重庆期间，周恩来、叶剑英、博古、董必武经常接触的民主人士有沈钧儒、黄炎培、章伯钧、左舜生、邹韬奋、张申府等。

再次，对于经济、文化、教育、科技、新闻、宗教等各界的一些知名人士，他们也做了大量工作。他们争取重庆、成都等地方的一些工商实业家，为我们党做了一些有益的工作。他们将重庆的一批有强烈正义感、比较进步的高级科技人员秘密组织起来，进行学习，并请其中一些人士负责编辑《新华日报》的《自然科学》副刊。

对于南岳的宗教人士，周恩来曾给他们题词："上马杀贼，下马学佛。"叶剑英则给他们作《普度众生要向艰难的现实敲门》的演讲，动员组织佛道界人士积极参加抗战活动。

同时，周恩来、叶剑英还向海外华侨做工作，争取他们支持抗战事业。

总之，周恩来、叶剑英根据党和毛泽东的指示，努力发展进步势力，争取中间势力，孤立、分化、打击顽固势力，为抗日民族统一战线队伍的壮大作出了重大贡献。

在实践中，叶剑英一面向周恩来学习斗争的策略和艺术，一面全力协助、支持周恩来工作。

列宁说："患难识朋友。"

统一战线工作，相对于武装斗争来说，虽然主要是打"文仗"，但同样面临着种种艰难困苦，存在着危急险恶的环境和生与死的考验。周恩来、叶剑英在那些险恶环境和生死考验中，相濡以沫，患难与共，革命友谊愈加深厚。

1938年11月12日，国民党当局以"焦土抗战"的名义，深夜下令火烧长沙城。当大火烧到周恩来、叶剑英的住处时，警卫员将叶剑英叫醒。叶剑英起床后首先考虑的不是自己离开险境，而是亲自跑到另一房间去叫醒周恩来，一同冲出火海，撤往湘潭。接着，他又随周恩来返回长沙，组织救灾工作。

1939年至1940年在重庆期间，正是国民党转向消极抗日、积极反共的时候。国民党顽固派在各地制造了一系列捕杀共产党人和八路军、新四军后方办事人员的事件。在重庆的红岩村和曾家岩，国民党当局在四周布满了特务，对周恩来、叶剑英及我方工作人员严密监视、恐吓、跟踪。1940年10月中旬，蒋介石曾亲自下达密令，要严密监视周恩来、叶剑英，不让他们离开重庆。在这种情况下，周恩来、叶剑英大义凛然，带领南方局的同志们与国民党顽固派进行针锋相对的斗争。

这一期间，叶剑英在重庆写了《看方志敏手书有感》一诗："血染东南半壁红，忍将奇迹作奇功。文山去后南朝月，又照秦淮一叶枫。"周恩来在一次会上亲自向南方局工作人员朗诵了这首诗，向大家进行革命气节教育。

在那些充满危险的日子里，周恩来、叶剑英与南方局工作人员一起，互相关心，互相鼓励，团结一心，生死相依，共同斗争，制定了应付意外事变的各种方案，随时准备以自己的生命来捍卫革命事业。

抗日战争中期，叶剑英奉党中央之命，回到延安主持中央军委参谋部的工作；周恩来继续留在重庆，坚持战斗。抗战胜利后，叶剑英又随周恩来到重庆，参加停战谈判。

1946 年，叶剑英在北平任军事调处执行部中共代表，在周恩来直接领导下，与军调部的国民党代表和美国代表调处全国各地的军事冲突，进行面对面的极为复杂的斗争。

1947 年，叶剑英任中央后方委员会书记，根据毛泽东、周恩来的指示，领导后委开展了中央机关、军委机关的各项工作并协助毛泽东、周恩来、任弼时指挥全国解放战争。

1949 年，叶剑英担任第一任北京市长，在北京的接管、市政建设、经济文化事业的发展等方面，以及参与同国民党政府举行的和平谈判方面，都直接得到毛泽东、周恩来的领导、关心和支持。

四

中华人民共和国成立以后，周恩来长期担任国务院总理职务，日理万机，但他仍然十分关心叶剑英的工作和生活。

建国之初，周恩来和毛泽东主席商量，想让叶剑英担任第一任外交部长，并几次征求他的意见。叶剑英深深感激党和周恩来的信任，但担心自己难以胜任，推辞了。后来，叶剑英奉命南下，先是率部解放广东，继而领导华南地区的经济建设和国防建设。叶剑英虽然离开首都，远在南国，但依然继续得到周恩来的亲切关怀和直接领导。

叶剑英在领导华南地区的剿匪反霸、土地改革、“三反”、“五反”、文化教育、统一战线以及各项经济建设工作中，非常注意向周恩来总理请示汇报，及时得到他的帮助指导。特别是在雷州半岛和海南开发我国橡胶事业的过程中困难重重，毛泽东、周恩来、陈云给予了大力支持，帮助解决各种难题，迅速建成基地，取得了丰硕成果。

1954 年，叶剑英奉调返回北京，相继负责全军的军事训练、院校建设和军事科学研究等项工作，致力于现代化国防建设。这一期间，周恩来虽然主要精力用在领导国家的经济建设上，但对叶剑英所负责的各项工作，仍然热心关注，给以支持和帮助。

1955 年，叶剑英在辽东半岛主持导演建国以来规模最大的一次军事演习。演习结束时，周恩来与刘少奇等党、国家和军队的领导人亲往观看，并给予了很高评价。

1958 年，军事科学院成立。周恩来亲自签署命令，任命叶剑英担任院长兼政委。

在这长达十余年的时间里，周恩来和叶剑英虽然处在不同岗位上，但在党和军队的建设、国际共运，以及出国访问等外事活动中，他们继续保持着直接的接触和交往，加深了彼此间的了解、信任和友谊。

1966 年，席卷全国的"文化大革命"开始了。在这场悲剧性的历史浩劫中，周恩来和叶剑英都处在党、国家和军队的领导岗位上。他们为了党和人民的利益，在极其艰难的环境中苦撑危局，坚韧不拔，同林彪、江青两个反革命集团进行了多种形式的斗争，为党和人民作出了特殊的贡献。

"沧海横流，方显出英雄本色。"在这场内乱中，周恩来和叶剑英的革命气魄和斗争艺术，得到了更充分的展现。他们之间的革命友谊，也升华到了一个更新的高度。

"文化大革命"之初，周恩来全力领导着国务院的工作。八届十一中全会后，在刘少奇被错误"炮打"的情况下，周恩来被指定主持中央的日常工作。叶剑英则相继担任中央军委副主席、中央书记处书记、军委秘书长，奉命主持军委日常工作。而"文化大革命"的实际领导权，却由林彪、江青、陈伯达、康生一伙把持着。周恩来在职权所能及的范围内，对叶剑英主持的军委工作，特别是他在运动中所采取的稳定军队、保护干部的一系列措施，给予了有力的领导和支持。

尽管中央文革一伙高喊要"开展四大"、"横扫一切"，但叶剑英在思想上始终坚持一个明确的信念：作为无产阶级专政柱石的军队要稳定，不能乱！如果军队乱了套，敌人乘机入侵，怎么应付？为此，叶剑英同几位老帅一起，对稳定军队采取了一系列措施。《五·一六通知》发出不久，叶剑英即与军委、总政领导同志一起，研究起草了一个《关于部队开展文化大革命运动几项措施的请示报告》，规定师以下战斗部队着重进行正面教育，不搞运动；军内的"文化大革命"限制在宣传、文化等少数部门开展。这一报告经中央批准、下发后，叶剑英又同总政一起研究确定，将一些院校划为“整风彻底”的单位，不开展“四大”，并发出不准军队院校师生来京串联的指示，作出文艺团体不准成立群众组织，不准串联等项规定。

这一系列措施，大都得到周恩来的首肯和支持，但同时又遭到林彪、陈伯达、江青、康生一伙的反对。

为了稳定局势，防止自毁长城，动员军队院校师生回校复课闹革命，叶剑英主持军委常委会议讨论决定，并报毛泽东、周恩来批准，于1996年11月中下旬在北京工人体育场连续召开两次“十万人大会”。在这两次大会上，叶剑英、陈毅都发表了讲话，对“文化大革命”的一些错误做法提出了严厉批评。周恩来亲自出席大会，以实际行动表示对叶剑英主持军委采取的正确措施的坚决支持。

随着内乱的不断扩大，周恩来以他的革命坚定性和斗争灵活性，对林彪、江青两个反革命集团坚持着韧性的战斗，正像当年鲁迅说的那样，“自己背着因袭的重担，肩住了黑暗的闸门”。叶剑英则勇敢地站在第一线，挺身而出，同林彪、江青一伙进行针锋相对的斗争。大体说来，从1966年冬至1967年春，叶剑英直接参加的较大的反击斗争就有四次。而在每次反击之后，都引起了林彪、江青一伙对他更大的仇恨和打击，随之而起的是造反派对他更猛的声讨浪潮。在十分危难的情况下，每次都是周恩来以高超巧妙的斗争艺术，保护叶剑英“过关”（自然，有时毛泽东也出面讲过话）。

1970年以后，随着历史发展某些新的转机的出现，特别是九届二中全会陈伯达问题被揭出，“九一三”林彪自我爆炸，周恩来作为一个成熟的马克思主义者，审时度势，精于运筹，不失时机促成形势的转变，推进了拨乱反正的历史进程。在这种情况下，叶剑英经毛泽东、周恩来提议，重新被赋予重任，主持军委日常工作。这就再次形成了周恩来与叶剑英这两位革命家一个主政、一个主军的局面。从这时开始直到周恩来去世，叶剑英得到周恩来莫大的信赖和支持，发挥了更大的历史作用。

自然，这一时期同以江青为首的“四人帮”的反复斗争更加紧张了。在所谓“批林批孔”运动中，“四人帮”把矛头对准周恩来的同时，也对准了叶剑英。1974年，江青一伙两次突然袭击，召开地方和军队系统的万人大会，影射周恩来，公开点叶剑英的名。叶剑英直接写信给毛泽东，使江青一伙受到毛泽东的批评。年底，在筹备召开四届人大的过程中，周恩来

同叶剑英、邓小平、李先念等人频繁交换意见，抵制“四人帮”的组阁阴谋，在毛泽东的支持下，终于取得胜利。

1975年夏，叶剑英与邓小平一起主持召开军委扩大会议，在会上严厉谴责江青插手军队的阴谋活动，并向军队高级干部打招呼。其后，在叶剑英主持下，对全军二十几个大单位的领导班子进行了调整配备。这些为后来粉碎江青反革命集团，稳定军队与全国形势创造了重要条件。

年底，周恩来在自己生命的最后时刻，还对前往医院看望他的叶剑英说：要注意斗争方法，无论如何不能把权落到他们（指“四人帮”）手里。这一忠告，使叶剑英后来同中央政治局其他同志一道粉碎“四人帮”增加了勇气，更注意讲究斗争策略。

在这艰难的岁月里，周恩来对叶剑英如此关怀、保护和重用，叶剑英对周恩来同样十分敬重和支持。他时刻关心周恩来的安危。尽管身处困境之中，他还是把从各个方面获悉的情况和信息，想方设法报告周恩来知道，供他在斗争中参考。即使在被下放到北京新华印刷厂劳动和在湖南下放、受折磨期间，他也经常给周恩来写信，或通过其他途径，汇报自己的思想情况和所了解的情况。

周恩来生病以后，叶剑英对他的深厚友谊和爱戴之情，得到了更集中的体现。

1972年，周恩来开始尿血，经诊断患了膀胱癌。江青、张春桥一伙幸灾乐祸，以保密为名封锁病情，不让毛泽东知道严重情况，也不积极组织治疗。一向将“鞠躬尽瘁，死而后已”奉为座右铭的周恩来，只知拼命为党和人民工作，很少顾及自己的重病。在这种情况下，周恩来的保健医生十分着急，跑去找叶剑英想办法。叶剑英在一次陪同毛泽东接见外宾以后，当场拿出周恩来的一瓶血尿标本给毛泽东看。毛泽东于是才了解到周恩来病情的严重，指示要抓紧治疗。

1974年，周恩来住进医院后，叶剑英和其他一些老同志亲自组织医疗小组，制订方案，为周恩来治病。他还到处打听治疗膀胱癌的秘方、验方，一旦发现，即指示解放军总医院检验。他曾经亲自到医院病房，半蹲着身子通过仪器直接观察膀胱癌病例的治疗效果。每当周恩来做重要手术时，叶剑英总是守候在手术室门外，直到手术结束，问清情况才离开。即使出差在外地，他也经常打电话到医院，详细询问病情。他同医务人员谈起周恩来的病情，常常禁不住热泪盈眶，有几次竟痛哭失声。叶剑英晚年，当人们向他谈起周恩来的伟大功绩时，他常常竖起大拇指，激动落泪，感佩不已。

周恩来和叶剑英的亲密友谊，可说得上是“把臂之交，金兰之友”。崇高的共产主义理想、伟大的无产阶级革命事业、共同的革命责任感，使他们紧紧联结在一起，并肩战斗，奋斗不息。他们的友谊是永恒的。

（范　硕　丁家琪）

“我们要更加努力，多做些工作”

——叶剑英和朱德

初次会面

1927年，蒋介石发动四一二反革命政变之后，担任国民革命军新编二师师长的叶剑英在吉安通电反蒋，然后来到武汉。

一次偶然的机会，他应邀出席南昌驻军部分反蒋军官举行的集会。

叶剑英在集会上作了即席讲话。他慷慨陈词，激动地说：“有人问我反蒋图什么？我说我反蒋不图什么，只图个革命。我们革命的枪口要对准反革命。蒋介石自己跑到我们枪口上来，他自己当反革命，是自己找打的。我反对蒋介石不是因为有什么个人恩怨，而是因为他反革命。我们就是要讨伐反对革命的人……”

叶剑英的话音刚落，一片掌声骤起。

在掌声中，走过来一位穿着旧军装、具有长者风度的军官，紧紧握住叶剑英的手说：“叶师长，讲得好，讲得好哇！”

这位军官就是大名鼎鼎的朱德。

朱德当时是第三军军官教育团（即南昌军官教育团）团长，也是从外地赶回南昌参加这个集会的。

叶剑英第一次见到这位在军界久负盛名、具有农民般的朴实和学者般的智慧的战将，顿时肃然起敬。

“承蒙夸奖，敬请指教！”

叶剑英立正敬礼，虚心地向朱德讨教。

朱德请他坐在自己的身边，随便地谈起来。他问叶剑英在吉安通电反蒋的经过和今后的打算，叶剑英如实相告。

随后，朱德向他介绍南昌复杂多变的政治局势，劝他不可久留。

两人虽然初次见面，却一见如故。推心置腹地交换了各自的政见，互道珍重，依依分手。

在中央苏区

1931 年春，中央苏区在毛泽东、朱德领导下，取得粉碎敌人第一次“围剿”的胜利，巩固和扩大了根据地。

这时，刚从苏联留学归来到上海的叶剑英，久慕“朱毛”的盛名和他们所创建的光辉业绩，积极要求来中央苏区。经过周恩来等同意，他于这一年 4 月经香港辗转来到瑞金。

叶剑英来到苏区后，受到毛泽东、朱德的欢迎，让他负责军委参谋部的工作，并担任战史编辑委员会的总编辑。

1931 年，日本帝国主义在东北制造了震惊中外的九一八事变。中国人民的抗日救亡运动掀起了新的高潮。

11 月，第一次全国苏维埃代表大会在江西瑞金举行。大会宣布成立中华苏维埃共和国临时中央政府。11 月 25 日，中华苏维埃共和国中央革命军事委员会成立，朱德任主席，王稼祥、彭德怀任副主席，叶剑英任中革军委委员兼总参谋部部长。

叶剑英担任总参谋长以后，一方面继续协助朱德等指挥作战，参加二、三次反“围剿”战役；同时，以大量精力，抓紧进行司令部机关的建设。

当时，红军正处于初创后的发展阶段，各级司令部机关尚未建立起适应战争需要的参谋工作制度，机关的组织分工也很不完善，机关和部队的联系也不够畅通。随着战争规模的扩大，司令部机关在组织指挥上误时误事的现象日趋增多。为了适应战争的要求，叶剑英向中革军委提出了“建设精干的统帅机关”的建议。

朱德积极支持叶剑英的建议，并批准他研究制定中国工农红军司令部机关的编制体制。按照这种编制体制，将原来分工不明确、体制不合理的一些机关部门予以精简合并，建立起作战、情报、通信、管理等部门，并对各机关的职责予以明确规定，进行了严格的分工：取消了副官处，专门成立了地图科，加强了电台建设，并统一了全军号音。在朱德的支持下，叶剑英加强了对机关的正规化教育。他经常召集机关参谋人员亲自讲授作战、情报、通信、机要、队列等方面的业务知识，组织参谋人员研究苏联红军的参谋工作条例、步兵战斗条夸和后勤工作条例。然后，他参考这些条令条例，结合中国革命战争和工农红军的特点，编写了自己的条令、条例，作为机关工作和部队战斗训练的基本依据。这些条令、条例的贯彻实施，对于克服游击习气，加强司令部和部队建设，使之逐步走向制度化、正规化，起了明显的作用。

在南京和武汉

抗日战争初期，1937 年 7 月叶剑英在西安，与国民党代表谈判，得知南京国民政府军事委员会即将召开国防会议，蒋介石想邀请毛泽东、朱德赴会。他即电中央，建议朱德出席会议。中央确定派周恩来、朱德、叶剑英去南京参加国防会议。

会议期间，叶剑英与周恩来、朱德同国民党代表就两党合作抗战和红军改编问题进行了谈判。朱德和周恩来就战略、战术、战区划分、民兵动员、军队政治工作等问题，相继作了长篇发言。

朱德说：“正面兵力拥挤必受损失，必伸至侧翼以活动。因敌人作战不可离开道路，我则应离开道路以行运动战。”他非常强调游击战，指出：“游击战为抗战中之重要者，破坏敌人后方，牵制敌人不能不以大兵力守其

后方，效果甚大。”

叶剑英被邀请参加军政部部长何应钦主持的讨论会，专门讨论总动员问题。叶剑英在会上就政略战容问题作了长篇发言。

叶剑英在发言中，表示完全拥护朱德、周恩来的发言。他的发言得到许多与会者的赞同，对于国民政府军事委员会制定全国抗战的战略方针起到了积极的作用。

8 月 16 日，朱德离南京去西安。叶剑英协助周恩来奔走于国民党军政要员之间，积极开展团结抗战工作。

8 月 21 日，周恩来离开南京去山西。此后，在国共两党谈判中，一些未能解决的遗留问题由叶剑英与国民党继续谈判和交涉。

1937 年 11 月下旬，叶剑英同办事处人员一起撤离南京。他们乘汽车经芜湖抵达武汉。随即在汉口成立八路军办事处，立即开始了紧张的工作。

1938 年 10 月 21 日，日军占领广州，国民党当局下令武汉实行紧急疏散。就在临撤退前的紧张时刻，八路军总司令朱德于 22 日飞抵武汉，参加蒋介石召开的军事会议。他住在郭沫若家里，彻夜和周恩来、叶剑英交换意见，然后面见蒋介石商谈八路军扩充编制、增加经费、派部队到华中战场开展游击战争及国共合作举办游击干部训练班等问题。国民党方面，由康泽出面招待朱德，并邀周恩来、叶剑英、郭沫若等作陪。过了两天，时局日危，由周恩来和叶剑英精心安排，秘密护送朱德去汉口机场飞往湖北襄阳，转经陕西三原，返回前线。

诗歌酬唱

随着抗日战争形势的发展，叶剑英由武汉撤退，转移到长沙、衡阳、南岳等地，于 1939 年 6 月到达重庆。

这时的重庆，是中国抗战的陪都、国民党政府所在地，也是中国共产党中央派出的代表机关中共中央南方局的所在地。叶剑英到来之后，担任南方局常委兼军事部长，在南方局书记周恩来的直接领导下立即投入了抗日统一战线的工作。

朱德总司令为了挫败国民党反共顽固派破坏统一战线、挑起内战的阴谋，于1940年5月特意从太行山区抗日根据地出发，去重庆与国民党谈判。因日本侵略军大举围攻我晋西北根据地，并进逼陕甘宁边区，他刚到达西安，中途返回延安。在此期间，他有感时局的变幻，忧国忧民，特写《出太行》七绝一首：

群峰壁立太行头，
天险黄河一望收；
两岸烽烟红似火，
此行当可慰同仇。

在这首诗的题序中，他写道："1940年5月，经洛阳去重庆谈判，中途返延安。时经抗战紧急，内战又起，国人皆忧。"

叶剑英在重庆辗转读到这首诗以后，特作诗奉和：

将军莫唱大刀头，
沦陷山河寸寸收。
勒马太行烟雾外，
伊谁与我赋同仇。

朱德读到这首诗，立即亲笔录下，倍加欣赏。

摆"空城计"

1941年2月，叶剑英离开重庆，返回阔别五年的延安，担任中共中央军事委员会参谋长，协助毛泽东、朱德指挥全国敌后抗战。

这一年，敌后抗战进入了最艰苦、最困难的时期。日军集中重兵疯狂进攻我根据地，实行军事、政治、经济、文化的"总力战"，频繁进行大规模的"扫荡"，妄图隔绝各抗日根据地的联系，消灭抗日人民武装力量。国民党当局则继续执行消极抗日、积极反共的政策，不断对八路军、新四军和各抗日根据地进行军事进攻和经济封锁。同时，有相当一部分国民党正

规军扯起“曲线救国”的破旗，公开投敌，充当伪军配合日军作战。在这种严重形势下，中共中央为打破敌顽夹击，战胜严重困难，制定了一系列正确的方针和政策，指引着中华民族的抗战巨舟劈风斩浪，顽强向前。

长期转战在国统区，进行统战工作的叶剑英熟悉了解敌、伪、顽、友各方面的情况，他处在军委参谋长的岗位上既要运筹帷幄，指挥敌后军民抗战，又要同国民党反共顽固派进行周旋，进行谈判斗争。

4月29日，叶剑英陪同朱德与国民党驻延安联络参谋陈宏谟谈话，进一步指出，国共关系如要好转，国民党中央目前至少应采取下列办法：（一）停止逮捕共产党人员，停止反共军事行动和交通封锁；（二）继续发给十八集团军各月份经费并补充弹药；（三）新四军余部尚有八九万人，应即整编。至于移防一节，如政治上有确实保证，自可商量，否则于情于理碍难遵命。30日，陈宏谟等电告军令部，由军令部提出核议意见，报何应钦。何答应研究解决。

1943年夏，国民党顽固派发动第三次反共高潮，集结数十万军队，准备向陕甘宁边区大举进攻。面对这个大兵压境的局面，叶剑英同总参谋部研究，决定破例使用我们内线所掌握的敌情，公开揭露国民党进攻的阴谋，大造舆论，发动全国军民，奋起制止反动派破坏抗日、挑起内战的罪行。他这个“空城计”的政治作战方案，得到毛泽东，朱德的赞同。

7月4日，朱德以十八集团军总司令名义连电蒋介石、胡宗南、何应钦，揭露其“闪击延安”的兵力部署、行动计划，呼吁团结，避免内战。他尖锐指出：“内战危机，空前严重，抗战前途，千钧一发。”新华社广播了朱德电报全文，并详细公布了国民党军队调动的情况。紧接着，延安召开数万人的群众大会，通电全国。同时，增调部分兵力充实陕甘宁晋绥联防军，在军事上也作好了应付突然事变的准备。

这一场以军事实力作基础的声势浩大的政治宣传战赢得了国内外各界人士的同情。由于我方掌握了国民党军队的一切行动计划直至兵力部署、行军路线等确凿的情报，并对其揭露无遗，使得正在日夜调兵遣将，准备内战的国民党顽固派大为震惊，十分狼狈，进退维谷。

蒋介石、何应钦等见阴谋败露，陕甘宁边区军民作好了应战准备，正严阵以待，同时又迫于国内外舆论一致谴责的压力，只好下令收兵，致电朱德总司令，表示并无进攻意图。胡宗南则解释说：“敝部换防，请勿误会。”就这样，国民党顽固派发动的第三次反共高潮又以其失败而告终。

迎接“中外记者参观团”

1944年，中国共产党领导抗日军民渡过了极端困难时期，开始转入局部反攻。这一年也是苏联红军反法西斯战争取得决定性胜利的一年。中国共产党领导的武装力量在各敌后战场发动局部反攻，接连取得胜利，消灭与拖住大量日军，使其不能增援太平洋战场。这种客观现实的情况引起美、英统治集团的重视。美、英等国的驻华大使就向共产党方面提出，要求派英国、美国、加拿大、奥地利等国记者到延安和其他解放区亲眼看一看，作些实地考察。

中共中央同意了这一要求。6月9日，中外记者参观团穿过国民党军队的层层关卡，到达延安。

记者参观团来到延安的当天下午5时，由叶剑英以十八集团军参谋长名义设宴为他们洗尘，表示热烈欢迎。10日下午5时，朱总司令在王家坪礼堂设宴款待中外记者们。叶剑英代表朱总司令致欢迎辞。

6月25日，叶剑英与朱德又同美国记者史坦因和英国记者福尔曼进行了长达四个小时的谈话，回答并说明了这样几个问题：一、共产党军队在战时敌后的潜在力量；二、共产党对国民党的关系、态度以及同国民党、美国及英国武装力量合作能够采取或应该采取的形式；三、战后共产党军队将为保持远东和平而斗争。

叶剑英的报告和朱德的谈话，通过中外记者的笔传播到中国大后方和世界许多国家以后，引起了中国人民和世界许多国家政府和人民的强烈反响。国内外舆论对中国共产党在抗战中的地位和作用给予了新的评价。特别是对国民党已备感失望的美、英等国家的一些政府要员与高级将领，更加关注共产党领导下的敌后战场。中国战区参谋长史迪威将军一再强调美国政府必须给共产党军队以与国民党军队同样多的援助。

遗憾的是，这时突然发生了一件意外事件。美军观察组的惠特塞上尉在山西农村考察期间遭到日寇杀害。八路军总部决定把美军观察组在延安

的食堂改为“惠特塞纪念堂”，朱德亲笔为纪念堂题了门匾。朱德、叶剑英还致函远在美国的惠特塞夫人，表示“深为悼惜”。

在观察组外出考察期间，叶剑英派中央军委总参谋部情报处长丁甘如等陪同，并与他们保持联系。1944 年 12 月 16 日，叶剑英陪同朱德总司令继续与包瑞德等会谈有关双方军事合作问题。

在华北“军大”

人民解放战争进入第三个年头。

战争的胜利形势，要求有大批军队干部去充实部队，并准备接管城市和广大农村。

为了培养和训练干部，中共中央决定在河北石家庄创立一所华北军政大学，由叶剑英出任校长兼政治委员。

1948 年 7 月 1 日，学校举行开学大典，朱德总司令及华北军区、华东、中原地区的首长和代表出席了大会。

在大会阅兵式上，朱德、叶剑英等乘坐吉普车，检阅步兵方队和坦克车队。

叶剑英致开幕词。他从“七一”讲起，说到华北军大诞生的重大意义。他说，华北军大的诞生，是人民革命战争发展史上的产物，标志着我军正规化建设开始进入了一个新的阶段，对于加速解放战争的进程，争取全国胜利早日实现，对于促进我军建设，都具有现实的和深远的意义。他要求大家为实现中央军委和华北局赋予学校的任务而努力奋斗。

接着，朱德代表党中央、中央军委和毛泽东主席，向大会表示祝贺。他回顾党史、军史，说明华北“军大”是在继承红军大学、抗日军政大学的传统基础上，适应解放战争形势的需要而创办起来的，任重而道远。他在讲话中，特别说到，叶剑英过去当过红军学校的校长，有丰富的办学经验。中央军委下了很大的决心，把叶剑英调来当校长。他号召全校同志共同努力，把学校办好，为人民立功。

华北军大创建一年，取得了显著成绩和经验。在华北军大成立一周年之际，朱德为了表示祝贺，为之题词：“你们进行了很多工作，收集了过去的战争经验，编写了许多教材，训练了一部分教员，教育毕业了一大批学生。这是你们与全体教职员努力的结果。你们的教育方法，走上了正规化的道路，为国防教育打起了新基础。”朱德的题词，代表了中共中央和军委对华北军政大学的评价，也是对叶剑英和全体教学员的鼓励。

为老总送行

1976年新年刚过，全国人民敬爱的周恩来总理与世长辞。

周恩来的逝世，给他的老战友朱德带来了过度的悲伤。噩耗传来时，90高龄的朱德躺在沙发上，眼睛直勾勾地望着室外灰蒙蒙的苍穹，止不住热泪滚淌，嘴里不断地叨念着：“恩来呢？恩来在哪里？……”他不顾家人的劝阻，支撑着颤巍巍的病体，乘车去北京医院向周恩来遗体告别。在那里同样悲伤的叶剑英含着热泪，握着朱老总的手，说：“老总千万不要过度伤感，要多保重！”祝愿他健康长寿。老人家回答说“现在恩来走了，主席身体又不好，我们要更加努力，多做些工作，不然就对不起恩来同志！”从此他果然更加坚强起来，带病坚持工作。由于过多的伤感和过度的劳累，病情迅速恶化，到6月下旬不得不住院治疗。7月6日，病魔永远夺去了这位“红军之父”的生命，万众悲痛。

这位中国人民解放军的主要创建人和领导人，人民共和国的第一元帅，戎马一生，为争取中国人民解放事业和共产主义事业的胜利，英勇斗争，无私地贡献了自己毕生的精力。他为人民军队的建设，为社会主义革命和社会主义建设，为党为人民建立了不朽的功勋。

1976年7月8日，叶剑英怀着无比悲痛的心情，站在灵床旁边向朱老总最后告别。

（刘　梭）

持正相倚　嶷如秋山

——叶剑英和邓小平

叶剑英和邓小平是在中国漫长的革命岁月中建立起深度信任感的两位老战友。邓小平多年以来十分爱戴叶剑英，在党和国家的危难时刻，更觉得需要倚重对党忠诚、才智过人的叶帅。

叶剑英也深知邓小平的为人和才干，非常尊重这位几起几落的党和国家的卓越领导人。十年浩劫中，尽管两位老革命家都遭受到林彪、江青一伙的迫害和监视，但他们仍然通过各种渠道，采取巧妙的斗争方法，互相通气，保持着联系。两位老革命家建立在共产主义信念基础之上的友情是真挚的、崇高的，堪为世人楷模。

一

1969年10月至1970年初，叶剑英和邓小平等一大批老革命家，被林彪一伙借口“紧急”需要，赶出北京。邓小平被遣送到江西，软禁在原南昌步兵学校院内。后来王震将军也到了那里。叶剑英被“下放”到长沙，受尽林彪及其追随者的刁难和折磨。王震很想念叶剑英同志，于是，便借故从南昌来到长沙。

叶剑英一见王震的面，首先就询问到邓小平同志：

“小平同志的身体怎么样？”

“他生活起居情况如何？”

“是不是天天要去劳动？”

“家里的子女都到身边了吗？”

……

当叶帅得知邓小平生活很苦时，忙说："你赶快回去照顾他，中国可以没有叶剑英，不可以没有小平同志！"

好心的"胡子"将军，陪老帅吃了一顿饭，找来在长沙的老部长，交代要改善叶帅的生活后，就匆匆返回了江西。

"九一三"林彪"自我爆炸"以后，中共中央决定由叶剑英主持军委日常工作。为了加强中央军委的领导，他多次向周恩来、毛泽东建议，请邓小平同志出来工作。

1973年初，邓小平被毛泽东召回北京，叶剑英非常高兴，他写信给毛泽东，并当面向毛泽东建议说："小平同志回来了。我提一个要求，让他来参加和主持军委工作。"毛泽东采纳了叶剑英的建议，同周恩来商议，决定恢复邓小平的国务院副总理职务，并参加军委工作。

这一年12月12日，毛泽东亲自主持召开中央政治局会议，他在会上提出了大军区司令员相互对调的建议。他说："我和剑英同志请邓小平同志参加军委，当委员。是不是当政治局委员，以后开二中全会报告追认。"

12月15日，毛泽东又一次同政治局有关同志和几个大军区负责人谈话，他介绍邓小平说："我们现在请了一位总参谋长。他呢……你们的老上司，我请回来了，政治局请回来了，不是我一个人请回来的……"

12月22日，中央军委发布命令，令几个大军区司令对调。在召集这些司令员开会宣布中央和军委的决定时，毛泽东拍着邓小平说："现在，我请来了一个军师，叫邓小平。发个通知，当政治局委员、军委委员。政治局管全部的，党政军民学，东西南北中。我想政治局添个秘书长吧，你不要这个名义，那就当参谋长吧。"在座的老同志听了毛泽东的话，都为请回邓小平这位总参谋长欢欣鼓舞。

叶剑英更是高兴。他深深知道，"得贤则昌，失贤则亡"。在张春桥等人觊觎总参谋长要职已久、迫不及待的关键时刻，这个任命的意义有多么重大！他到邓小平住处，同他商议军机大事，研究加强军队革命化、现代化建设的措施，并组织总部领导和机关人员向他汇报军委工作和部队的情况。

邓小平的复出并被委任要职，逐步接管了党政军的实际一线指挥权力，这对"四人帮"来说是个晴天霹雳，他们又怕又恨，阴谋再次打倒他。

叶剑英警惕地注视着“四人帮”的动向，采取措施，暗中保护邓小平。

二

1974 年 1 月，南越当局突然向我西沙群岛发起进攻。叶剑英受命于毛泽东、周恩来，同邓小平一起负责组织指挥西沙自卫反击战。这时邓小平虽然尚未正式任命军委总参谋长职务，但叶剑英对他非常尊重。在紧张的几天几夜的作战过程中，他和邓小平亲自守候在军委总参谋部作战值班室里，肩并肩地坐在一起，认真听取参谋人员的汇报，审阅和批复前线发来的请示报告，周密分析研究敌情，根据战局的发展变化及时下达作战命令，并随时向毛主席、周总理汇报。每当参谋人员汇报前线战况或传达毛、周的指示时，叶剑英怕邓小平听不清，便凑到他的耳朵跟前讲给他听；每当下达作战命令时，叶剑英都事先听取邓小平的意见，然后签署。在指挥这场重大的自卫反击作战中，邓小平全力支持叶剑英。叶剑英一边指挥作战，一边抵御“四人帮”射来的“批林批孔”冷箭。他们排除王洪文、张春桥、江青等人的干扰，共商对策，共同指挥，迅速击退了南越入侵军，全部收复了敌占岛屿，取得了重大胜利。

叶剑英和邓小平一方面领导军队建设、指挥作战、巩固国防，另一方面坚持同“四人帮”进行各种形式的斗争。1974 年在一次中央政治局会议上，毛泽东批评江青不要开两个工厂，一个是钢铁工厂，一个是帽子工厂。江青当着众人的面，表示“不开’了。她故意把矛头引向邓小平，说：“钢铁工厂送给小平同志吧！”众人没有搭理她。毛泽东继续批评江青一伙说：“她算上海帮呢！你们要注意呢，不要搞成四人小宗派呢！……”叶剑英听了，觉得毛泽东对江青一伙“上海帮”批得非常痛快。散会以后，他一再问邓小平听清楚了没有，一路上继续交谈对“上海帮”的看法，回到住处兴奋得一夜睡不着觉。

1974 年 10 月 4 日，毛泽东提议邓小平担任国务院第一副总理，实际上是要他在周恩来生病期间主持中央工作。这使“四人帮”更为不满，于是加紧攻击，要把他赶下台。他们躲在钓鱼台，经过密议，有计划有准备地在中央政治局对邓小平进行多次挑衅和攻击。最突出的是，他们无端制造所谓“风庆轮”事件，攻击国务院和交通部“崇洋媚外”、“搞卖国主义”。在政治局会议上，江青一伙以此为题，向邓小平发动突然袭击和围攻，逼他表态。邓小平义正词严，据理驳斥。江青、张春桥、王洪文等竟然辱骂他“又跳出来了”。邓小平愤然离开会场。在这场风波中，叶剑英完全站在邓小平一边，支持他同“四人帮”斗争。邓小平的实事求是态度、坚强的党性原则和大无畏的革命精神，使叶剑英敬佩不已。

邓小平是一位坚定的共产主义者，卓越的无产阶级革命家，绝不屈服于“四人帮”的压力。1974 年 11 月，在江青阴谋“组阁”失败之后，他到长沙去看望在那里养病的毛泽东，汇报前一段工作。他还没有谈到江青一伙有意制造困难，毛泽东倒先点破了，说：“你开了一个钢铁公司!”

邓小平坦率地说：“我实在忍不住了，他们在政治局搞了七八次了。”

毛泽东说：“我赞成你！他们强加于人，我也是不高兴的。”

“我主要是感觉政治局的生活不正常。最后我到江青同志那里去谈了一下。”邓小平风趣地说，“我这是钢铁公司对钢铁公司!”

毛泽东露出满意的表情，连声说：“这个好。”

这次谈话结束时，邓小平表示，一定挑起重担，把工作做好。

叶剑英得知这次谈话内容，欣喜异常，他相信中国的事情会有转机，对前途充满了信心。

三

1975 年春回大地。1 月 5 日，邓小平被正式任命为中共中央军委副主席兼中国人民解放军总参谋长，在党的十届二中全会上又被选为中共中央副主席、中央政治局常委。四届人大批准了周恩来所作的政府工作报告，选出了以朱德为委员长的全国人大常委组成人员，任命周恩来为总理、邓小平等为副总理的国务院组成人员，挫败了“四人帮”的组阁阴谋。会后，周恩来总理病重住院，在毛泽东的支持下，邓小平代总理主持中央的党政日常工作。叶剑英被任命为国防部长，继续主持中央军委日常工作。

邓小平受命于危难之时，根据毛泽东主席、周恩来总理的指示，在叶剑英等许多同志的支持和协助下，以非凡的革命胆略和雷厉风行的作风、坚决果断的态度，克服巨大阻力，着手全面整顿，纠正“文化大革命”的错误，同“四人帮”进行了不屈不挠的斗争。

最使叶剑英敬佩的是邓小平敢于“捅马蜂窝”，大胆揭露批判江青。4月间，他就江青、张春桥、姚文元蓄意制造的以打击老干部为目的的所谓“反经验主义”问题，采取向毛泽东请教的方式，提出了自己的看法。毛泽东同意邓小平的观点，认为“反经验主义”干扰了他倡导的学习理论运动，多次批评江青等人的错误。根据毛泽东的意图，邓小平继4月27日中央政治局开会批评江青等人“反经验主义”之后，又于5月27日和6月3日主持政治局会议，集中解决“四人帮”的问题。叶剑英坚决支持邓小平批“四人帮”。

5月27日，在人民大会堂东大厅举行的会议上，邓小平针对江青等人搞所谓“第十一次路线斗争”、“批林批孔又批走后门”和“反经验主义”等三件事，提出质问和批评。他说：“主席提三个问题，钻出三件事。倒是要问一问，为什么？……你们批周总理、批叶帅，无限上纲，提到对马列的背叛，当面点了那么多人的名，来势相当猛。别的事不那么雷厉风行，这件事就那么雷厉风行！……”

江青玩弄故伎，反唇相讥，诬蔑这是搞“围攻”和“突然袭击”。邓小平毫不退让，拍着桌子，据理相争，继续对江青等人进行严厉批评。

邓小平反复声明：“这次会议是根据毛主席的批示和讲话精神召开的。要安定团结，要‘三要三不要’，首先政治局的同志要做到。主席多次批评宗派主义、搞‘四人帮’。他问我们讨论得怎么样，有没有结果，要我们好好讨论。”邓小平针对“四人帮”攻击“4月27日会上的讲话过了头”、是“突然袭击、围攻”等，激动地说：“我看，连40%也没有讲到。有没有20%，也难讲。谈不上突然袭击，过头了……”

6月3日继续开会，一开始就冷场。长时间的沉默后，一向支持邓小平的叶剑英打破僵局，作了长篇发言。

他说，政治局讨论主席的批示和指示，是非常正确的“三要三不要”。接着，他谈了三点体会：

第一点，要学马列。他说，3月1日出现“反经验主义”。全国报纸跟着来了，用“反经”代替“反修”。主席提出批评，不要只提一个（经验主义)，放过另一个（教条主义)。我党真懂马列的不多。有些人自以为懂了，其实不大懂，自以为是，动不动就训人，这也是不懂马列的一种表现。主席批评得很尖锐。这个问题很重要。马列弄通可是难。一定要学习，非常必要。不学好就没有武器。今后中央要带头学。

第二点，要团结，不要分裂。他严厉批评了借口所谓“对付林彪”搞小宗派，而大搞“四人帮”。他说，团结的方法：一手是批评，一手是团结。过去一个时期不正常。如果保持非法的小组织存在，搞“四人帮”，就有害团结，分裂党。

第三点，要请示报告，严守纪律。他指名道姓地说，几乎重大的问题都不请示。主席、小平同志的批评是完全对的。你们搞所谓“十一次路线斗争”事先未请示，“批走后门”也是事先未请示，“批经验主义”又是不请示，要主席来纠正。要正确对待个人和组织的关系问题，严守纪律。以后凡是重大问题，都要提交政治局讨论。过去的错误，要引起严重注意。为什么不请示，使主席有感觉？事先不请示，事后来纠正。不要干扰主席，这是最大的干扰。他最后激动地说：“什么是背叛马列主义？搞得村村点火，处处冒烟！”

在叶剑英发言之后，王洪文顶不住邓小平、叶剑英的批评压力，被迫假惺惺地作了检讨。

最后，江青在强大的批评压力下，摆出“弱者”的姿态，承认自己在4月27日的会议上，“自我批评不够，表示再作进一步检讨”。可是，事后她到处造谣说邓小平开会斗了她几个月。

不久，邓小平向毛泽东汇报政治局开会批评“四人帮”的情况。

毛泽东说：“他们过去有功劳，现在就不行了，反总理、反邓小平、反叶帅……在政治局，风向快要转了。”他鼓励邓小平说：“没有大问题。你要把工作干起来。木秀于林，风必摧之。”

邓小平感到担子很重，说：“工作开始时，主席给我这个工作岗位，我说主席是把我放在刀尖上了。”

毛泽东再次说：“这是叶帅提议的，我赞成的。”

这就是邓小平复出以后，在毛泽东支持下，主持政治局批评“四人帮”的大致情形；这也是“文化大革命”以来，中央政治局第一次与“四人帮”

交锋，敢于在“太岁”头上动土。叶剑英在这场斗争中，始终坚定地站在邓小平一边。江青、王洪文等慑于毛泽东和政治局的压力，被迫采取“以守为攻”的战略，交出书面“检讨”。毛泽东虽然没有最后下决心解决“四人帮”问题，但仍然肯定了会议的成绩。

四

邓小平坚持党的领导，维护安定团结，批判派性，大刀阔斧地对国民经济和文化教育、文学艺术、科学技术等各条战线进行全面整顿，并狠抓落实政策，解放了一大批革命领导干部。停滞下降的经济得到迅速回升，全国打破了万马齐喑、严重混乱的局面，开始复苏回升，出现了热气腾腾的新气象。叶剑英全力支持邓小平，并同他一起对军队进行切实的整顿。

这一年6月24日至7月15日，叶剑英和邓小平主持召开了中央军委扩大会议。会议开了22天，中心议题是整顿军队的思想作风和解决组织问题。叶剑英、邓小平先后在会上作了重要讲话。他们从国际国内形势出发，深刻阐明了整军备战的重大意义，提出了军队要整顿的任务和要求。邓小平强调军队抓编制、抓装备、抓战略，加强组织性、纪律性，加强军政团结、军民团结。他切中时弊地指出，军队建设中要克服“肿、散、骄、奢、惰”，军队领导班子中要解决“软、懒、散”的问题，自上而下调整好领导班子。他语重心长地说：“现在确实有些值得注意的现象，我们担忧啊！”

叶剑英在发言中首先完全赞同邓小平的讲话。他强调发扬我们党的理论联系实际的传统作风，严厉地批判资产阶级派性，提出要抵制资产阶级思想作风的影响和腐蚀，自觉地改造世界观，坚决执行三大纪律八项注意。他说：“军队要高度集中统一，决不允许资产阶级派性存在。要使广大干部战士认识资产阶级派性的反动性和危害性，警惕阶级敌人浑水摸鱼，乘机进行反革命破坏。”他在发言中非常气愤地揭露江青等人插手军队、妄图搞乱军队的阴谋诡计，提醒大家注意，有人到处送书、送材料、写信，要抵制。以后不经军委的同意，任何人不得这样做。会上，徐向前和聂荣臻元帅也都作了重要讲话，一致赞同邓小平、叶剑英的意见。叶剑英还深入到小组听同志们发表意见，一个军区一个军区、一个军种一个军种分别找人谈话，打“预防针”，把毛泽东揭露批评“四人帮”的事透露给他们。他针对当时总部机关、军兵种和各大军区有些高级将领与“四人帮”关系密切，以及有些人对“四人帮”面目认识不清、若即若离的状况，打招呼说：有个别中央领导人不通过组织，自己发指示搞运动，这是不正常的。绝不容许任何野心家插手军队，搞阴谋活动。他还十分关切地要求大家谨慎从事，少说话，不“授人以柄”，要注意形势，坚定立场，稳住部队，充分发挥骨干作用。这对到会同志是一付“清凉剂”，使大家心里有了底。

紧接着，经党中央、毛泽东主席批准，征求邓小平同意，以由剑英、聂荣臻等组成六人领导小组，对各总部、各军兵种、各大军区、北京卫戍区、国防科委等二十几个单位的领导班子进行了调整。同时，对北京及附近战略要地的部队部署也进行了调整。叶剑英根据小平的意见，非常强调要建立一个精干的、敢字当头的、强有力的领导班子，形成坚强的领导核心，要调整和改组那些怕字当头的“软班子”、干劲不足的“懒班子”。对那些搞资产阶级派性的，要限期改正；不改的，要坚决调离。采取上下结合的办法，一个一个地坚决调整了领导班子。这对于抵制“四人帮”插手军队，稳定全国局势以至后来粉碎“四人帮”，起到了重要的作用。

在这次会议之后，又召开了国防工业重点企业会议，进一步研究军工企业的整顿问题。邓小平、叶剑英到会讲话，再次强调建立敢字当头的领导班子，保证企业的正常生产秩序，警惕大大小小的野心家，使生产全面好转。

邓小平发起的在全国范围内各条战线的全面整顿，是党和人民反对“左”倾错误，同“四人帮”进行的一场重大斗争。从思想上唤起了全国人民的觉醒，从组织上清理了一大批坏人。“四人帮”对此怀恨在心，岂肯罢休！

五

政治厄运果然降临。

继“反经验主义”之后，“四人帮”从1975年下半年起，就酝酿利用“评《水浒》”来攻击周恩来和邓小平。

中央政治局召开紧急会议，对邓小平进行错误的批评。

“四人帮”摇身一变，一跳三丈，成了批邓的急先锋。

按照毛泽东的本意，仍然希望在“文化大革命”问题上能够统一认识，来个“三七开”（七分成绩，三分错误）。毛泽东提出由邓小平主持作一个决议，肯定“文化大革命”的成绩。邓小平在原则问题上是不肯让步的。他说，我是“桃花源中人，不知有汉，无论魏晋”，表示由他来写这个决议是不适当的，婉言拒绝。

在“四人帮”的攻击下，在中央政治局内邓小平已经无法工作。

在严峻的形势面前，叶剑英毫不畏惧，他特意到邓小平住处，去看望这位老革命家。

叶剑英望着邓小平，气愤地说：“这伙人欺人太甚，步步进逼，他们趁主席有病，越闹越厉害，下一步还不知道搞出什么鬼名堂，我们要赶快采取对策！”

“没有什么好怕的！我早就作了思想准备，无非是第二次被打倒，最坏是罗迈下场！遗憾的是还有好多事没有做完，经济没有根本好转，许多老同志还没有解放。”邓小平不无遗憾地说。

叶剑英最担心的是邓小平下来以后，“四人帮”趁机篡夺国务院的大权。

邓小平告诉叶剑英：“政治局实际上已经停止了我的工作，我估计，主席的决心已经下定，就要‘换马’了！”

叶剑英心情变得沉重起来，如果真正出现这种局面，怎么办呢？他多么希望周恩来留下的担子由邓小平来承担啊！

“我估计，‘换马’也不是简单的事，要换的话，无非两个前途：一个是下台，另一个是‘一批二保’，至少还要继续留用一段。因为有些事情，主席不会全交给他们，他不会放心的！”

邓小平同意这种估计：“我作了最坏的准备，但我相信，我们的事业会后继有人。我们的党是有希望的。”他停下来，沉思一会儿，严肃地说：“我不在位了不要紧，只要你老帅在，还有其他老同志在，就不怕那几个跳梁小丑闹事！”

叶剑英听到这番语重心长的嘱托，身上顿时觉得增加了千钧重担，当即表示说："看形势的发展吧，我也可能保不住了。但是无论如何，只要我们还有一口气，就要斗下去！"

六

1976年1月8日上午9时57分，周恩来总理与世长辞。巨星陨落，江河呜咽，大地哀号，整个中国在寒风和哀乐中震颤！

在举国悲痛的时刻，以江青为首的"四人帮"反革命集团却得意忘形，发出狞笑。他们认为"批林批孔批周公"已经取得"彻底胜利"，妨碍他们篡党夺权的最大威胁已经消除。但周恩来的巨大影响依然存在，于是他们极力贬低他的光辉形象，压制人民的悼念活动。

此时此刻，80高龄的叶剑英元帅在他红枫翠柏的"2号楼"里，也为总理佩戴了黑纱，陷入无限悲痛之中。

1月15日下午3时，周恩来总理的追悼会在人民大会堂举行。会议由王洪文主持，邓小平致悼词。

"四人帮"害怕邓小平亮相，与广大干部、群众见面，于是举出种种"莫须有"的理由，极力排除邓小平。江青主张由王洪文或张春桥来作悼词。

张春桥自知不够格，王洪文又太嫩，就找到叶剑英头上，说："现在全国都在反击右倾翻案风，邓小平作悼词不合适，还是请叶帅来吧！"

叶剑英明白他的用意，斩钉截铁地说："我看不出有什么不合适的！他是堂堂正正的党中央副主席，又是国务院第一副总理，代替总理主持工作，理应由他来作悼词。再说我的心情太难过，也读不下来。"

张春桥碰了一鼻子灰，也只好作罢。就这样，叶帅考虑邓小平当时的困难处境，极力主张由邓小平来作，趁这个机会让他和广大人民群众见面，在关键时刻，在政治上给他以极大的支持。果不然，当人们从电视荧光屏上看到邓小平一出场，千万颗厌恶"批邓"、为邓小平命运担忧的心一下子都放下来了。

"今天，我们怀着极其沉痛的心情，悼念中国共产党的优秀党员、伟大的无产阶级革命家、杰出的共产主义战士、中国人民久经考验的卓越的党

和国家领导人周恩来同志……”

邓小平那严肃的表情，沉痛的声调，感染了会场内外的广大人民群众。叶剑英肃穆伫立在那里，和广大听众一样，止不住泪如雨下。他多么希望从此邓小平能接替总理，领导大家干下去啊！

然而，人们的善良愿望，常常受到恶人的挑衅。人民群众越是爱戴邓小平，“四人帮”越是怕得要命，下死劲地要把他拉下来。

他们按照预谋在粗暴干预人民群众悼念周恩来总理的活动同时，变本加厉地诬陷迫害邓小平。一天也不能让他再代替周恩来主持中央日常工作，左右政局了。他们在打击邓小平的时候，一刻也没有忘记仍在主持军委日常工作、掌握兵权的叶剑英。这两个人是在周恩来逝世后阻挡他们篡党夺权的最大障碍，被他们当做“眼中钉”、“肉中刺”，必欲除之而后快。

在“四人帮”的指使下，上海、辽宁等地召开各种会议煽动反击“右倾翻案妖风”。与此同时，中央积极筹备召开所谓“批邓打招呼会”。王洪文私自准备在会上作“反击右倾翻案风”的长篇报告，吹风说：“邓小平是还乡团长，叶剑英等人是还乡团的分队长……”姚文元在亲自审发的新华社内参稿件中公然点名攻击叶剑英。

七

乌云密布，狂风大作。

正当中国高层空间，政治局风云发生骤变的严峻时刻，在北京地安门东大街的一个院子里，叶剑英和邓小平两位七旬以上的老革命家默默地对坐在沙发上。

此刻，他们显然还沉浸在极度悲痛之中。周恩来的逝世，给他们心灵上造成了巨大的创伤。他们有一种无可弥补的失落感，好像一下子失去了主心骨，内心里感到空荡荡的。

他们时而交谈几句，时而立起身来，走出门外，边走边谈。这个宽敞的四合院，同样显得空落落的。灰色的围墙，绿色的大门，挡住了他们的视线。外面的街道名曰“宽街”，实际并不宽。在它通往地安门的马路上，时时传来嘈杂的声音，更使他们心烦意乱。

沉默，沉默，长时间的沉默。沉默中酝酿着智慧的火花。

“你对当前的形势怎么看?”两个人几乎同一时间，提出了同一问题。

两位老战友以丰富的斗争经验和敏锐的洞察力，预感到一场更大的政治风暴就要来临，都在思考着这场风暴的结局和应急之策。

他们交换了对形势的看法以后，叶剑英坚定地说：“形势不论发生什么变化，我们都要想办法顶住！广大群众是拥护真理、主持正义的。我们要同那伙人周旋到底，这一点，请你放心!”

邓小平看到叶老帅如此坚强，由衷地高兴起来，又提醒说：“不过，要讲究斗争方法，这是总理临终前的嘱咐。”

两位老革命家重新陷落在怀念周恩来的思潮里。

“四人帮”利用手中窃取的权力，一面粗暴地干预悼念周总理的活动，一面变本加厉地打击迫害老一辈无产阶级革命家。因此，他们紧锣密鼓，在中央政治局攻击邓小平。不久，经过毛泽东提议，中央确定华国锋任国务院代总理，并主持党中央日常工作，于2月2日，发出中共中央一号文件，通知全党。邓小平被迫停止了中央的领导工作，“专管外事”。此后，“四人帮”在中央连续召开各省、市、自治区的负责人会议，即所谓“批邓打招呼会”，掀起一般“反击右倾翻案风”。

更为严重的是，就在这个中央“一号文件”里，有另外一项重要通知：“在叶剑英同志生病期间，由陈锡联同志负责主持中央军委的工作。”

以中央文件形式向全党通报共和国元帅“生病”挂职，这是破天荒第一次，来得非常突然。叶剑英早有思想准备，对个人的荣辱升降早已置之度外，担心的只是国家和军队的命运。他想到，毛泽东终于没有把大权交给“四人帮”，无论如何是一件好事，可以告慰周恩来的在天之灵了。

“四人帮”迫使叶帅靠边站还不过瘾，继续加紧迫害邓小平、叶剑英。2月6日，军委常委开会，“四人帮”向毛主席、党中央提出，1975年7月，叶剑英、邓小平在“军委扩大会议上的两个讲话是有错误的。建议停止学习和贯彻执行”。并且要求：“当前，回击右倾翻案风的斗争正在深入发展，全军要积极参加这场伟大的斗争。”

“四人帮”还下令封闭军事博物馆的“历史综合馆”。因为这个馆是叶剑英批准开展的，有人竟诬告它“紧密配合了右倾翻案风”、“树立邓小平”、“不适当地突出了叶剑英”……为了搞乱军队，摧毁“长城”，他们采取“打进来，拉出去”的手法，插手军队，诋毁几位老帅和高级将领，到处“放火烧荒”。“四人帮”所进行的这一系列的罪恶活动，不只是明目张胆地取消叶剑英、邓小平对军队的领导权，而且要一笔抹杀老一辈无产阶级革命家的历史功绩，否定我军的光荣传统，其险恶用心在于搞乱军队，篡夺党对军队的领导权。

八

“四人帮”在反“右倾翻案风”中，并没有放弃继续迫害周恩来。这因为，周恩来生前是邓小平、叶剑英等老一辈革命家的支持者，是人们的好总理，在全党全军全国人民心目中留下了巨大的深远的影响。“四人帮”明白，要篡党夺权，必须清除这个影响；要深入“批邓”，必须揪住这个“后台”。于是，他们动用舆论工具和政权力量，极力干扰、破坏人民的悼念活动，同时对刚刚故去的周恩来极尽造谣、诬蔑之能事。

是可忍孰不可忍！人民对周恩来总理的深厚情感岂容他们亵渎和玷污！对于“四人帮”的倒行逆施，人们再也不能忍受了！4月4日清明这一天，首都的天色灰蒙蒙的，乍暖还寒。一排排树木，瑟缩地伸着没有叶子的枝条。一座座高楼，孤寂地耸入寒风翻卷的高空。街道上，除了驶过车辆的噪音，听不见笑语寒暄。一切都是那样沉寂。不在沉寂中逝去，就要在沉寂中爆发！首都人民长期蕴藏在心底愤怒的火山爆发了！人们走上街头，同连日来从全国各地涌来的百万大军一起涌向了天安门广场。没有任何人动员，没有任何人组织，上百万群众从四面八方汇拢来，排成阵势，庄严沉痛地悼念周恩来总理，愤怒声讨祸国殃民的“四人帮”。

天安门广场的悲壮场面和庄严气氛深深地感染了邓小平、叶剑英等老革命家，他们坚信党心、军心、民心不可欺，历史潮流不可逆转！

但是，这个具有伟大政治意义的大规模的群众活动于4月5日遭到“四人帮”的镇压，成为震惊全国的天安门事件，史称“四五”运动。

在全国范围内掀起的这场悼念周总理、反对“四人帮”的斗争，实际上是人民群众拥护以邓小平为代表的党的正确领导的强大呼声。它为后来粉碎“四人帮”奠定了雄厚的坚实的群众基础，也是叶剑英等老一辈无产阶级革命家顺应民意除奸的坚强后盾和力量源泉。

九

面对“四人帮”的横行肆虐，全党全军和全国人民经过巨大创痛之后，更加觉醒了。十年浩劫的“文化大革命”必须结束，祸国殃民的“四人帮”必须清除。人心思治，人心思定。坚持真理、敢于斗争的正义力量正在凝聚、成长和壮大。人们一齐把希望的目光投向北京，投向了党中央，希望有人站出来，振臂一呼，带动千军万马涤荡妖雾，重整乾坤。

这时，担任党中央第一副主席、国务院总理的华国锋难以有效地制止“四人帮”的猖狂活动，而邓小平、陈云等老一辈革命家又遭到打击迫害和严密监视。在这种情况下，人们瞩目于叶剑英。这位革命家虽然被宣布“靠边”了，但他仍保留着党中央副主席、中央军委副主席的职务，在国内享有重望。团结全党全军全国人民，运筹决策，粉碎“四人帮”的历史重任，理所当然地落在了他的肩上。列宁说过：“伟大的革命斗争会造就伟大人物。”粉碎“四人帮”的伟大斗争，把叶剑英推向70年代中期中国政治舞台的中心，使他成为领导这场斗争的风云人物。他毅然承担起历史赋予的使命。

他不负众望，又一次顺应党心民意，挺身而出，百死不辞，决心团结众人，坚持斗争，挽救危局。

经过长时间的观察和思索，叶剑英意识到，解决“四人帮”这场斗争不是轻而易举的。这需要一个酝酿和决策乃至实施的较长过程。在酝酿阶段，应当听取各方面的意见，思考对付“四人帮”的办法；在决策阶段，由于带有极大的机密性，只能限于极少数几个人知道，而决策付诸实施，更要机警行事了。

十

邓小平，这位杰出的老一辈无产阶级革命家，1976年再次被打倒。现在，他退居在家里，但他的革命意志并没退，仍然时刻关注政局的发展，为党和国家的前途命运担忧。“四人帮”刮起的“批邓”妖风和“开除邓小平党籍”的叫嚣时时飘进院内，灌进他的耳朵里。对此，他倒不在乎，在党和国家遭此空前浩劫的危急关头，个人进退荣辱还算得了什么。然而，令他焦急的是，万一“四人帮”得势，中国又要千百万人头落地，陷入痛苦的深渊，这怎么得了？一位外国的评论家在他的书中引用邓小平 7 月间讲的一段话：“如果让他们把我们杀光（指党的健康力量和邓小平的支持者），如果我们任其分裂党和国家，那么就会把用革命无产阶级的心血和精神建设起来的国家推入‘四人帮’设计的黑暗的深渊，历史将倒退 100 年。”

这位老革命家自从 4 月份被“荣升”“天安门事件总后台”之后，基本上处于被“软禁”状态，很少外出。毛主席逝世以后，中国经过一段政治上的巨大震颤，“四人帮“也许是因为忙于抢班夺权，把主要矛头转向在位的党和国家的主要领导人。也许是以为邓小平已被“批倒搞臭”，成了“死老虎”，他们对一向最害怕的这个人有时倒有些放松了。

这一天吃过早饭，邓小平正在院内散步。

过着“软禁”生活、消息闭塞的院主人，多么希望有个老熟人来聊一聊啊！

天遂人愿，王震将军忽然驾到。主人喜出望外，亲自迎接到门口。

王震照例恭恭敬敬地鞠上一躬，问候小平同志身体健康状况和生活起居。一阵寒暄过后，主人关切地问了问“外边”的情况，话题一转，突然打听起叶剑英来。

“叶帅那里，你最近去过吗？”

“常去。”

邓小平稍为思索一下，接着提出了一连串的问题：

“叶帅现在常住在什么地方？”

“他每天的起居活动是怎样安排的？”

“身体怎么样？”

……

王震告诉邓小平，主席逝世前后这一段，叶帅从西山下来，经常住在小翔凤。

邓小平点了点头，没有再说什么。

至于邓小平为什么对叶帅如此关心，问得如此详细，王震没有打听，不知用意。但他事后知道，第二天邓小平连电话也没有打，竟单独去看望了叶剑英。

这一天，邓小平选择了一个最佳时间，以“上街看看”为名，冒着极大风险，悄悄来到小翔凤叶帅的住所。

两位老革命家坐在小翔凤元帅的书房里，悄悄地交谈着。

他们就斗争形势的发展和如何解决“四人帮”问题，交换了看法。被毛泽东称为开“钢铁公司”的邓小平，经过一场大的政治风波，虽然变得更加谨慎起来，但他对叶剑英必能“收拾残局”，抱以极大的期望。

十一

叶剑英没有辜负邓小平等老一辈革命家的期望。他经过较长时间的酝酿和充分的准备，在华国锋的支持下果断地作出决策，于1976年10月6日晚，一举粉碎了“四人帮”。

解决“四人帮”之后，叶剑英当天夜里回到玉泉山，出席中央政治局会议，宣布处置“四人帮”的经过和商讨粉碎“四人帮”后党和国家的大计。会议完全赞同对“四人帮”所采取的果断行动。会议刚刚结束，叶剑英想到的第一件事，就是把粉碎“四人帮”的喜讯迅速透露给一直被“软禁”的邓小平和其他老同志。小平同志对这个伟大斗争的胜利，由衷地感到喜悦。

随着“十月的胜利”，全党和全国人民渴望着党中央新的领导集体能解决两大问题：一是请邓小平重新出来工作，二是为天安门事件平反。可谓是人心所向，大势所趋。

粉碎“四人帮”过后，叶剑英立即考虑到请邓小平重新出来工作的问题了。他派他的孩子去看望邓小平，看望胡耀邦。叶剑英三次向华国锋提议：“赶快让小平同志出来工作，恢复他原来的职务。”他说，小平同志具有治党治国的全面经验，是我们党内难得的人才。毛主席、周总理多次赞扬过他。现在，党内、军内的绝大多数同志和全国人民强烈要求让小平同志出来工作。我们应该顺应民心，顺应潮流，尽快把小平同志请出来。

紧接着，在一次政治局会议上，叶剑英排除阻力，正式提出这个问题："我建议让小平同志出来工作，我们在座的同志总不会害怕他吧？参加了政治局，恢复了工作，总不会跟我们挑剔吧？"

在当时中央还没有做出相应的正式决议的时候，叶帅就对身边的工作人员说："凡我看的文件，都要送给小平同志，让他看，熟悉情况。"他派人把正在生病的邓小平请到西山疗养，又安置到人民解放军总医院治疗。在此期间，他还天天派他的秘书给邓小平送文件，报告情况。

1977 年 3 月中央工作会议前，叶剑英对中央的一份文件的修改提了两条意见：一是天安门事件是冤案，要平反；二是对邓小平同志的估价，应把提法改变一下，为小平同志重新出来工作创造有利条件。

就在 3 月的中央工作会议上，叶剑英、陈云、王震等不少老同志针对不让邓小平出来工作和不为天安门事件平反的问题，提出了强烈的要求。

1977 年 7 月，中国共产党十届三中全会在北京召开。经过广大干部群众长达九个月的斗争，终于在这次全会上一致通过了《关于恢复邓小平同志职务的决议》，恢复邓小平中共中央委员、中共中央政治局委员、常委、中共中央副主席、中央军委副主席、国务院副总理、中国人民解放军总参谋长的职务。邓小平恢复领导职务以后，在指导和推动全党进行拨乱反正，重新确立马克思主义的思想路线、政治路线和组织路线的过程中，发挥了关键性的作用，作出了卓越贡献。1980 年底，叶剑英在中央政治局的一次重要会议上，再次对邓小平的功绩作了高度评价。他说："大家知道，小平同志在历史上对党作出过杰出的贡献。粉碎'四人帮'以后，在每一个重要关头，他都敏锐、果敢地提出一些正确的决策和主张。在我看来，小平同志具有安邦治国的卓越才能，他当全党的'军师'和全军的统帅，是当之无愧的。"

在中央政治局领导下，叶剑英同邓小平一起，为恢复中央其他老同志的工作、荐引年富力强的同志担任党中央和国家领导职务，都作了很大的努力，使党和国家有了一个坚强的领导核心。

1978 年 12 月，党的十一届三中全会在北京举行。叶剑英同华国锋、邓小平等人一起主持了这次全会。全会确定了"解放思想，开动脑筋，实事求是，团结一致向前看"的指导方针；作出了从 1979 年起把全党工作重点转移到社会主义现代化建设上来的战略决策；对经济问题特别是农业问题进行了认真讨论并作出了相应的决策；审查和解决了党的历史上一批重大冤假错案和一些重要领导人的功过是非问题；提出了健全党规党纪和民主集中制，加强社会主义民主与法制的任务。全会在中央领导机构的人事安排上也作了重要变动。全会在思想上、政治上、组织上全面地恢复和确定了马克思主义的正确路线，结束了粉碎“四人帮”以来党的工作在徘徊中前进的局面。十一届三中全会是建国以来，我党历史上具有深远意义的伟大转折，从此中国迈上了建设四个现代化的新里程。

1986年10月22日，叶剑英与世长辞。

邓小平亲自为他主持追悼会，向他的遗体告别，送走了与他交往长达半个多世纪、具有深厚情谊的老战友。

（杨言东）

“彭总救过我的命”

——叶剑英和彭德怀

危难中受命

中国工农红军两万五千里长征，到达遵义，是一个伟大的转折点。

然而，就在第二次占领遵义的老城、老鸭山战斗中，兰军团参谋长邓萍不幸牺牲。

谁来接替呢？军团长彭德怀和政治委员杨尚昆为人选问题作了思量。他们反复商量结果，建议中央军委派军委第一纵队司令叶剑英前来三军团接任。中央军委领导人考虑，叶剑英当时虽然兼管总司令部的工作，一时离不开，但前方更需要参谋长，于是便同意三军团的请求。

叶剑英在危难之际，奉命到三军团任参谋长，协助彭德怀、杨尚昆指挥作战。

3 月上旬，叶剑英同彭德怀、杨尚昆、刘少奇（三军团政治部主任）出席了中央军委的重要军事会议。会后，叶剑英在彭德怀的直接领导下，制订三军团的作战计划，指挥部队乘夜经潭厂、两路口，袭取仁怀，三渡赤水。然后攻占铁厂、大村，在二郎滩四渡赤水，南渡乌江，直趋贵阳。

部队人不歇步，马不停蹄，翻山越岭，来到金沙江畔。金沙江的支流很多，过每一道河，叶剑英都要亲自勘察地形，指挥架设浮桥，或组织人员向敌军夺船渡河。行军作战中遇到问题，他总是找几个科长来一起商量出解决办法后向彭德怀汇报，最后再作决定。有一天，部队行军 80 里，到宿营地时已经很晚了，走在前边的部队突然来电说，行军前方有一座桥被水冲断了，需要连夜架修。这时大家经过一天的行军，人困马乏，已经很疲劳，叶剑英带伤走路，更是周身酸痛，但他仍然连夜召集司令部几个科长碰头研究办法，并要亲自带工兵连夜去赶修。几位科长看到他身体虚弱，坚决不让他去。事情报告到军团了，彭德怀也不让他去。叶剑英将架桥任务交给孙毅。临走前，他对可能遇到的问题，又作了具体交代，才放心地让孙毅带工兵连二十多个战士前去。他们走了几十里路，在河边整整奋战了一夜才把桥架通。

彭德怀、杨尚昆和叶剑英率领三军团渡过金沙江、大渡河后，乘胜继续北进。经林坪，从二郎山旁越过人迹罕至、野兽成群的深山老林，指挥部队击溃四川军阀杨森所部六个旅的堵截。于 6 月初，占领了天全、芦山、宝兴，为后续部队扫清了道路，迅速赶到夹金山脚下。

夹金山是红军长征翻越的第一座海拔 4000 米以上的大雪山，气候寒冷，空气稀薄，山顶积雪终年不化。红军指战员从云南一路转战来到四川，每人只有一套单衣，要过雪山了，想补充点衣服也无处可寻。最初他们想带些烧酒御寒，但山脚下人烟稀少，哪里去找这么多烧酒？叶剑英请示彭德怀，又找大家商量，布置部队要多准备生姜、大蒜、大葱、辣椒，以备上山冷时咀嚼压寒。他规定翻雪山时，一不能快，二要少说话，三不能坐下来休息。

上午八九点钟，部队开始上山。叶剑英拄着拐棍，口里含着姜片，与警卫员范希贤一起向山上攀登。雪山上的气候，变幻莫测，刚才还是阳光灿烂，过不多久就下起了鹅毛大雪。暴风夹着雪，打到脸上、手上，像刀割似的疼痛。叶剑英和大家一样穿着单薄的军装，冻得浑身直打哆嗦。人们用手捂着脸，冒着暴风雨，踉踉跄跄，艰难地行进着。

爬过雪山，经过艰苦、顽强的行军，叶剑英同部队一起到达四川西部懋功县（今小金）的达维镇。在这里，中央红军一部与红四方面军先头部队会师了。

与张国焘斗争

第一、四方面军会合后，于1935年7月下旬，中共中央在黑水芦花召开政治局会议，与张国焘等会商，讨论部队行动方向问题。

中革军委决定以原四方面军总指挥部为红军前敌总指挥部，徐向前兼总指挥，陈昌浩兼政治委员，并应四方面军领导要求，任命叶剑英为参谋长。

不久，又确定将两个方面军的部队组成左右两路军。彭德怀所在的三军团改为第三军，编成右路军，在徐向前总指挥、陈昌浩政委、叶剑英参谋长率领下，从毛儿盖出发，经班佑北上阿西。党中央、中央军委随右路军行动。朱德、张国焘、刘伯承率领左路军，从卓克基出发，经阿坝北进。

但张国焘到达阿坝后，按兵不动，反而制造种种借口，要右路军南下，对抗中央军委已确定的北上抗日方针。

毛泽东、周恩来等从9月1日到9月8日连续致电张国焘，催促左路军向巴西地区的右路军会合，共同北上。但张国焘一意孤行，于9月9日竟密电陈昌浩率右路军南下，“彻底开展党内斗争”。

彭德怀从陈昌浩谈话的腔调中觉察到，无疑是张国焘来了电报，改变了行动方针。于是，他立即向毛泽东告知此事，请毛泽东提防有变。

在彭德怀向毛泽东报告后不到两小时，叶剑英即从前敌总指挥部带着张国焘的密电，飞跑到中央驻地，送给毛泽东。

彭德怀见到叶剑英，知道张国焘来电南进，中央决意坚持北上，于是便向叶剑英说：“剑英，你要想办法，偷出一张北上路线的地图，同二局在明晨拂晓前到达三军团司令部，一齐北进！”

叶剑英答应：“我一定想办法弄到，明晨到你那里汇合。”

第二天凌晨，叶剑英以南下“打粮”名义，离开前敌总指挥部，追赶三军团。在一个交叉路口，他碰到了正在焦急等待的彭德怀、张闻天等同志。大家高兴地见到他，为他脱险立功而庆幸。

叶剑英告诉彭德怀，他交代的任务完成了，

彭德怀等告诉他，一路上有“追兵”，要他赶快赶路。

“彭总救过我的命！”

1935年9月中旬，陕甘支队在北上进军中，叶剑英协助毛泽东、彭德怀指挥部队斩关夺隘，越过岷山，于17日攻克天险腊子口，18日占领甘南的哈达铺。陕甘支队在哈达铺进行休整：红一军团改编为第一纵队；红三军团改编为第二纵队；中央军委纵队改编为第三纵队，叶剑英兼司令员。休整后，叶剑英率领第三纵队继续北进。9月27日，我军占领榜罗镇和通渭县城。在这里，叶剑英和几位同志从国民党报纸上看到有关陕甘苏区的消息，遂向中央提出北上陕北的建议。其时，中央也正在分析全国局势，对陕甘苏区和西北军的情况尤为关注。在榜罗镇，党中央政治局常委举行会议，根据陕北尚有相当规模的苏区和红军等情况，决定党中央率领陕甘支队进至陕北，和当地红军一起，保卫和扩大陕北根据地。会后，陕甘支队分三路北上，于10月上旬翻越六盘山主峰，在铁角城附近，与敌骑兵遭遇，发生激战。当时，彭德怀、叶剑英站在一个山头上的破庙里用望远镜观察敌情。突然，彭德怀一把将他按倒，一颗子弹从头上呼啸而过。叶剑英对这件事一直铭记心头，曾多次对孩子和身边工作的同志说：“彭总救过我的命！那一次好险啊！”

（张　晓）

情深似海

——叶剑英和刘伯承

在中国的元帅中，叶剑英和刘伯承是以两位军事理论家和军事教育家著称的。他们是两位著名的驰骋疆场的名将，运筹帷幄的“参座”，又是两位闻名于国内外的学者。而他们之间的更充满传奇性色彩的战斗友谊，是那样真挚，那样亲密，那样崇高，令人向往。

共赴苏联留学

刘伯承是1927年11月受中共中央的委派，从上海前往苏联高级步兵学校学习的。

苏联高级步兵学校设立在莫斯科的东北角上，是当时很有影响的红色军校。

同刘伯承相比，叶剑英去苏联留学则要晚一年。

1928年秋，在上海的中共中央通知叶剑英从香港到上海转道去苏联学习。叶剑英听到这个消息非常高兴，大革命失败后，他就多次提出这个要求，这次终于实现了多年的夙愿。

按照初衷，叶剑英本来是要学军事的。他在国内投身革命，已经经历过了十几年的军旅生活，积累了一些作战经验，很想到红军大学再深造一番，回国好驰骋疆场，从事武装斗争。没料到组织上却分配他到中国劳动者共产主义大学，学习政治理论。这与他的愿望有点矛盾。叶剑英的组织纪律观念一向是很强的，他想自己刚入党，先提高一下马列主义理论水平，也是非常需要的，于是愉快地表示服从组织决定。

叶剑英入学后被编入特别班，他的苏联名字叫尤赫洛夫，只有很少人知道他这个名字，绝大多数同学都叫他老杨，化名杨雨苍。叶剑英是特别班党支部委员。他带着为中国革命寻求真理的愿望，如饥似渴地学习。

对于刘伯承来说，外语也是一道难关。为了突破这道难关，他拼命地学习俄文。

叶剑英打听到刘伯承在高级步校进修，便去访问这位老战友。

那一天，刘伯承正在上课，忽听有人来访，到会客室一看，竟认不出来了。

两位老朋友匆匆一别，已是两年于兹，彼此变化都很大。

"啊，剑英，什么风把你刮来了？"

刘伯承愣了一会儿，终于想起来了。

叶剑英赶紧站起来，紧紧抓住刘伯承的手说："我最近才知道你在这里学习，迫不及待地来看你，请恕冒失之过！"

说罢，两位朋友哈哈大笑起来。

接着，两人很快转入了学习的话题，而话题又首先集中在过俄文关上。

叶剑英请刘伯承指教，介绍经验。

刘伯承笑了："是呀！余年逾而立，初学外文，未行之时，朋侪皆以为虑。目睹苏联建国之初忧患饥馑，今日已能饷我以牛奶面包。每思川民菜色满面，'豆花'尚不可得，更激我钻研主义，精通军事之报祖国之心。然不过外文这一关，此志何由得达？走，先去吃饭去。"说得俩人又笑了。

这天中午，刘伯承拿出平时很少用的"生活优待卡"，好好招待了叶剑英。

吃饱了饭，叶剑英乐哈哈地说："高级步兵学校就是'高级'。这可好了，以后节假日，我一定来向你请教！"

"那是一定。来我这里，保准请你一道去'打牙祭'的！"

从此，两位中国的高级军官，不仅是切磋琢磨的学友，而且是"打牙祭"的好友。

正当叶剑英、对伯承等学习很起劲的时候，中苏之间发生了中东路事件。

此时，劳动大学的师生们并不了解中东路事件的历史背景和边境冲突的性质。他们从拥护苏联政府、反对中国军阀主义的立场出发，要求上前线，协助苏联红军作战。于是学生们被编成布留赫尔营三个连准备参战。因为叶剑英带过兵，打过仗，便由他担任营长，负责进行军事训练。他制订训练计划，组织实施，每天天亮就开始，领导大家操练，经常到附近的高尔基村搞军事演习，进行严格训练。

不久，第三国际东方部决定在伯力成立远东工人游击队，准备配合苏联红军在中国东北地区进行活动。伯力是苏联远东地区的政治、经济、军事中心，苏联远东红军司令部就设在这里。

当时，刘伯承已转到苏联的最高军事学府——伏龙芝军事学院学习。中共驻共产国际代表瞿秋白指定刘伯承任远东游击队司令，营地设在红河（住地多是中国人，也有朝鲜人），叶剑英与劳动大学部分同学也奉命来到伯力红河。

到了伯力，遇到了加伦将军。叶剑英与加伦早就认识，在大革命时期东征北伐曾经一起战斗过，打了不少胜仗，彼此留下了很深的印象。他到伯力后，加伦将军留他在司令部工作以后，又调他到红河与刘伯承一起训练部队。

从此叶剑英和刘伯承两位老战友又在远东边疆的异地重逢。他们一起在红河训练部，互相配合得很密切。刘伯承很赏识叶剑英严格的治军风格，叶剑英虚心向他请教军事学术和作战经验。

不久，中苏边境武装冲突结束，远东游击队也奉命解散，大部回莫斯科继续学习。叶剑英带一些人去做了一段俘虏的教育工作，以后回到劳动大学。

1930 年 7 月底，刘伯承从苏联启程回国，8 月到了上海，立即被委任为中共中央军委参谋长，参与策动全国的武装暴动。

不久，叶剑英回到了上海，受到了中央军委常委周恩来的热情欢迎。后来周恩来安排他与留学苏联归来的刘伯承、傅钟、李卓然等人一起，翻译苏军的步兵战斗条令和政治工作条例。译成后，由中央军委送往各苏区，供红军作战和训练参照执行。

1931 年初，叶剑英从上海乘船，转道香港，在地方交通员的护送下，于 4 月初到达中央苏区瑞金，被委派负责军委参谋部的工作。

当时，蒋介石正调集部队对中央苏区进行第二次“围剿”。叶剑英积极

协助毛泽东、朱德指挥反“围剿”作战。

11月25日，成立了中华苏维埃共和国中央革命军事委员会，叶剑英任中革军委委员兼总参谋部部长。

叶剑英担任总参谋长以后，以大量精力抓紧进行司令部机关的建设，建立适应战争需要的参谋工作制度，改进机关的组织分工，进一步沟通机关和部队的联系。同时，他与有关同志一起，研究确定了中国工农红军司令部机关的编制体制。他还亲自给机关干部上课，组织大家研究苏联红军的参谋工作条例、步兵战斗条令和后勤工作条例，并结合中国革命和工农红军的特点，制定了一些规章制度，编写出了我军第一批条令、条例。这些基本建设，为以后担任红军总参谋长的刘伯承打下了良好的基础。

1932年1月，刘伯承也来到瑞金。毛泽东委任刘伯承担任红军学校校长兼政委，要他把红校办成“红埔”，办成为培养干部的基地。

红军学校校部在瑞金城里谢氏祠堂里。刘伯承到职后，十分重视红军学校的建设，在教学方针上，强调要一切从红军的实际情况出发，反对本本主义。刘伯承把教员组织起来，亲自领导编写了一批教材。在教学方法和手段上，他特别强调学用一致和知识的连贯性。他还亲自给学员讲课，组织学员进行军事演习。

1932年10月上旬，中共苏区中央局在江西宁都召开全体会议。

宁都会议后不久，中共临时中央又电示苏区中央局，令叶剑英和刘伯承对调，叶任中国工农红军学校校长兼政委，同时兼任瑞金卫戍区司令员。

刘伯承调任红军总参谋长职务后，积极协助总司令朱德、总政治委员周恩来在前方指挥作战。

叶剑英到红军学校后，着手做的第一件事就是对学校的基本情况进行详细调查。经过与训练部长林野、政治部主任欧阳钦、校务部部长杨至诚以及一线教学人员多次座谈，他很快就了解到，经过刘伯承等领导同志和全体教学员的共同努力，红校已初具规模，办得很有成绩；但也有些领导和教员不安心学校工作，缺乏长远的办学眼光，学校潜力没有充分地发挥出来，教学质量也亟待提高。叶剑英当即召开校务会，和大家研究如何在原有基础上，把红校办得更好。他强调要继承刘伯承校长好的传统和作风，继续贯彻古田会议精神和毛泽东倡导的从战争中培养干部的训练方针。为了办好红校，叶剑英和刘伯承一样，言传身教，深入课堂亲自讲解，到野外现场示范，用自己的模范行动教育培养学员。

叶剑英和刘伯承互相继承，互相学习，把红校越办越好。大家称赞他们二人是学校的建筑师。他们创造性地发挥了无穷的智慧，积累了丰富的教育工作经验，并且善于吸收古今中外的军事理论和办校经验，用于创办红校，使这所学校成为一所新型的、带有中国革命特色的前所未有的大学校。他们的办校思想和经验，当时被推广到各个苏区，后来为我军各个时期的院校所借鉴，奠定了良好的基础。

“寿君高唱凯歌旋”

1941 年 2 月，中共中央决定叶剑英从重庆返回延安，担任中共中央军事委员会参谋长，兼十八集团军参谋长。这位红军时期的总参谋部长，又接替了 10 年前刘伯承的岗位，重新做起统帅部的参谋工作。

抗战以来，叶剑英长期战斗在统战工作的岗位上，熟悉和了解敌、伪、顽、友等各方面情况，加上他本人的军事造诣和谋略才干，到统帅部工作以后，很快就成为毛泽东、朱德指挥全国敌后抗战的得力助手。

设在延安城西北王家坪的中央军委，是中共中央指挥抗战的“大本营”，从这里发出一系列指示、号令，指挥着各根据地的抗日战争。叶剑英作为军委参谋长，深知自己肩上的分量，日夜思虑着如何给中央、军委当好参谋。

当时，敌后抗战进入了最艰难的时期。日军疯狂进攻我根据地，实行军事、政治、经济、文化的“总力战”，频繁进行大规模的“扫荡”，妄图消灭抗日人民武装力量。八路军、新四军和各抗日根据地军民奋起抗战，打破敌人的军事进攻和经济封锁，战胜严重困难。

奋战在山西前线的一二九师师长刘伯承，根据中央军委的部署，指挥部队抗击日寇，取得了重大胜利。为了表彰刘伯承的革命功绩，鼓舞敌后军民的抗日士气，1942 年 12 月，中共中央决定在太行山抗日根据地为刘伯承师长 50 诞辰举行庆祝活动。

12 月 16 日这一天，清漳河畔锣鼓喧天，彩旗招展。太行军民隆重集会庆贺刘伯承师长 50 寿辰。第一二九师驻地宾客如云，函电似雪。朱德、陈毅、林伯渠、吴玉章等发来了贺词、贺诗，邓小平等发表了贺文，延安《解放日报》公布了中国共产党中央为转战千里、威震幽燕的刘伯承将军祝贺 50 寿辰的新闻。

叶剑英特地从延安发来了两首充满敬意、热情洋溢的祝寿诗：

一

太行游击费纠缠，
撑住平辽半壁山。
遍体弹痕余只眼，
寿君高唱凯歌旋。

二

细柳营中寂不哗，
抱垣炮堵即吾家。
将军五十人称健，
斩得倭酋不自夸。

刘伯承读罢这些祝寿诗文，深受感动，非常高兴。在祝寿大会上，他走上讲台，向大家深深致谢之后，说：“我自己的一生，如果有一点点成就，那是党和毛主席的领导所给我的。离开党，像我们这些人，都不会搞出什么名堂的。因此，我愿意在党的领导下，做毛主席的小学生，为中国人民尽力。一旦我死了，能在我的墓碑上题上‘中国布尔什维克刘伯承之墓’12 个大字，那就是我最大的光荣。”

在身处逆境的日子里

建国以后，1950 年 11 月 30 日，刘伯承在南京担任人民解放军军事学院院长。1954 年，中央军委又任命刘伯承为训练总监部部长。由于刘伯承正致力于军事学院的建设，没有到职。1955 年 4 月，叶剑英受命担任训练总监部代部长，代理刘伯承主持全军的军事训练工作。

从此，两位老战友，中华人民共和国的元帅，互相支持，心心相印，为了一个共同目标，把人民解放军建设成为一支优良的现代化的革命军队，在各自岗位上奋战不已。

但是，国内外政治风云的变幻，干扰了他们为之奋斗的共同事业。

在20世纪50年代初期，全党全军都面临着一个如何学习苏联和其他国家的经验问题。尤其在1956年苏联共产党召开二十次代表大会，批判对斯大林的个人崇拜以后，中共中央发出通知，要求全党认真学习《改造我们的学习》、《关于无产阶级专政的历史经验》等五个文件，“克服学习马克思列宁主义和外国经验中的教条主义倾向”。根据这一精神，叶剑英对如何从实际出发学习外国经验，保持和发扬我党我军的优良传统这一重要问题进行了有益的探索。他在1956年6月军校会议上总结发言中，强调要批判地学习苏联经验；反对盲目学习，做思想上的懒汉。1956年10月，叶剑英在他主持召开的军委训练委员会扩大会议上，再次强调，要用批判的态度去学习，并提出实事求是是批判的标准。他进一步指出：“所谓批判的学习态度，就是不迷信，不盲从，不作条文的俘虏。只有理解它的精神和实质，才能达到真正的理解。如果单纯地从一个片面去理解，没有分析比较，没有批判，不能联系实际，不能实事求是，就必然产生主观主义——即教条主义和经验主义。”

刘伯承对反教条主义态度也是明朗的，强调实事求是，他在1956年8月24日，给军事学院领导同志的信中说：“一般说来，学习苏联经验而运用于中国的问题，也就是理论和实践结合的问题，学与用结合的问题。”9月4日，刘伯承又一次给院领导写信说：“在检讨时，必须发扬民主，进行恰如其分的批评和自我批评，肯定那些是对的，就继续发扬，否定那些有错误和缺点的，就改正，不要过分追究个人责任，作过火的斗争。”在1956年9月召开的中国共产党第八次代表大会上，刘伯承当选为中央委员和政治局委员。由于长期革命战争中身体受到严重摧残，脑子和眼睛都患有严重病症，刘伯承日益感到体力难支，于是，他向军委请假疗养，并建议由陈伯钧代理院长，钟期光代理政委。

为了进一步解决这方面的问题，叶剑英根据中共中央和毛泽东有关反教条主义的指示，于1957年3月15日至5月3日，主持召开了训练总监部党委扩大会议，检查训总的工作。他要求经过这次会议在反对主观主义的同时也反对官僚主义，整顿作风，使训练部门的工作有个转变。同时要求“对下面的积极因素要加以支持”。5月3日，叶剑英在最后一次讲话中进一步指出，要认真总结几年来的训练工作，并且下工夫创造我们自己的东西。他说：“口口声声反教条主义，若会议得不到结果，会议本身就是教条。”这次会议对全军训练工作如何发扬我军优良传统，学习苏联先进经验问题，作了进一步探讨，并主动承担责任。

但是，从1957年下半年开始，全军的反教条主义运动逐步升级。在这场运动中，刘伯承首当其冲，主持训总工作的叶剑英也遭到批判。两位元帅从大局出发，主动承担责任，尽力保护从事军事训练的部门和干部。1958年4月8日，叶剑英来到南京军事学院，在全院教职学员干部大会上发表讲话。他在讲话中，对军事学院工作中的成绩作了充分肯定，并对刘伯承作了高度赞扬，给予了深切的慰藉：“我们的刘伯承同志经历了四十多年战场生活、军队生活，精通俄文，战斗经验丰富。像他这样的同志是很少的。他很红，很专，就是不健。他八九次受伤，为革命为人民流了很多血，是我们国家和人民的宝贝，应该很好地维护他的健康，以便他能更好地负责国家大事。”叶剑英这番话，在当时军队反教条主义空气浓厚的情况下是很难得的，表现了一个共产党员敢于坚持真理的态度和对老战友的真挚情感。在场的两千多名教职员听到他的发言无不为之感动，报以热烈的掌声。

叶剑英从南京返回北京不久，即出席中央军委于5月27日至7月22日召开的扩大会议。通过这次为时达两个月之久的有一千多名军队高级干部参加的会议，把全军的反教条主义运动推向了高潮。林彪从会议一开始就煽风点火、含沙射影，别有用心地攻击军事学院和训练总监部，攻击主持这两个单位工作的刘伯承和叶剑英。在会议的“高温”下，训练总监部被说成是“教条主义的司令部”，军事学院被说成是“教条主义的大本营”。毛泽东对这两个单位也提出了批评。在这种情况下，叶剑英不得不违心地做了“工作的检讨”。在外地治病疗养的刘伯承也抱病出席了会议，并作了检查。后来的实践表明，20世纪50年代，为适应国内外形势的发展和我军现代化建设的需要，根据党中央和毛泽东主席的指示，在全军开展学习苏联先进经验，是必要的也是正确的。后来在训练和教学中出现了一些问题和偏向，但并未形成错误的“教条主义”思想体系。因此，从上至下大规模地反教条主义，造成扩大化，不适当地伤害了许多同志，这是不必要的，错误的。粉碎“四人帮”以后，随着党的思想路线的根本转变，当年这场运动遗留下来的问题逐步得到妥善解决。1980 年秋，邓小平代表中共中央明确指出：1958 年“那次反教条主义是错误的”。

尽管遭到不公正的批判，刘伯承仍然尽自己力所能及，为国防建设日夜操劳。

1959 年 9 月，中共中央军委成立了战略小组，任命刘伯承为战略小组组长。他接受这个任务后，精心分析研究世界战略形势和我国的战略布局，提出了一系列有益的建议。

叶剑英和其他中央军委领导人，对刘伯承的战略性建议十分赞赏，予以高度重视。

1971 年 9 月，林彪叛逃事件发生以后，中共中央决定由叶剑英主持中央军委日常工作。叶剑英非常了解刘伯承近几年的处境，和他在困难条件下研究出的许多有价值的成果。为了充分应用刘帅提供的宝贵财富，叶剑英特意指示总参谋部：“将刘伯承同志自 1960 年以来的指示汇集起来，以绝密件印发军委各总部、北京军区及各有关部门参考执行。”叶剑英还及时检查了这项工作的落实情况。

1972 年 2 月 10 日，刘伯承向叶剑英写了一封长信，诉说衷肠。他在信中写道：“林彪主持军委日常工作期间，我的身体渐趋不好。但是，从关心党的事业，关心军队建设出发，凡是他们愿意问我的，或者我想到了的问题，我都以参谋的身份向他们提出来。当然，我的那些意见，都是些老经验、老生常谈的东西，不一定适合新情况，而他们基本上是听了算了，很少给你回过话。现在，我是个老弱残废的人了，又总是休息不好，精力很差，对这次军委扩大会议，也想尽一份力量。但是，力不从心，难能跟你们当个参谋了……为了给会议研究问题提供点资料素材，我请作战部的同志，把我 1960 年以来说过的一些话（限于精力和时间未加校对），把那些‘古董货’翻出来，作为一孔之见，即送你们一份，供研究参考。”

叶剑英反复阅读了这封意味深长，充满友情的信，受到了很大感动并立即交代参谋部有关部门认真研究，刘帅的信和他所提供的宝贵资料，用之于指导部队现代化建设和军事训练。

刘伯承晚年，健康状况日益不好。叶剑英和其他中共中央领导人十分关心刘帅的病情，多次去看望，并一再交代医务人员，精心治疗，精心护理，争取早日恢复健康。

1975 年 1 月 26 日，叶剑英给毛泽东写信，建议军委六人小组改组扩大成军委常委会，并建议增加刘伯承为常务委员。

从此，两位元帅和战友又并肩战斗，为军队和国防建设尽心尽力。

（王水石）

肝胆相照情谊深

——叶剑英和贺龙

一

叶剑英和贺龙，两位中国大革命时期赫赫有名的将领。在大革命中虽然互相仰慕已久，渴望会晤，但遗憾的是他们奔赴疆场，各在一方，一直没有谋面的机会。

他们第一次会晤，竟是大革命以后的事了。1927 年春，贺龙，这位国民革命军独立第十五师师长，率部进驻武汉。当时，正值宁汉分裂的前夕。3 月初，蒋介石密派他的秘书长朱仲公来武汉，游说贺龙投蒋，被贺龙拒之门外。

不久，蒋介石在上海发动了四一二反革命政变，屠杀大批共产党人和工人群众，随即在南京成立国民政府，同武汉国民政府对立，造成了宁汉分裂的局面。此时，武汉政府仍打着孙中山的旗号与共产党合作，反革命面目尚未暴露。

在两个“政府”之间，何去何从？对此，每个革命者，必须作出抉择。

多年来，倾慕共产党，坚持走革命道路的贺龙，在此关键时刻，明确表示：反对蒋介石，继续拥护武汉政府。就在此时，在江西吉安驻防的国民革命军新编第二师师长叶剑英，这位曾经申请过加入中国共产党的革命将领，审时度势，当机立断，毅然与蒋介石决裂，并向全国通电反蒋。在参与策划“二师暴动”之后，叶剑英从吉安来到武汉，投奔国民政府。为了找到立足之地，他特意向国民政府军事部长谭延闿述职，听候调遣。

就这样，两位著名的北伐师长先后来到武汉，但相互间并不知晓。一天，武汉政府召开国民议会，两位师长同时接到通知，应邀出席会议。他们几乎同时来到会议地点南洋大楼，这是一座三层楼房。会议室就在最高一层，不久前国民党二届三中全会的会场就设在这里。叶剑英进到会场，只见正面挂着一幅孙中山先生照片，左右两边分挂着国民党党旗和国旗，十分引人注目，照片下边是孙先生“革命尚未成功，同志仍须努力”的遗嘱，令人肃然起敬。会议室的墙上贴满了“打倒封建军阀，实现民主政府”、“打倒昏庸腐朽”、“工农商学兵大联合万岁”等标语。

室内的坐椅和沙发上，座无虚席。国民党的左派元老及共产党员身份的政府阁员齐集一堂。

会议由谭延闿主持，讨论宁汉分裂的形势和前途。

会议中间，谭延闿把两位师长介绍给大家，并要他们讲话。

在一片掌声中，贺龙和叶剑英站起来向诸公致军礼。也就在此时，两位慕名已久、渴望一见的战友，几乎同时走过来，亲切握手，互相问候，然后落座，小声交谈起来。

会议在进行着，片刻，谭延闿走过来，请两位师长讲话。他们彼此谦让了一阵，贺龙一定要叶师长先讲。叶剑英站起来，向大家谈了对当前形势的看法和主张，以及在吉安通电反蒋的经过。然后说：“有人说我是蒋介石的嫡系，待我不错。蒋介石给了一个‘巴掌’（职权）。我拿这个‘巴掌’打老蒋，这不合人情，对不住老蒋。其实，不是我对不住他，是他对不住工农大众，对不住老百姓，对不住总理。他在上海杀了那么多人，血流成河，怎能还跟着他干呢？他不革命了，反革命了，我们就要鸣鼓而攻之，群起而诛之！我们是总理的信徒，谁反对总理，我们就反对谁！”他的发言博得阵阵掌声。

贺龙为叶剑英的激烈言词所打动，暗自佩服这位‘儒将’的风度。接着，贺龙站起来发言，他说：“蒋介石不久前派他的秘书长来收买我，要我给他卖命，反对革命，他算看错了人！”然后他就自己最近接到的情报，列举蒋介石在南京逮捕、驱逐四千多名革命群众，秘密枪杀百余人的罪行，揭露了蒋介石的反革命嘴脸。最后，他愤慨地说：“我贺龙的眼睛里最揉不得沙子，老蒋也曾经冒充过革命。我不怕反革命，最怕的是假革命！”

大家对贺龙的讲话报以热烈的掌声。叶剑英听了贺龙饶有风趣的演讲，亲眼看到他具有农民般的朴实，又带有久经沙场的大将风度，感到果然是名不虚传，从内心里产生了敬佩之情。两位带有传奇色彩的著名将领，当时虽是偶然的初次相遇，却一见如故，彼此留下了美好的印象，奠定了深厚友谊的基础。

二

1927 年 7 月，武汉国民党右派叛变，中国革命转入低潮。在一片白色恐怖中，担任武汉政府第二方面军第四军参谋长的叶剑英继续留在国民党军营垒中开展我党的秘密工作。

第二方面军总指挥张发奎暗里倒向汪精卫，明里打着“护党”旗号，下令部队“东征讨蒋”。开始张发奎反共面目尚未暴露，中共中央领导准备与他联合，南下广东，重建革命根据地，进行新的北伐。后来发现张发奎同汪精卫勾结益紧，便放弃了这一计划，酝酿集中我党所掌握和影响的部队在南昌举行起义，单独打到广东去。

7 月下旬，在武汉的中共中央临时政治局五人常务委员会开会通过南昌起义计划，决定成立以周恩来为书记的前敌委员会领导起义。一批党员干部云集九江，具体组织和领导起义工作。

在这种形势下，叶剑英随第四军军部到达九江。他和第四军军长黄琪翔住在风景优美的甘棠湖中的烟水亭。贺龙于 7 月 23 日，也率部到达九江，下榻在九江饭店。一、二师进驻德安。

九江，北临长江，南倚庐山，是长江中游重镇，旧称浔阳。自古以来为兵家必争之地。此时城里城外驻满了部队。共产党能掌握和影响的部队，有贺龙指挥的第二方面军第二十军，叶挺指挥的第二方面军第十一军第二十四师，都驻在这里。此外，还有其他军阀部队，一时显得拥挤不堪。

“匡庐奇秀甲天下。”九江附近的庐山风光是迷人的，但是笼罩在它上面的云层却是阴暗的，气氛相当紧张。

准备参加南昌起义的大批部队和干部涌向九江、南昌，引起了反动派的注意。

汪精卫加紧酝酿一个新的阴谋，他准备亲自去庐山，召集黄琪翔、孙科、朱培德等开会，告诉他们，他已嗅到了共产党人的“火药味”，要赶紧采取对策！他经过秘密策划，决定以第二方面军总指挥张发奎的名义，邀贺龙、叶挺上庐山，同时下令贺、叶部队到九江南昌之间的德安一带集结，策划以三个军的兵力，围攻贺、叶部队，企图一举扑灭军队中燃起的革命火焰。

但是，他们万万没有料到，这个阴谋被在他们身边工作的叶剑英察觉了。

军情急如火。叶剑英连夜找到叶挺，将汪精卫等人的密谋悄悄地告诉他。两位“老战友”，在异地久别重逢，心情格外激动。他们商定立即通知第二十军军长贺龙，还有第四军政治部主任廖乾吾以及高语罕，到甘棠湖烟水亭附近碰头，共同商议对策。

风和日丽，水波不兴。甘棠湖上，一群群沙鸥在碧蓝的天空中盘旋。一只不大引人注目的小划子在湖面中烟水亭附近的水上飘荡着。几个“游客”坐在其中，摆出了逍遥自在、游湖赏景的姿态。

叶剑英小声地将他在山上听到敌人密令要调贺军长、叶师长上山的消息告诉了大家。

“他们要我们上山搞什么名堂?”贺龙一听急了，抢先发问。

“他们要你们上山避暑，商议军情。很可能要把你们扣起来，罢掉兵权!”叶剑英沉静地回答，并将他了解的内情和盘端出。

叶挺听后首先问贺龙军长上不上庐山，贺龙斩钉截铁地说：“我坚决不去！这是黄鼠狼给小鸡拜年，没安好心。”

叶挺接着说：“好，我们不能上当。”

廖乾吾、高语罕支持贺、叶的意见。

叶剑英很高兴，也劝他们决不能上山。

……

经过短时间的磋商，他们决定了三件事情：第一，贺、叶不上庐山；第二，张发奎命令贺、叶部队集中德安，不能照办，把部队开往牛行车站，到南昌去；第三，叶挺的部队先行，贺龙的部队随即行动，先将火车皮让给叶挺。

叶剑英最后对叶挺、贺龙、高语罕等同志说："你们有什么动作，请及时通报消息。"

"小划子"会议后，叶、贺部队按预定时间于26日前后次第转移，沿南浔铁路线，开往南昌。此后，张发奎数次电催贺、叶上庐山开会，但他二人已到南昌，汪精卫的阴谋未能得逞。

汪精卫并未就此罢休，7月28日夜，汪精卫偕孙科、张发奎等离汉口赴九江，次日到庐山召集朱培德、黄琪翔等开会，密商加紧"清共"。会议决定：（一）严令贺龙、叶挺限期将军队撤回九江；（二）封闭九江市党部、九江书店、九江《国民新闻报》馆，并逮捕其负责人；（三）第二方面军实行"清共"，通缉恽代英、廖乾吾、高语罕等人。会后汪精卫、张发奎迭次下令催促第二方面军各部队"清共"，严令贺、叶将部队立即撤回九江，并阴谋加害一些共产党领导人。叶剑英在庐山会议上得知敌情，便连夜派人下山通知廖乾吾，廖及时转告恽代英、高语罕等。他们迅速离开九江，到南昌参加起义。

8月1日凌晨，由周恩来、贺龙、叶挺、朱德、刘伯承领导的、具有伟大历史意义的南昌起义爆发了。起义的枪声划破夜空，飞向大江南北。起义后，担任总指挥的贺龙，亲自打电话给在九江的叶剑英，通报南昌发生的这一重大事件。叶剑英终于盼到党有了自己的力量，看到了中国革命的曙光，感到欢欣鼓舞。

南昌起义，使国民党反动派惊恐万状。南京的蒋介石和武汉的汪精卫都急忙下令调集各路兵马，大兴讨伐之师，妄图把起义军消灭在摇篮里。武汉政府多次电令朱培德、张发奎速调赣东、赣南各处驻军"进剿"，"肃清南昌共产军"，将贺龙、叶挺等"叛乱附逆"，"一体缉拿"，"务获元凶"。

叶剑英知道汪精卫下令尾追起义军，十分忧虑。为了保护起义军南下，他力阻张发奎不派兵追击贺龙、叶挺部队，劝他趁广东李济深迎击南昌起义军，广州城防空虚之机，率部直趋广州，建立根据地，实现总理遗训，重新北伐。

张发奎采纳了叶剑英意见，虚张声势，出兵“尾追”贺、叶部，实则与起义军“嗣忽分途”，改向广东南雄进发，以图进占广州市。如此，使南昌起义军摆脱了一部分追兵，从而迅速打开南进通路，直下潮梅，与彭湃的农民军会合，保存了部分革命武装。

三

1945 年 8 月 15 日，日本投降后，中国政局发生了重大变化。抗日战争胜利后，蒋介石施展反革命两手：一手是妄图“摘桃子”，篡夺胜利果实，大放和平空气，声言谋求国内和平，邀请毛泽东到重庆谈判；另一手在和平烟幕的掩护下，加紧制造军事冲突，准备重新挑起内战。

面对国民党的反革命两手，中国共产党采取了针锋相对的革命两手：一方面同蒋介石进行政治谈判，争取实现国内和平；另一方面揭露国民党的内战阴谋，准备反击他们的军事进攻。

1945 年 12 月，叶剑英参加中共出席政治协商会议的代表团，离开延安抵达重庆。在周恩来领导下，同国民党代表就停止军事冲突等问题进行会谈。1946 年 1 月上旬，国共双方代表达成了《关于停止国内军事冲突的协议》和《关于建立军事调处执行部的协议》。

按照协议，中共中央派叶剑英作为中国共产党的代表，与国民党政府代表郑介民和美国政府代表饶伯森进行三方谈判，调处国共之间的军事冲突。

1946 年 1 月中旬，三方委员会和随员由重庆飞往北平，下榻于北京饭店。叶剑英着手建立军调部我方机构，选调干部，成立执行处、交通处、秘书处、新闻处等部门，并设立若干执行小组和交通小组。

1946 年 1 月 20 日，根据军调部中共代表叶剑英与国民党、美方代表的多次交涉谈判，确定在山西丰镇，由军调部大同执行小组召开会议，调处山西地区的军事冲突问题。晋绥军区贺龙司令员要亲自出席这次会议。这是塞北的一个极严寒的日子。从早晨开始，白毛风就呼呼地发出刺耳的尖叫，把积雪和沙石卷到空中，又狠命地摔到地下。

就在这恶劣的天气里，贺龙带着几个随身警卫员，乘着一辆破旧的卡车，开往丰镇。他以中共山西区代表身份参加军调处执行部大同执行小组举行的会谈。三方代表经过七天的会谈，达成了协定。

北平的军调处执行部，在叶剑英参与下于元月28日以“和”字第六号联合公报发表了丰镇会谈结果。

丰镇会谈一结束，贺龙又骑马来到阳高，从阳高乘火车到了张家口，同聂荣臻司令员一起，迎接军调处三人小组——马歇尔、周恩来、张治中三将军的到来。

元月28日上午，马歇尔、周恩来、张治中三将军视察停战情况，乘坐专机到达了张家口，同机还有叶剑英、罗伯逊、郑介民三委员。

聂荣臻、贺龙、萧克、宋劭文、成仿吾、刘澜涛等人及各界代表千余人赴机场迎接。

叶剑英见到久别的贺龙，畅叙别后往事，十分欢慰。在晋冀军区司令部，三人小组听取了张家口执行小组的报告，并在会后与贺龙、聂荣臻、萧克同志会谈甚久。聂司令员在后院设宴招待。餐后，马歇尔与贺龙继续会谈。下午叶剑英、贺龙同志随同马歇尔、周恩来、张治中等人登机飞往集宁，然后飞往北平。贺龙在多年的戎马征战生涯中患了胆囊炎、高血压等病。他的胆囊炎发作时，常常痛得大汗淋淋。这次绥远战役，天寒，劳累，加上重感冒，使得他的病情继续发展，以至不得不咬牙坚持工作。现在，停战令生效，局势总算稳定了一些，于是，周恩来、叶剑英等同志坚持要他随机到北平检查治疗。

贺龙在北平治病期间，得到了周恩来、叶剑英无微不至的关怀。叶剑英为他安排最好的医院，找最高明的大夫，并劝他住院治疗。但贺龙坚持在院外就医，病情稍有好转，又奔赴战场了。叶剑英含着热泪相送，依依惜别，互道珍重。

四

建国后，叶剑英和贺龙的交往多了起来，但接触较多的还是在两位元帅调到北京工作之后。

1953 年秋，叶剑英离开中南返回北京，走上中央的领导岗位，担任中共中央军事委员会委员，中央人民政府人民革命军事委员会副主席。几乎与此同时，贺龙也走上中央领导岗位。1954 年 9 月，被正式任命为国务院副总理、国防委员会副主席、国家体育运动委员会主任。1959 年，担任中共中央军事委员会副主席，主持军委日常工作。

叶剑英到北京后，大部分时间分管部队院校的训练教育工作，致力于人民解放军的革命化、现代化建设。叶剑英不但从理论上探索现代条件下的战争和训练问题，而且更注重实践，从理论和实践的结合上来研究这一问题。

1955 年 11 月，叶剑英主持我军空前规模的辽东半岛抗登陆演习，亲自担任总导演。参加演习的有海陆空三军指战员 68000 余人。这是我军第一次组织进行的在使用原子、化学武器条件下，方面军抗登陆战役中集团军海岸防御演习。目的在于摸索现代战争条件下训练和作战经验，用比较标准的动作、形象教育的方法来训练我军指挥员和部队。

中共中央、全国人民代表大会、国务院、国防委员会特别关心这次演习。刘少奇委员长、周恩来总理、彭德怀、贺龙、陈毅、邓小平副总理，国防委员会聂荣臻副主席等，都亲临现场参观指导，使这次演习成为我军历史上规模空前的一次盛会。

1964 年 9 月，贺龙担任中央军委副主席，主持日常工作以后，叶剑英经常出席他召集的会议，向他请示汇报工作。

1963 年秋，叶剑英从总参谋部编辑的一期《军训简报》上，看到了南京军区推广郭兴福教学方法的报道，产生了很大的关注和兴趣，遂即于 12 月 23 日，冒着凛冽的寒风，亲自到南京。24 日，又到镇江参加了总参谋部召集的郭兴福教学方法现场表演会，参观了郭兴福以及南京军区推广郭兴福教学法涌现出的许多优秀教练员和先进分队的八个课目的表演，并与郭兴福、郭兴福式的教练员，以及主管训练的干部进行座谈，深入调查研究。他从继承我军的光荣传统和建设现代化革命军队的高度，评价了郭兴福教学方法的特点及意义。他高兴地指出，郭兴福教学法的出现，不仅得到南京军区部队的赞同，还自发地在其他一些部队传播，这充分说明群众是真正的英雄，群众的创造力量是无穷无尽的。

1963 年 12 月 27 日，叶剑英正式向中央军委写报告，扼要介绍了郭兴福教学法的内容和特点，建议军委在全军加以推广。他在报告中写道："郭兴福教学方法已为广大群众所公认，主动要求学习郭兴福教学方法已自下而上的酝酿了很久，有几个军区已经正式作出了决定，条件已经成熟。建议军委发一个指示，在全军加以推广，号召各军区、各军种、兵种，部队和学校以及民兵，结合本身的特点，学习郭兴福的教学法，发扬我军传统的练兵方法，培养郭兴福式的教练员，借以掀起一个军事训练的高潮……"

贺总看了叶帅的报告，非常感兴趣，同意叶帅的建议，并于 1964 年 1 月 7 日以中央军委的名义转发了叶剑英的报告，号召全军立即行动起来，掀起一个学习郭兴福教学方法的运动。

不久，贺龙与聂荣臻、徐向前元帅从北京到广州，同在那里主持召开全军军训会议的叶剑英会面，一起接见广州军区党委扩大会议和军训会议的代表。2 月 8 日，贺龙与叶剑英元帅，还有聂帅、徐帅和罗瑞卿等军委领导人在中共中央东南局和广州军区领导人陪同下，观看了广州部队推广郭兴福教学法的表演，并接见了该军区出席郭兴福教学法评比现场会的全体代表。

接见时，贺龙当场作了指示。他说："兵是练出来的。过去战争时期，我们就很重视练兵。如果发 100 发子弹给一个新兵，就得用 50 发训练他打枪。表面上看，这样划不来，用 100 发子弹去打敌人不更好吗？可是，没有经过训练的战士，100 发子弹不一定能打中一个敌人；相反，一个经过训练的战士，50 发子弹可能打中 50 个敌人。"

叶剑英亲自主持座谈会，着重研究解决如何进一步普及和提高的问题。他说："过去我们已经培养了一些典型，现在要普及，由点普及到面，由步兵普及到炮兵、工兵、装甲兵、通信兵、防化兵，由陆军普及到海军、空军，由部队普及到学校。在普及的基础上提高，在提高的水平上再普及。"

为了解决这个问题，叶剑英同训练委员会办公室同志一起在研究总结郭兴福教学法的基础上，吸收各部队军事训练方面的成功经验，整理出了《连队基础训练方法二十条》，经军委批准，颁发全军实行。

这一年，叶剑英和贺龙元帅以高度的热情，全力以赴地投入郭兴福教学法的普及与推广工作。他们同军委总部其他领导人多次深入部队，观看“尖子”表演，指导群众性练兵运动健康发展。

6月中旬，贺龙等组织北京、济南部队的“尖子”分队和民兵，分别在北京西山、廊坊、十三陵等处向中央领导人作汇报表演。毛泽东、刘少奇、周恩来、朱德、陈云、邓小平等所有在京的党和国家领导人，兴致勃勃地观看了表演。毛泽东等看后很满意，对表演的高超技术和过硬功夫，给予了高度的评价和赞扬，并作了指示。贺龙和叶剑英根据指示，狠抓“尖子”经验的普及工作，推动全军的练兵运动深入发展。8月至10月间，叶剑英同贺龙等在北京、青岛、信阳、济南等地先后观看了防化兵、侦察兵、炮兵、工程兵、装甲兵、海军等“尖子”分队的比武和山东省民兵的表演，并作了许多指示。他们在肯定全军大比武成绩的前提下，指出了存在的缺点和问题。他特别强调部分单位中的锦标主义、弄虚作假、搞花架子等要及时纠正，中央军委为此还专门发出了指示。

叶剑英在领导全军训练工作的同时，大力领导军队院校工作。在这方面，也得到了贺龙的热情支持和帮助。1964年10月7日，叶剑英到长沙政治干部学校召开全军院校政治工作会议。10月22日，贺龙主持召开第四十九次军委常委会，专门研究院校工作问题。叶剑英汇报了这次院校工作现场会情况及院校整风的意见，得到贺龙的赞同。贺龙在会上发言指出：“办军事院校，必须贯彻以我为主的方针。全军所有院校，包括高等军事院校，都应该贯彻以我为主的方针。”他强调说：“以我为主，最根本的是要用毛泽东思想作指导。因为，我们的党，我们的军队，都是用毛泽东思想武装起来，建设起来的，毛泽东思想是我们建党建军的根本。因此，不以我为主，就是没有党性。”

（贺捷生）

“我到阴曹地府也举双手赞成你”

——叶剑英和陈毅

君子坦荡荡，
于人曰浩然。

这是叶剑英在1971年冬陈毅病重期间，写给陈老总的两句慰诗。

其实，这两句诗也可以看做是这两位元帅深情厚谊的象征。他们之间的友谊是“君子之交”，淡如水，浓如蜜，坦荡荡，浩然正气，永存人间。

这种真挚的友谊，在患难中，尤其在“文化大革命”年代表现得最炽热、最忠诚，许多事情感人肺腑，催人泪下。

在第一个“十万人大会”上

“文化大革命”的第一年，林彪、江青一伙提出了批判刘少奇、邓小平的所谓“资产阶级反动路线”之后，到处煽风点火，迅速在全国各地掀起批判所谓“资反路线”的浪潮。军队的形势急转直下，院校师生和部分机关“造反派”纷纷外出串联，参与造反夺权活动。总部和各军区机关不断被冲击，许多负责干部被揪斗。到11月，进入北京的军队院校师生已达10万人。林彪、江青一伙唆使并纠合一些不明真相的人带头冲击国防部，冲击中共中央和国务院所在地中南海，局势一发不可收拾。

身为中央书记处书记和军委副主席兼任军委秘书长的叶剑英感到，事态的发展越来越严重，如果听任年轻学生盲目的行动，可能酿成更大祸害，使军事首脑机关完全陷入瘫痪状态。他同军委、总政的领导同志紧急磋商，决定动员军队院校师生员工离京回校复课。经报毛泽东批准，11月13日，总政治部在北京工人体育场召开军队院校和文体单位来京人员大会即“第一次十万人大会”，周恩来、陶铸、贺龙、徐向前、陈毅、叶剑英、萧华、杨成武以及各总部负责人同时出席。大会由总政主任萧华主持。几位军委副主席作了重要讲话，强调稳定军队，军队不能乱，对“文化大革命”中出现的许多非正常现象和错误做法提出了严肃批评，动员大家离京返校。

“便衣元帅”陈毅在年轻人的一片掌声中，第一个走上讲台。

陈毅说：“我今天在这里讲话，我就不是‘我’字当头，如果‘我’字当头，最好我不要来讲。……今天，你们大家给我这个机会，我还是要勇敢地来讲。”接着，他说：“大家不是要作路线斗争吗？我们完全欢迎大家来作路线斗争，但要学会来搞，不要乱搞。……如果没有学会，这个损失很大。啊，你这个陈老总，今天在体育场，就是给我们泼冷水。唉，泼冷水是不好的，可是有时候有的同志头脑很热，太热了，给他一条冷水的毛巾擦一擦，有好处。……我说其他的恐怕不能讲，没有什么资格可以讲话，但是在你们青年人面前，我犯错误比你们多，我这一点有资格讲话，你们没犯过我这么大的错误。”

……

叶剑英和台上的老干部对陈毅的讲话，报以热烈的掌声。

在陈毅之后，叶剑英站起来讲话。

叶剑英在讲话中，首先谈到去年院校整风，没有把不正确的思想和工作作风整顿过来，表示自己“以后向大家作检讨”。然后谈到军队院校在“文化大革命”中的任务和政策，他说：“同志们要掌握党的政策，使运动沿着正确的方向发展。你们顶得住，坚决斗争，我们不仅同情，还支持。但是真理是有限度的，列宁说过，真理跨过一步就成了谬误，越过了一定的量就会发生质变。”叶剑英指出一些单位揪斗领导干部，外出串联，搞打砸抢，败坏军队的名声等错误行为以后，继续说：“我们是睁着一只眼睛，闭着一只眼睛。闭着一只眼睛放手，睁着一只眼睛看情况。”

他引证毛泽东的话说，鲁迅的《阿Q正传》中有个人，是不准别人改正错误、不准人家革命。要允许人家犯错误，允许人家改正错误，允许人家革命。毛主席说，过去旧戏是《三娘教子》，文化大革命是“子教三娘”。我们要向青年学习。但是我们奉劝青年同志们，不要把毛主席著作当圣经

念，不要再犯教条主义错误。

叶剑英劝大家要有阶级感情。他对有些“造反派”不顾老干部心脏病发作，不管人家死活，硬要把人家抓去批斗的做法，表示十分愤慨！他批评这些人没有无产阶级的感情，不是无产阶级的军人！要大家警惕少数别有用心的人，不要受坏分子利用……

正当叶剑英讲话时，解放军兽医大学“红色造反团”的一名“战士”（学员）递条子给会议主持人萧华，责问这个大会：“林副主席批准了没有？”“你们四位副主席的讲话是不是林副主席批准的？”叶剑英在主席台上当众宣读了这张条子，气愤地问大家：“同志们，他怀疑我们大会是偷偷开的，同志们相信不相信我们？”台下回答：“相信军委。”叶剑英接着说：“我代表军委的全体同志感谢同志们信任我们，请同志们信任我们。”他告诉大家，四个人的讲话是军委集体讨论过的。他重复说，现在文化大革命是“子教三娘”，儿子教育老子，教爷爷。他希望递条子的那个学员也要接受教育帮助。

这次大会，在全国范围内，尤其在北京引起了巨大反响，陈、叶等元帅的讲话迅速传播四方。受迫害的老同志和一切正直的人们，无不表示赞同，而林彪、江青一伙及其追随者们则认为陈、叶的讲话违背了“十六条”和“紧急指示”，是“镇压群众”、“资产阶级反动路线的猖狂反攻”。有几个院校成立了“批资筹备处”，准备批斗几个元帅。“陈、叶讲话必须批判”的大标语出现在街头。

在第二个“十万人大会”上

11 月 29 日，在工人体育场再次召开了军队院校师生大会，即“第二次十万人大会”。这次大会比上次大会气氛更为紧张。“造反派”在林彪、江青一伙指使下，决定利用这次大会进行“反击”。他们在会场贴满了大字标语，声言陈、叶上次讲话有“严重错误”，必须“彻底批判”。周恩来得知这一情况后，对大会非常关心，亲自到会场看望大家，绕场一周随即离去。又是陈毅第一个讲话。他在讲话中，满腔热忱地鼓励和教育青年军人，要他们学会正确进行路线斗争。

陈毅说：

“不要把工作有错误、缺点的也当成黑帮，当成走资本主义道路当权派去斗，要区别，不同对待。”

“不按这种科学的分析，就扩大化、简单化，就打不中目标。”

“我们应该弄清思想，团结同志，共同对敌。要团结95%以上的干部。”

陈毅在这次讲话中集中批评了“斗批改”中的简单化、扩大化、他结合自己的经历，说：“我年轻的时候犯过错误，就是路线斗争扩大化，简单化，认为斗争非常简单，用简单的方法解决思想问题。”

叶剑英完全赞同陈毅的观点，在陈毅讲话之后，挺身而出，再次作长篇发言。他首先念了几张台下递来的条子，回答了所提的问题。对有人提出要为上次递条子的学生恢复名誉问题，叶剑英耐心地讲明道理，明确表示了否定的态度。

接着，叶剑英着重阐述了毛泽东对青年一代的亲切关怀和殷切希望，以及军队院校培养学生的重要意义。他肯定绝大多数师生是革命的、是好的，同时对少数人不守纪律，住大房子、坐小汽车、讲排场、摆阔气等破坏解放军优良传统等不良倾向提出了严厉批评。他说：“一小撮人煽动一部分群众到毛主席办公的地方猛冲、猛打，这行吗？这些人如果不改，就是废品，将来不能用的。有人说我又挑动群众斗群众，不是！我不敢挑动群众斗群众。这样的人不是群众，是废品，要洗刷！有人冲我们的国防部是个大错误，严格讲是反革命！”最后，他苦口婆心地劝说同学们回校闹革命，搞好本单位的斗、批、改。

叶剑英、陈毅和军委其他领导同志两次参加“十万人大会”并发表讲话，是对“文化大革命”的第一次公开对抗，也是对解放军院校师生进行的一次深刻教育。叶剑英、陈毅和其他几位元帅理直气壮的讲话，使党内外的广大干部和群众受到了鼓舞，也促使一些狂热的青年学生听到了不同的声音，开始重新思考问题。有相当一部分院校师生接受了叶剑英等的劝说，离京返校，甚至宣布退出“造反”队伍。这对林彪、江青一伙是一次“反冲击”，正因为这样，他们掀起了疯狂的反扑狂潮，诬蔑叶剑英是挑动群众斗群众的“罪魁祸首”，是“军内资反路线的代表”，为刘少奇、邓小平“树碑立传”，等等，挑拨不明真相的学生和群众对叶剑英进行“火烧”、

“炮轰”。江青和康生等秘密策划，煽动“造反派”再开一个“十万人大会”，批斗叶剑英和陈毅。

“顶住青年小将的回冲！”

叶剑英无所畏惧，泰然处之。他稳坐在自己的西山住所，面对满墙遍地“大字报”的包围和“造反派”指责他“老机”、“老右”的一片叫嚣声浪，始终保持着冷静的头脑，继续坚持不屈不挠的斗争。他说：“大字报尽管贴，该讲的我还是要讲。”他排除一切纠缠和干扰，埋头攻读马列经典著作，希望从“老祖宗”那里得到新的启示。针对当时社会上无政府主义思潮泛滥，他特意从书架上取下列宁的《共产主义运动中的“左派”幼稚病》重新研读，并要秘书帮助摘编有关论述，温故知新。他联想俄国当年的情形，越来越感到当前这场运动确像列宁说的那样：“否认党性、否认党的纪律”，“无政府主义往往是对工人运动中机会主义罪过的一种惩罚”，“无产阶级政党的内部需要实行极严格的集中制和极严格的纪律，才能抵制这种恶劣影响……”他从马列著作中吸取了力量，增加了斗争的勇气和智慧。陈毅元帅来到西山叶剑英住处，看到他和办公室同志认真研读列宁《共产主义运动中的“左派”幼稚病》的情景，连声叫好，表示了极大的兴趣和钦佩。

这一年冬季，叶剑英和聂荣臻住在西山，常和陈毅、刘志坚等在山上会晤，有时徐向前、刘伯承也来。几个人谈论形势，商议稳定军队的大计。一天，陈毅气愤地说，把老干部都打倒了，军队和国家能保住吗？叶剑英深有同感，说：“这样搞，把我们的老传统都搞乱了！……军队无论如何不能乱”，并谈了继续稳定军队的办法。陈毅听了，举起双手说：“我到阴曹地府也举双手赞成你！”

有一次，几位元帅在西山聚会。年高体弱、双目失明的刘伯承元帅激动地问大家：“我的眼睛看不见，现在是什么样了？”他边说边走到其他的元帅身边，伸出双手，一个一个地从上到下抚摸着老战友。大家握着他的手，热泪盈眶，舍不得放开。陈毅沉痛地说：“现在看不见最幸福，看见了更是糟心！”

形势日趋恶化。叶剑英和几位元帅以及军委各总部的负责人遭到越来越猛烈的围攻。在陈毅遭到“造反派”连日批斗、处境最困难的时刻，叶剑英特书《虞美人》词一首相赠：

串联炮轰何时了，官罢知多少？
赫赫沙场旧威风，顶住青年小将几回冲！
严关过尽艰难在，思想幡然改。
全心全意一为公，共产宏图大道正朝东。

这首词深刻表达了处在逆境中的两位老战友肝胆相照、热情关注的真挚友谊，是对“文化大革命”的一篇檄文，也是对共产主义的一曲赞歌。正当“炮轰”风暴席卷全国之时，它却不胫而走，流传各地。陈毅读后，提笔写道：“绝妙好词，陈毅拜读。”

林彪、江青一伙对几位元帅的迫害，有增无减。他们指使“造反派”纠缠陈、叶在两次“十万人大会”上的讲话，没完没了，硬逼他们继续检查。此事上告到毛泽东那里。毛泽东想使陈、叶开脱，说：“检讨一下，了此一案。”12 月 31 日，叶剑英被迫到军队院校所谓“师生代表”会议上违心地进行“检讨”，算是“送旧迎新”。但是此事并未了结。军内造反派在“中央文革”一些野心家的策动下，成立了“批资反筹备处”，确定 1967 年 1 月 5 日联合召开“批判资产阶级反动路线大会”，指名要陈毅、叶剑英到会检讨。开会的“通知”有两种颜色、两种写法，发给陈毅、叶剑英的是“到会接受再教育”，给其他人写的是“到会指导”。叶剑英接到通知后，向周恩来总理作了汇报。周恩来听后，当即质问：“是谁同意他们开这个大会的？为什么不报告？果断地说，不能叫他们开这个批判大会，即使开，老帅也不能参加。”然后，他亲自出面在人民大会堂连续两个晚上接见群众组织代表，经过耐心说服，制止了这次批判大会的召开，又一次保护了陈、叶两位老帅。

1967 年元旦一过，从上海开始向全国各地卷起的“一月风暴”猛烈地冲击着人民解放军的机关和部队。为了配合“造反派”的夺权斗争，林彪等人抛出了“揪军内一小撮”的口号。1 月 10 日，江青授意“中央文革”

小组成员关锋、王力等人起草了一个《关于<解放军报>宣传方针问题的建议》，进一步抛出“彻底揭穿军内一小撮走资本主义道路的当权派”的具体纲领和措施。经过林彪批准“完全同意”，林彪、江青一伙明目张胆地把斗争锋芒直接指向叶剑英、陈毅等几位元帅和军队各级领导干部。

1967年2月14日和16日，周恩来在中南海怀仁堂主持召开政治局碰头会（即怀仁堂会议）。出席会议的有：周恩来、李富春、陈毅、叶剑英、徐向前、聂荣臻、谭震林、李先念，余秋里、谷牧、谢富治、陈伯达、康生、张春桥、姚文元、王力、关锋等。在这两次会上，围绕着“文化大革命”要不要党的领导，应不应将老干部统统打倒，要不要稳定军队等重大原则问题，展开了针锋相对的斗争。

2月18日深夜，毛泽东召集部分政治局委员开会，非常尖锐和激烈地批评了在怀仁堂会议上提意见的一些老同志，指责他们是搞复辟，搞翻案。从2月25日起至3月18日，在怀仁堂召开了七次“政治局生活会”批判这些同志。“中央文革”小组在会上以“资产阶级复辟逆流”的罪名对他们进行围攻。林彪、江青、康生、张春桥等人把“三老”、“四帅”在不同会议上对“文化大革命”的批评诬陷为“二月逆流”，借机掀起所谓“反击全国自上而下的复辟逆流”的浪潮，更大规模地打击迫害党和国家的各级领导干部。1968年10月，在八届十二中全会上，又一次大肆批判“二月逆流”。参加全会的陈毅、叶剑英、李富春、李先念、徐向前、聂荣臻等在会上遭到围攻。

“信有回天力”

从大反所谓“二月逆流”之后，几位开国元戎受尽了屈辱和摧残，处于被打倒和“半打倒”的状态。陈毅被打成“老机”、“老右”，受审查。叶剑英处于“半打倒”的状态，但他仍然坚持斗争，同时，想尽办法保护陈毅等几位元帅和老同志。

直到党的八届十二中全会以后，毛泽东亲自找几位元帅谈话，并于1969年1月3日在一份简报上批示：“所有与‘二月逆流’有关的老同志及其家属，都不要批判，要把关系搞好。”林彪反革命集团被粉碎以后，1971

年 11 月 14 日，毛泽东接见成都地区座谈会的同志，当叶剑英走进会场时，毛泽东对到会的同志说："你们再不要讲他‘二月逆流’了。"接着他又对大家说："‘二月逆流’是什么性质？是他们对付林彪、陈伯达、王（力）、关（锋）、戚（本禹）。那个王、关、戚，‘五一六’，要打倒一切，包括总理、老帅。老帅们就气嘛，发点牢骚。他们是在党的会议上，公开的，大闹怀仁堂嘛！"

1972 年 1 月初，毛泽东又对周恩来、叶剑英说："‘二月逆流’经过时间的考验，根本没有这个事，不要再讲‘二月逆流’了。现在我有事，请你们去向陈毅同志传达一下。"为了慎重起见，周、叶当场核对了记录。1 月 6 日 16 时 20 分，叶剑英匆匆赶到医院向重病的陈毅作传达。他泪流语塞，用颤抖的双手从衣袋里掏出一张纸，上面抄着毛泽东为所谓"二月逆流"平反的一段话。他说："毛主席、党中央要我来看你，你要安心养病，会好的。"他把纸条上的内容读了一遍，再交给守坐床头的陈毅女儿姗姗，让她再念给陈毅听。姗姗伏在床头轻声对陈毅说："爸爸，刚才叶伯伯的话，如果你能听见，就闭一闭眼睛。"这时说话已经困难的陈毅闭了闭眼，又一次陷入昏迷。当日深夜 11 时 55 分，陈毅与世长辞。叶剑英悲痛异常。在陈毅患病期间，叶剑英多次去医院看望他。"毅公卧病，诗以慰之。"他在《慰陈毅同志》诗中写道：

君子坦荡荡，
于人曰浩然。
赣南危不屈，
福建错能愎。
斯人有斯疾，
闻道可闻悼。
信有回天力，
前路共巨艰。

他希望有回天之力能医好陈毅的病，好再并肩战斗，继续完成艰巨而重大的历史使命。以后，又写信安慰陈毅。信中写道："毅公，顽疾受挫，病体渐痊，科学昌明，名医云集，不愁恶魔不灭也。望宽心医治，老英雄定能战胜顽疾，祝早日恢复健康。”他在诗和信中高度赞扬了陈毅的大将风度和高尚品德，表达了对老战友的深切关怀。

1972 年 1 月 6 日，陈毅在北京不幸逝世。

叶剑英无限悲痛，他前去悼念，特书《悼陈毅同志》诗：

鬼蜮含沙射，
元良息仔肩。
儿曹当鹤立，
接力竞无前。

叶剑英写好后，当场将诗赠给陈毅子女，对晚辈提出了殷切的慰藉和希望。他借用曹植《洛神赋》“竦轻躯以鹤立，若将飞而未翔”的诗句，勉励陈毅子女，当“鹤立”成才，挑起重担，继承父志，接力向前。

（雪　光）

“射虎屠龙宿有志”
——叶剑英和徐向前

中国的元帅们，在革命斗争的初期，有的是分散在天南地北，为着一个共同的目标奋战；有的从革命开始就是师生、同学和战友。徐向前和叶剑英先是黄埔军校中的师生，而后成了并肩战斗的挚友。他俩的友情随着历史进展，越来越深厚。

一

1924年国民党在广东开办了黄埔军校。徐向前和叶剑英不约而同，来到了广州黄埔岛上。黄埔陆军军官学校，是第一次国共合作后孙中山的一个伟大创举，是孙中山在广州组建的中国革命政府第一个正规的培养革命军事人才的基地。叶剑英应廖仲恺之邀，参加这所军校筹备处的工作，直到军校正式成立，他正式受命任教授部副主任兼军事教官；徐向前这时是一位刚献身革命的青年。他于1924年4月从上海报考的黄埔军校，5月初来到广州入学，编入第一期生第一队。

当时，在军校中，从领导成员、教官到学生，有不少共产党员和国民党左派分子。在校本部和教官中还有许多社会名流。叶剑英和徐向前当时虽然都不是共产党员，但他们思想激进，追随孙中山，致力于中国国民革命事业。叶剑英既管教授部事务性工作，又讲授兵器学课。徐向前开始是一位普通学生，毕业留校后任入伍生队排长。他是一位有志于革命的热血青年，勤奋好学，思想左倾，参加了革命的“青年军人联合会”，在共产党员蒋先云组织下，积极参加与国民党右派的斗争。叶剑英和徐向前开始只是课堂、操场上见见面，谈话都不多，可是两位年轻的战友在孙中山的旗帜下，为了一个革命目标的心是相通的。他们还共同参加了1924年10月平定广州商团的叛乱和1925年讨伐陈炯明的东征作战。

中国革命胜利后，徐向前和叶剑英都成了新中国的元帅，他们多次谈起黄埔军校的学习与生活。叶帅说：“在黄埔我们少叙啊！”徐帅说：“那时你在台上讲，我在台下听嘛！”徐向前深深记得，叶剑英讲的兵器课十分吸引人，不枯燥，不乏味。叶剑英记得，在黄埔军校第一队里，有位来自山西的学员叫徐象谦，他操课上乘，品学兼优。

二

徐向前和叶剑英再次相逢，是1926年底在广州城里。这一年，由于蒋介石、汪精卫相继背叛国民革命，发动四一二、七一五反革命政变，轰轰烈烈的大革命遭到失败，中国陷入黑暗的深渊。中国共产党人为了挽救革命，武装反对国民党反动派，先后领导了南昌起义、秋收起义、广州起义。叶剑英在积极策应南昌起义后，与张太雷等同志一起领导了广州起义。

广州起义前，徐向前奉党中央军委的指派，从上海潜入广州，开始在工人赤卫队中组织秘密训练，准备武装起义。工人赤卫队人数虽有3000多，但缺乏训练，缺少武器，没有实战经验。徐向前每天夜晚和工人赤卫队的骨干“纸上谈兵”，围着饭桌讲解怎么打仗，怎么利用地形。正在起义军急需一支正规武装的时候，叶剑英率领的国民革命军第四军教导团，从武汉经九江、南昌转移到了广州。被称为“赤子赤孙”的教导团，一路上受尽磨难，曾被几次改编，几次缴械，由于兼任教导团长的叶剑英积极斗争和精心策划，几经曲折，终于到达广州，又重新武装起来。

12月11日凌晨，教导团在广州城内，打响了武装起义的第一枪。在起义军连续三天三夜的苦战中，教导团始终是一支中坚力量，是工人赤卫队战士心目中的铁军。叶剑英领导的教导团和徐向前率领的工人赤卫队第六联队，在各个角落奋战，他们互相支援，密切协作。12日中午，在争夺观音山制高点的激烈战斗中，叶剑英派陈赓率领教导团等起义部队参加战斗。在起义军寡不敌众、难以制胜的紧急关头，徐向前率工人赤卫队奉命前去增援。经过一阵激烈冲杀，打遇敌人多次猖狂反扑，终于夺回了观音山阵地。但是，广州起义终因敌我力量悬殊，鏖战竟日，有更多的敌人从四面八方发起新的进攻，起义军被迫放弃阵地，撤离广州。从此，叶剑英和徐向前又各走一方，继续为革命事业奋斗着。

40年以后的“文化大革命”中，叶剑英和徐向前在北京西山“避难”时，两位老战友一次叙旧，又说起广州起义失败的混乱情景和历史的教洲。两人都情不自禁地说，广州起义是英勇壮丽的一幕，军事指挥上太缺少经验了，当时要撤退都没接到命令。

徐向前说：“我跑去指挥部，正碰上武汉军校时期我那个队的区队长朱先墀，他和六七个人正匆忙路过，说人家都走了，到黄花岗去集合。我们这才去追赶部队。”

叶剑英说：“晚上我到指挥部去不见人影，只见财务部长办公桌上放满了50元、100元的票子，我转身走了。我们那时傻得很，不知道带点钱在身上有用处。”

徐向前说：“我比你还强点，抓了两把银毫子，装进口袋才走的。”说着两位老帅放声大笑。

三

徐向前和叶剑英第三次相会，是万里长征路上。

1935年夏，红军一、四方面军在川西北会师后，担任四方面军总指挥的徐向前看到一方面军兵力消耗大，老干部保存多，从大局出发，建议从一方面军抽调一批干部到四方面军工作，同时从四方面军抽调了三个团的兵力补充一方面军，使两军互相学习，取长补短，增强战斗。党中央采纳了徐向前的建议，决定派叶剑英、李卓然等到四方面军工作。

7月21日，中央军委决定以原四方面军总指挥部为红军前敌总指挥部，徐向前兼总指挥，陈昌浩兼政治委员，叶剑英为参谋长。叶剑英接到命令后，向毛泽东、朱德、周恩来等告别，几位领导人同他作了亲切谈话。随后，他带领红军总司令部机关的十余名作战参谋和机要干部，立即从黑水出发，奔向毛儿盖。

叶剑英和徐向前从广州起义失败分开，八年后又在草地相逢，一个做前敌总指挥，一个做参谋长，真是使两位老战友喜出望外。徐向前一向少语，见到从中央派的参谋长，高兴地说：“好啊，太好了，希望叶参谋长多多指导。”叶剑英说：“还请总指挥多多指教。”徐向前很尊重从中央派来的干部，特别是对叶参谋长，既是他在黄埔军校的老教官，又是他参加广州起义的领导之一。徐向前处处事事总是问问参谋长的意见。叶剑英牢记着毛泽东等中央领导人的嘱咐，十分注意团结四方面军的干部。在徐向前的领导下，叶剑英抓紧实施机关的思想建设和组织建设，同时积极准备作战。

根据《夏洮战役计划》，一、四方面军分编为左、右两路军。左路军在朱德、张国焘、刘伯承率领下，从卓克基出发，经阿坝北进，然后东进至班佑地区，向右路军靠拢。右路军，在徐向前、陈昌浩、叶剑英率领下，从毛儿盖出发，经班佑北上阿西，待与左路军会合后共进甘南。毛泽东和

中共中央、中革军委随右路军行动。

8 月下旬，右路军到达班佑地区后，叶剑英带先遣部队侦察到胡宗南第四十九师已从松潘北上，正向包座地区急进，企图与驻守在求吉寺、钦多的敌第一师康庄团相配合，堵截红军北上。党中央决定打包座。徐向前和叶剑英当夜制订了作战计划：以红军第三十军全部和第四军一部进攻包座。8 月 29 日，徐向前总指挥一声令下，部队总攻开始，红军向大戒寺和求吉寺发起攻击。经过两天多的激烈战斗，毙伤敌四十九师约 4000 余人，俘敌 800 余人，取得了一、四方面军会师后的重大胜利。

包座战斗由于徐向前和叶剑英计划周密、指挥果断，红军指战员英勇顽强，不怕牺牲，战斗中充分体现了徐总指挥培养的“狠、硬、快、猛、活”的优良战斗作风，这次战斗受到了党中央、毛泽东的高度赞扬。从此打开了通向甘南的大门，使红军物资供应得到补充，为北上创造了有利条件。

在共同战斗的艰难日子里，徐向前和叶剑英军事上相互支持，生活中又互相体贴。在草地住房极端困难的情况下，他们争着把好一点的睡铺让给对方。一次开饭，搞了点肉，正当叶参谋长不在，徐向前大叫着：“你们给参谋长留点啊！”叶剑英看徐总指挥总是抽小烟袋，搞到几支烟，也要留给总指挥。

前敌总指挥部于 8 月末经班佑、下巴西，胜利进驻古城潘州。党中央和军委直属单位随后亦进驻潘州及其附近一带。这时，张国焘率领左路军出阿坝不远，便借口地理、气候、粮食等困难条件，就令部队返回阿坝，妄图改变北上方针。徐向前、陈昌浩和毛泽东、周恩来等从 9 月 1 日至 9 月 8 日连连致电张国焘，催促左路军出墨洼、班佑，同巴西地区的右路军会合。但张国焘一意孤行，于 9 月 9 日复电，仍坚持南下。叶剑英及时识破了张国焘企图危害和分裂党和红军的阴谋，向毛泽东作了报告。在党中央于 9 月 10 日凌晨率一、三军团单独北上时，情况混乱，四方面军中有人不明真相，打电话请示总指挥部，说中央红军走了，还对我们放警戒，打不打？徐向前坚决地说：“哪有红军打红军的道理！叫他们听指挥，无论如何不能打！”在关键时刻徐向前的话，一字千钧，表现了一个无产阶级革命家、军事家以大局为重、以团结为重的高风亮节。史书中永远记载着，叶剑英和徐向前在草地分兵中的特殊功绩。

四

全国胜利以后，徐向前和叶剑英同为新中国的元帅，他们在军委主席毛泽东的领导下，为人民解放军的革命化、正规化、现代化建设，日夜操劳。他们共同的智慧和心血，奉献为中央军委和毛泽东的正确决策。徐向前和其他的几位元帅，都亲切地称叶剑英为“参座”。

“文化大革命”中，徐向前和叶剑英为维护人民解放军的安定，与林彪、江青一伙进行了长期的坚决的斗争。

1966 年 11 月 13 日、29 日，总政治部在工人体育场召开军队院校和文体单位来京人员大会，即两个“10 万人大会”。第一次大会，陈毅、贺龙、徐向前、叶剑英四位元帅出席。他们在讲话中，互相支持，积极配合，以鲜明的观点，强调稳定军队，动员大串联军人离京返校。老帅们对“文化大革命”中出现的许多非正常现象和错误做法，提出了严肃批评。陈毅说：“有的同志头脑发热，给一条冷水毛巾擦擦有好处。”徐向前说：“一刻也不要忘记我们周围还存在着强大的敌人，我们必须经常保持高度警惕，不容丝毫松懈。”叶剑英说：“真理就是真理，跨过一步，就是错误，就变成了谬误。”老帅们的话，刺痛了“造反派”，从此，“火烧”、“炮轰”老帅的标语铺天盖地。

1967 年 1 月，徐向前临危受命出任全军“文化大革命”组长。1 月中旬在京西宾馆召开军委碰头会，2 月上旬在怀仁堂召开中央政治局碰头会。徐向前和叶剑英在两次会议上，同其他元帅和老同志一起，拍案而起，针锋相对，与江青一伙进行了面对面的斗争。他们被诬为“大闹京西宾馆”、“大闹怀仁堂”，被打成反对“文化大革命”的“二月逆流”的“黑干将”。

叶剑英和徐向前在“文化大革命”逆流面前不屈服，逆流而上，奋勇搏击。就在“大闹京西宾馆”后不久，徐向前和叶剑英、聂荣臻、陈毅元帅一起，反复商量，征得林彪的同意，共同拟定《军委八条命令》，经毛泽东批准，于 1 月 28 日由中央军委颁布执行。这八条命令，受到部队热烈欢迎，对当时稳定军队、稳定全国局势发挥了很大作用。

叶剑英在自己处境十分艰难的情况下，忍辱负重，置个人生死于度外，同徐向前等以极大的耐心和克制，同林彪、江青一伙继续进行着巧妙的各种形式的斗争。他在自己尚能利用的职权范围内，尽力维护军队的稳定，想方设法保护几位元帅和其他受冲击的同志。一次，他听到风声说“造反派”要抄徐帅的家。他一面严令保护徐帅的安全，一面亲自打电话给他，安排徐帅转移到西山去住。

1967年八一建军节前夕，由于林彪、“四人帮”一伙捣乱，朱德和几位受冲击的老帅，能不能出席建军40周年招待会，竟成了问题。在出不出席还没最后确定时，叶剑英亲自带着一名战士理发员来到了徐向前的住处，对他说：“先理个发，作好出席招待会的准备。”当时叶剑英认为，这次招待会，军委的一些老同志应该出席，这不是个人的事，它关系到军队的安定与团结，关系到国内外的影响，也是向“四人帮”一伙的斗争。当毛泽东指示朱德和几位元帅都要出席的电话通知打来时，叶剑英喜形于色，十分高兴！

在林彪、“四人帮”掀起的全国批判“二月逆流”的日子里，军委几位副主席难得几次相会。中共第九次代表大会后，1969年夏，毛泽东指示中央和军委几位同志成立一个国际形势研究组，每周要在中南海举行一次例会。这时徐向前正在二七机车车辆厂“蹲点”，叶剑英在新华印刷厂接受“再教育”，因为要回来开会，才会面多些。每次讨论会上，徐向前、叶剑英和其他老帅总是以乐观主义精神，畅谈对国际局势的看法。大家经过多次讨论，最后一致推举叶帅主持向党中央写一份《从世界森林中看一棵珍宝树》的报告。报告深刻地分析了国际形势，提出了一些有关国际战略和国防建设的重要问题，深得毛泽东等中央同志重视。

从1969年7月至9月，徐向前和叶剑英等几位元帅，接受周恩来交代的任务，又多次在中南海紫光阁武成殿聚会，在陈毅元帅主持下全面深入讨论国际形势和战略问题。后来，他们整理一份报告给周恩来总理转呈毛泽东主席，为中央制定打开中美关系局面的重大战略决策，作出了重要贡献。

1977年5月，徐向前和聂荣臻、粟裕、王震等老同志在叶剑英住地聚会，祝贺叶剑英80寿辰。在这次盛会上，大家赞誉叶剑英为中国革命，特别在粉碎“四人帮”斗争中作出的杰出贡献。徐向前特写七言律诗一首。诗曰：

吕端当愧公一筹，
导师评论早有定。
当年英，劲倍增，
八秩犹似四十前。
射虎屠龙宿有志，
二三鬼神一扫光。
千秋大业继不坠，
辅佐堪作后者镜。

（范　硕　张　麟）

“我们不是搞阴谋的人”

剑英早年毕业于云南陆军讲武堂，追随孙中山先生参加民主主义革命。1922年6月，陈炯明叛变，围攻总统府，图谋危害孙中山。剑英当时是陈炯明部下的一名营长，却毅然率部护卫孙中山，登上宝璧舰，与叛军作战。可见，剑英从青年时代起就是一个热血男儿，见义勇为。

北伐战争中，剑英任师长，随蒋介石率领的右路北伐军向江西进军。当时，他还不是共产党员，但他在南昌看到蒋介石任意屠杀工人，极为愤慨，立即弃职出走，跑到武汉公开声明反蒋。蒋介石本来很器重剑英，听到消息，开始还不肯相信。直到四一二反革命政变后，剑英再次通电，蒋介石才恍然大悟。这说明剑英对大是大非是多么分明！

南昌起义前，汪精卫等正在筹划一个阴谋，企图借开会之机，逮捕叶

挺、贺龙同志。剑英在庐山得知这一消息，立即告知了叶、贺，才使他们免遭暗害，从而保障了震惊中外的南昌起义得以顺利实现。南昌起义后，剑英又说服张发奎，将武汉军校赶赴南昌拟参加起义的部分学生编成教导团，使一批共产党员得以保护下来。教导团在剑英的率领下，后来在广州起义中成了起义军的主力。

广州起义失败后，我与剑英都到了香港。剑英是南昌起义前的党员，但是他的组织关系还在教导团，而教导团这时正转战东江，一时无法证明。我与恽代英同志找到剑英，问明了情况，报经广东省委批准，接上了他的组织关系。从此，我与剑英经常接触，战友情谊愈加深厚。我听剑英讲了他上面的几段经历，深感他革命意志坚定，深明大义。他那种勇于为真理斗争的精神，实在令人钦敬。

在香港，剑英买了一部太平天国野史，推荐给我看。我们一边议论太平天国革命失败的惨痛历史，一边总结南昌起义、广州起义成败的经验教训，越谈越投机，有时竟废寝忘食。在香港的交往，使我感到剑英精明强干，才华出众，分析问题精辟，对同志热情诚恳。从此，彼此视为莫逆之交。

1930 年剑英从苏联学成归国，我们在上海再度相聚，以后又相继转战在中央苏区、长征路上。共同经历的严酷考验，更加深了我们的战斗友谊。

抗日战争后期，在延安的窑洞中，我们同庆了抗日战争的胜利，以后就各自东西，奔赴不同的战场。1946 年，剑英陪同军事调处执行部成员到张家口。他向我叙述了在军事调处活动中与国民党当局复杂曲折的斗争。

建国以后，我们会面，总要回忆往事，展望未来，常有时光恨短之感。

“文化大革命”期间，我们忧患与共。在会议桌上，在与所谓的“造反派”接触中，在集会场合，我常与剑英同斥林彪、“四人帮”一伙的倒行逆施。尤其是在西山住所，我们几乎每天见面，分析“文化大革命”的形势，互相倾诉衷肠。我们痛心党的光荣传统被破坏，大批好同志和无辜群众受迫害，国家民族遭厄运。也为我们被诬为“二月逆流”反党成员而愤慨。1968 年 11 月，我因病住院，剑英来医院看我，竟被“挡驾”。他在电话中对瑞华（我夫人）说：“你转告聂老总，我相信我自己，我也相信聂总，我们不是搞阴谋的人，请他保重身体。”老战友的铿锵语言，是多么令我感动呵！

林彪反革命集团被揭露以后，“四人帮”继续进行篡党夺权的阴谋活动；特别是周恩来、朱德、毛泽东同志相继病重到逝世期间，他们加紧了反革命步伐。在西山，剑英多次与我议论，党和国家的命运危在旦夕，必须解决“四人帮”的问题，否则我们几十年流血牺牲得来的革命成果将会逐步丧失。但由于江青的特殊身份，只能等待适当时机，采取非常措施解决。1976 年 9 月下旬，我通过杨成武同志，将我对“四人帮”问题的担心和必须先下手的意见转告给剑英。剑英说他与我有同感，并诙谐地对杨成武同志说：“狡兔三窟哟，我要立即搬家，你告诉聂总，也要注意安全。”10 月 6 日，我们党终于一举粉碎了“四人帮”反革命集团，剑英在这一伟大的历史事件中起了决定性的作用，为中国人民再次立了大功。我十分钦佩剑英大智大勇的革命胆略。

1980 年起，剑英身体不好。1983 年 7 月 3 日，我刚上玉泉山疗养，还未来得及去看剑英，他却抱着病弱之躯先来看我了。我们各自坐在轮椅上紧紧握手，泪眼相看。因为他健康的原因，这次相见，医生只许谈十几分钟，最后惜别时，相约过几天我再去看他。7 月 7 日我即去他的住处又相聚了一次，真是人逢知己，畅何如也！1984 年夏天，剑英病情危重，我急趋看望，已只能隔着玻璃窗凝望他的病容，见此情景，我不由怆然泣下。

1985 年他病情稍有好转，我去看望，适逢他在昏睡。当我拉着他的手叫醒他时，他不能说话，可是他的手在颤动，嘴在颤动，胸前起伏加剧，表露了他的激动之情。我也激动不已，握着他的手久久不愿松开。不意，我与剑英的这次见面，竟成永别！

纵观剑英同志的一生，每逢革命的关键时刻，他总是挺身而出，义无反顾，以超人的无产阶级革命家的胆略，勇敢机智地捍卫革命利益。他的这种精神是何等的可贵呵！他的革命立场，他的原则性，是何等的坚定呵！“吕端大事不糊涂”，他是无产阶级的吕端！

（聂荣臻）

将帅星河中两颗亮星

——叶剑英和王震

在中国将帅星河中有两颗肝胆相照，光耀人间的巨星，那就是叶剑英元帅和王震将军。

叶剑英和王震相识于中央苏区。那时叶剑英从苏联学习归国到中央苏区担任中央革命军事委员会委员兼总参谋部长。王震作为湘赣苏区的主要创始人之一、红八军的代表，出席 1931 年 11 月在瑞金举行的第一次全国苏维埃代表大会。在这次会议上，他第一次见到叶剑英。王震见叶剑英这位智勇双全，久负盛名的“参座”，竟是那样年轻，那样洒脱，又是那样质朴无华，谦虚和蔼，便无拘无束地谈起来。他主动向“参座”汇报了湘赣苏区的发展和红军的建设作战情况，并虚心地请求给予指导和帮助。叶剑英听了很感兴趣，他听说王震是一位威震敌胆、性格豪爽的战将，便邀请他到总参谋部叙谈，经过交谈，感到果然名不虚传。从此以后，两位战友成了莫逆之交。

1932 年 10 月，宁都会议不久，叶剑英调任中国工农红军学校校长兼政治委员，同时兼任瑞金卫戍区司令员。

翌年初，担任工农红军第八军政治部主任的王震，带领湘赣苏区部分干部到瑞金的红军学校去见习和进修。叶剑英一见到他，像见到老朋友一样，嘘寒问暖，关怀备至，亲自安排他们一行的参观学习，向他们介绍红校的情况和办学方针、教育制度、学习方法等等。他专门安排时间，与王震倾心交谈，了解湘赣地区的革命经验，以用于充实教学内容。还和王震一起研究改进学校教育训练。这一段时间他们相处时间虽短，但是叶剑英很赏识这位久经沙场、有勇有谋的年轻将领。王震得到叶校长的亲切关怀和帮助，铭刻在心。多年以后，他回忆这段往事，写道：“叶剑英在主办红军学校期间，他与官兵同甘共苦，全心全意为人民服务，并善于发挥大家的积极性和创造性。他坚持艰苦办校，贯彻古田会议精神和毛泽东倡导的一切从实际出发的训练方针，亲自编写教材，亲自主讲，组织野外演习。他谆谆善诱，言传身教，强调业精于勤，学以致用，养成好作风。经过他培养训练出来的干部回到部队以后，马列主义水平、朱毛作风和军事素质大为提高，作战勇敢，能攻善守，讲究战术，颇受好评。那段时间，我在他的直接领导下，受教良深，留下了美好的记忆。我永远也不会忘记他那种严于治军、严于治校和联系实际，联系群众的好思想好作风。剑英同志一生办过很多军事院校，受过毛泽东、朱德、周恩来同志多次赞扬。他是一位有卓识远见的政治家、战略家，也是杰出的军事理论家、教育家。”

在中央苏区后期，叶剑英到东南前线指挥作战，王震和任弼时率领红六军团西征，直到 1936 年 10 月三大红军主力在甘肃胜利会师后，这两位老战友风尘仆仆，再次相逢。不过，此时，王震已蓄起了长长的胡须，得了“王胡子”的美名，受到人们的尊敬和爱戴。叶剑英听到许多有关“胡子”将军的美谈和故事，更加喜爱这位平易近人的“常胜将军”了。新中国成立后，王震担任解放军副总参谋长、国务院副总理时，他的“胡子”虽然已剃掉了，但叶帅见到他，总还是亲昵地称他“胡子”。这样称呼凝结着他们之间长期的深厚情谊啊！

抗日战争爆发后，王震率三五九旅，英勇善战，所战皆捷，被八路军总部和边区政府分别授予所属部队“模范党军”、“百战百胜的铁军”称号。1941 年初，王震率三五九旅奉调到南泥湾，保卫边区重要的南线门户。叶剑英从重庆返回延安不久，就到南泥湾视察，会一会王震将军。以后，两人又多次交往。有一次，三五九旅部队搞野外演习，叶剑英来到现场观察指导，要求很严，演习结束后，再作现场讲评。他边讲边示范，既切合实际，又富有情趣。当时在场的官兵和国际友人、记者都交口称赞。王震一直保留着叶剑英在练兵场上讲话的照片，每次看到它，都激动不已。

1943 年春，国民党顽固派发动第三次反共高潮，集结数十万军队，准备向我边区大举进攻。而我军主力部队大都已深入敌后对日作战，陕甘宁边区兵力薄弱。在当时情况下，光靠我们的军事力量打退国民党军队的进攻，是有困难的。叶剑英经过深思熟虑，提出了一个以智取胜的近乎“空城计”的政治作战方案。他提议我军在军事上作充分准备的同时，使用我们掌握的军事情报，公开揭露国民党军队的进攻阴谋，以为退兵之计。党中央采纳了这一方案，除调动部队准备给来犯之敌以迎头痛击外，决定大力开展宣传战，公开揭露国民党顽固派破坏团结抗战、制造内战的阴谋。毛泽东指示王震将军，要做好迎战准备，但不要打，首先要退避三舍，并亲自指点一舍、二舍、三舍在哪个方位。王震一时弄不很清楚，就问“三舍”古典含义以及防御战的想定。毛泽东要他去请教“参座”。王震找到叶参谋长，叶剑英精熟古籍，耐心地向他解释“退避三舍”的典故。他引经据典，讲了《左传》记载的晋文公重耳与楚成王在城濮交兵时，为了报答他从前流亡到楚国，楚成王以礼相待的恩情，让晋军“退避三舍”（90 里）的故事。叶剑英告诉王震说，毛主席让“退避三舍”不是说一定要退 90 里，而是要我们团结抗战，主动退让，先礼后兵，后发制人取胜。说罢，他又同王震一起去察看地形，指示预定战地，进行战斗部署。从这件事上，王震更加敬佩叶剑英学识渊博、文武兼备，而又大智若愚、注重实际的高尚品格。从那以后，他们的接触逐渐多了起来，相互间也更加了解和信任了。

解放战争后期，蒋介石集中兵力重点进攻陕甘宁边区，中央决定把中央和军委机关一分为三。叶剑英奉命组成后方委员会，转移到晋西北临县三交的山沟沟里，领导着后委机关，默默无闻地担负着中央后方的保障并作了大量参谋工作，每天向统帅部通报敌我态势，成了中央的“耳目”，被誉为“最佳参谋部”。王震到那里去看望叶剑英，回来向毛泽东作了报告。

毛泽东问王震：“三交镇那个地方安全没有保障，国民党还派飞机去轰炸吗?”

王震回答说：“后委机关大部住进窑洞，又挖了防空洞，敌人派飞机去轰炸，也找不准目标。叶参谋长他们警惕性很高，在驻地山上，还设有观察哨，安装了防空警报器，发现敌机，马上报警，安全有保障”。

毛泽东听了王震的汇报，很放心，点点头说：“这就好了!”

从革命战争年代到和平时期，数十年来，王震一直把叶帅看做是一位难得的好领导、终生难忘的良师益友。叶帅的雄才大略和高风亮节，使他一直奉为楷模。

建国以后，王震从西北调到中央工作后，同叶剑英的交往就更频繁了。尤其在他担任铁道兵司令员和农垦部长期间，对叶帅大力提倡和直接领导的广东海南橡胶垦殖事业，给予了全力支持。

“患难铸真情。”“十年浩劫”中，叶帅和“胡子”将军相知更深，相依也更紧了。向来天不怕、地不怕、敢于仗义执言的王震将军，看到天下大乱，奸佞当道，“坏人整好人”，心情就不顺，常常“骂娘”，在家里“骂”，躺在医院里也“骂”。这也难怪他。在那个人妖颠倒的年月，让他看不入眼的东西实在太多了。一个人“骂”，到底不解决问题，于是，便找几个人一起“骂”，成了鲁迅先生说的“国骂”！毛泽东听到后，说：“王胡子赤膊上阵了！”一次，毛泽东在天安门城楼上见到他说：“听说你天天骂娘，他们要打倒你?”

王震说：“我不怕！”

毛泽东当场担保说：“打不倒，我保你！”

从此，这位“打不倒”的将军受到毛泽东的保护，也更加放开胆子说话做事，同时暗里明里保护那些挨整的好人。林彪、“四人帮”对他咬牙切齿，却又奈何他不得。那时，这位敢讲真话、仗义执言的老将军受到邓小平、陈云委托，常常到几位老帅和老同志的家里“串门子”，议论“朝政”，沟通消息。王震是叶帅家里的“常客”，心里闷得慌，三天两头要到这位知心老帅家里去“报到”，一来是问候，二来是出气，听听老帅的高见，以解心头之闷。在“文化大革命”初期阴风大作的时候，顶住狂风的好些主意出自叶帅的心胸；稳定军队的“八条”、“七条”等好些文件和有力措施，都是他亲自参与领导制定的。尤其叶帅横眉冷对，怒斥奸党，“大闹京西”、拍裂手指之举，使他敬佩赞叹不已，对这位刚直不阿、正气冲天的老帅更加依傍，更加爱护了。一次他到厢红旗军事科学院叶帅住地，陪老帅吃过晚饭散步，看到地上到处贴的是“打倒叶剑英”的大标语，便想绕过去。叶帅看到了，满不在乎地招呼说：“胡子呀，走这里！”径直朝大字报上走去。王震看不下去把老帅的名字踩在脚下，可叶帅一边往上踏，一边幽默地说：“打倒在地，踏上一只脚，永远不得翻身！”弄得王震将军哭笑不得，眼泪只好往肚子里淌。

后来，林彪、“四人帮”一伙假借战备的名义，把“老家伙”们整到外地，叶帅“流放”到湖南。王震被放到江西，仍是“自由人士”，可以走动。他想念叶帅，便从江西溜到长沙。听说老帅生活很苦，他找到招待所的管理员说：“你报告叶帅，我去看他，搞点好吃的，要陪他吃饭。”

没想到叶帅知道了，反而跑来找王震；“胡子呀！到我那里共进晚餐，可是要艰苦奋斗呀！”

王震把在长沙管事的一位老部下找来，交代改善老帅的生活待遇。后米，王震又劝叶帅避居湘潭，交代那里的几个老部下多加保护。

“九一三”林彪“自我爆炸”以后，王震开始有了更多的“自由”，但到1976年到来之际，特别是周恩来与世长辞、邓小平挨批、叶剑英“生病”靠边站、“四人帮”大为得势之后，他恨透了这群“奸臣贼党”，希望早一天除掉他们。尤其毛泽东重病以后，眼看“四人帮”一跳多高，他更是忧心忡忡，坐不住了。自然，到叶帅那里求教也就更频繁了。他一如既往，非常尊重和爱戴这位老帅。在他看来，他不只是当年的总参谋长，三军的元帅，而且是一位德高望重的长者，可以推心置腹，无话不可谈。

老将军来见叶帅，不用通报。见面之后，还同往常一样，总是深深一鞠躬。接着是“窃窃私语”。谈论的话题总离不开毛泽东的病情和“三点水”（叶帅说江青的暗语）的折腾。

王震一提这伙人，气就不打一处来。愤愤地说：“这几个人已经大失党心，丧尽人心，不可救药了。”叶剑英听了，也有同感，只是点头，却不做声。

王震是个直性子，早已耐不住了。有句话，他早想问问叶帅了，但事关重大，不便轻易启齿。今天觉得是时候了，不能再拖，于是把想了好久、憋在肚子里的话一下子倒了出来：“为什么让他们这样猖狂？把他们弄起来不就解决问题了吗？”

叶剑英还是不动声色。停了一会儿，只见他做了一个打哑谜式的手势：先伸出右手，握紧拳头，竖起大拇指，向上晃两晃，然后把大拇指倒过来，往下按了按。

王震愣住了。这是什么意思？叶剑英又向他点了点头。

王震想了想，终于猜明白了：毛主席他老人家还在世，这件事不能操之过急，要等待时机。

打过哑谜，叶剑英随便问起一些熟人的情形。王震说起几个人，提到中央办公厅一位领导同志，说自己在延安当卫戍区司令时常同他打交道。叶剑英接着叮嘱王震，这个人掌握着中央警卫部队，要同他多来往，保持密切联系。要随时可以同他讲上话！

王震领会了叶帅的意思，很爽快地答应了。叶剑英还嘱咐王震多到老同志那里走动走动，听听他们的意见。王震说："我听叶帅的，做老帅的'联络参谋'吧！"叶帅还要他到中央警卫队部队走一走，找他们领导谈谈。

王震是位纪律性很强的老将军，凡是叶帅交代办的事，他都一一照办，而且办得很认真，很妥帖。根据叶帅的交代，他多次到邓小平、陈云和其他老同志那里走动、通报。他把办过的事和了解的情况，随时反馈。叶剑英十分满意这位"联络参谋"。

一天，王震来到邓小平住处，闲谈一阵"国是"之后，小平同志突然问起叶帅的生活起居情况，王震就自己所知，一一相告。

第二天，邓小平没经任何通报，悄悄去了叶剑英在后海小翔凤的居处，两人密谈起来。

叶剑英在酝酿对付"四人帮"的办法时，急需征求老一辈革命家陈云的意见。他又一次请来了王震。

王震来了，照样是深深一躬。

叶帅向"联络员"问起去陈云那里交谈的情形，王震一一汇报。然后，两人商量如何进一步请教陈云。

王震登门拜访单刀直入地提出问题：

"现在那伙人闹腾得不得了，是不是把他们……"说着，把伸开的手紧紧攥起来。

"那样做，不合法。"陈云连声说："不可以，不可以，不可以！"

王震又按照叶帅事先交代的，接着问："既然不可以，是否召开政治局会议来解决？"

"更不可以！那样会打草惊蛇！"

"那怎么办呢？"

陈云想了想说："让我再思考一下，等想好了，再告诉你！"

后来，陈云想好了，直接与叶帅交谈，说出自己的意见。

"联络员"完成了自己的任务。

"任尔东西南北风","咬定青山不放松"。在那十年浩劫、狂风大作的年代,王震将军可以称得上是一棵迎风挺拔、稳立泰山之巅的一棵劲松。但这棵劲松又是那样刚劲,那样忠诚,那样平常,从不计名利,从不炫耀,默默地护着青山,为人民造福。尽管他同林彪、江青一伙势不两立,作过针锋相对、坚定不懈的斗争,特别在"四人帮"最后篡党夺权的危急时刻,他积极配合叶帅做了大量工作,坚决支持党中央政治局采取的果断措施,一举粉碎"四人帮",为挽救党,挽救革命发挥了重要作用。但在粉碎"四人帮"以后,他从不吹嘘自己,甚至不让人说起,他曾向叶帅"提议"捉拿"四人帮"一类的事,而把功劳全部归于党和人民,归于他所敬佩的叶帅和其他中央领导人。他在一篇文章中这样写道:"剑英同志审时度势,顺应党心民心,挺身而出,同中央政治局其他几位同志当机立断,干净利落地粉碎了江青反革命集团,结束了'文化大革命'这场历时十年的灾难,从危难中挽救了党。使毛主席重新请回邓小平同志参加主持中央领导工作的愿望最终得以实现。在这场艰巨复杂的斗争中,剑英同志经过较长时间的观察和酝酿准备,团结一切可以团结的同志,精心筹划,周密组织,看准时机,一举成功,表现了非凡的革命胆略和高超的斗争艺术,确确实实起到了决定性的作用。剑英同志这一功绩将永垂青史。"然而,历史是公正的,必将还它本来面目,在粉碎"四人帮"的功劳簿上已经公正地记下王老一笔。

粉碎"四人帮"以后,在党和国家新的历史发展时期,王震作为中共中央军委常委和国务院副总理,积极支持党和国家的主要领导人叶剑英等彻底清算林彪、江青反革命集团的罪行,肃清其流毒,拨乱反正,实现党的正确领导,迅速恢复国民经济和科学文化教育事业,推进部队的革命化、现代化建设。他坚持主张平反冤假错案,恢复老同志的工作。在1977年3月中共中央工作会议上,他和叶剑英、陈云等老一辈无产阶级革命家强烈要求邓小平同志出来工作,为天安门事件平反。同年5月,叶剑英80寿辰之际,他和邓小平、徐向前、聂荣臻、粟裕等一起为叶帅祝寿,祝愿他老人家健康长寿。

叶剑英委员长80高龄以后,还经常风尘仆仆巡视全国大江南北,深入调查研究，解决加速四化建设问题。王震出于对老人家的爱心，只要工作能分出身来，总是亲自陪伴老人家同行。在视察广州、深圳、珠海、海南等地时，他看到叶帅行动不便，犹冒着炎热酷暑，辛勤奔波，为国事日夜操劳，看到广大人民群众对叶帅衷心爱戴，深深为叶帅的“老骥伏枥”的革命精神所感动。他自己时时处处以叶帅为榜样，为祖国四化大业，忘我劳动、奋斗不息。

“身欲奋飞兮病在床。”1984 年以后，叶剑英卧病在床，王震深为忧虑，他自己也病倒几次，但仍时时去看望叶帅，陪伴着他。1986 年 10 月 20 日叶帅病危，王老听后，异常悲痛，几次昏厥。21 日夜，叶剑英病情突然恶化，王震接到通知，立即从城里赶到叶帅西山住地。当叶剑英弥留之际，王老由两名工作人员搀扶着来到病床前，向叶帅深深鞠躬，然后向叶帅额头，默默吻别，痛哭失声。

一年以后，在叶帅逝世周年之际，王震将军同中央其他领导同志一起护送叶帅的灵骨飞到广州，参加烈士陵园灵骨安放仪式。他注视着纪念碑上浮雕的“叶剑英”胸像，含着热泪默默地诵读碑文，感怀不已。

（范　硕）

“经得艰难考验时”

一

我与剑英同志第一次见面，是在 1943 年的秋天。那时，我在延安中央党校第一支部参加整风学习。一天，我和罗瑞卿同志去王家坪军委总部，见到了剑英同志。他当时担任军委参谋长和八路军参谋长。他给我的第一个印象是：谈吐文雅，精明谦逊，和蔼可亲。不久，我又去王家坪看望朱德总司令，剑英同志也在场。从此以后，我们不时见面、交谈，彼此渐渐熟悉，友谊也日益加深了。记得剑英同志当时说：我们虽然相识较晚，但见面一谈，却无陌生之感。古话说“志同道合，易为良友”。我们今日之“志”是革命之志，今日之“道”是马列之道，有这种“志”与“道”作基础，同志之间的相知与交情，就会经得起时间的考验。我颔首称是：我们这些人，不管相识早迟，有共同的理想、信念，因而总是一见如故的。

二

1945 年 12 月，剑英同志飞抵重庆，参加我党出席政协会议的代表团，并协助周恩来同志与国民党代表就停止军事冲突等问题进行会谈。1946 年 1 月，军事调处执行部成立后，剑英同志作为我党代表去北平，同国民党代表郑介民、美国代表饶伯森进行三方谈判，并领导我党在军调部的机构的工作。这是一场揭露国民党反动派的内战阴谋、力争实现国内和平的严重政治斗争。他工作得很好。

1946 年 4 月 8 日，我从晋冀鲁豫区出发，途经北平，乘军调部飞机去延安。在北平时，与剑英同志相互谈了各自工作的情况。我讲的是土地改革问题，他讲的是军调部三人小组谈判情况。我于 6 月 3 日从延安回来又飞经北平。剑英同志约我谈谈在延安开会的情况，我把“五四指示”的产生过程和从毛泽东同志那里听来的对时局的看法告诉了他。剑英同志说：经过几个月来的揭露，国民党假和平、真内战的阴谋更加大白于天下，美国人的所谓“中立”面貌，也已彻底拆穿。看来，全国内战已迫在眉睫，我们在军调部的使命很快就将结束，多则半年，少则两三月，我们就得撤退。

在我离开延安时，毛泽东同志也向我说过，国民党反动派要打内战，我们就针锋相对，奉陪到底。同时，他写了一封信让我带回。信的内容概括起来就是“练兵、生产、教育”。也就是说，要做好一切准备，一俟国民党反动派挑起内战，我们就进行自卫反击。剑英同志所讲的精神与毛泽东同志是完全一致的。

三

1947年3月，国民党全面进攻的策略破产之后，又转而对解放区实行重点进攻。党中央决定主动撤出延安，把中央和军委两大机关分成两部分：毛泽东、周恩来、任弼时同志组成前敌委员会，主持中央工作，留在陕北；刘少奇、朱德等同志组成中央工作委员会，前往河北省建屏县（今平山县）西柏坡村，完成中央委托的工作。叶剑英、杨尚昆等同志则组成后勤班子，即中央后方委员会，进驻晋西北临县地区，统筹中央的后方工作。

这年秋天，中央工委在西柏坡召开党的土地工作会议。剑英同志和我都出席了。会议由少奇同志主持，通过了《中国土地法大纲》。剑英同志在会上作了军事问题的报告。他重点讲了到外线作战的新的战略部署，针对一些同志中存在的不想打出去的思想，阐明了为什么必须到蒋管区去作战的道理。他说：我们进行战略反攻，不是偶然的动机，而是根据战争发展的规律和斗争形势决定的。事实证明，刘、邓大军一打出去，就搞得蒋介石寝食不安。如果不打出去，那正是蒋介石梦寐以求的，人家就要“感谢”我们了。我们能犯这样的历史性错误么？他讲得很好，大家听了很受教育。

1948年上半年，中央决定成立华北局、华北军区和华北人民政府。董必武同志任华北人民政府主席，我任华北局第一书记（开头由少奇同志兼任）。聂荣臻同志任华北军区司令员，我任政治委员。战争的发展需要培养大批军事干部，中央决定开办华北军政大学，由叶剑英同志任校长兼政治委员。学校有什么重要事情他总是要提请华北局、华北军区讨论，接受中央和华北局的双重领导，表现出他高度的组织纪律观念。其实，我们一次也没有讨论过学校的事，只不过是做了些力所能及的后勤工作。在创办华北军大的过程中，遇到一些困难，如校舍问题、生活问题等等。凡是华北局和华北军区能解决的，我们都尽量帮助解决。唯独教员是个大难题，学员几千人，而能够上讲台的军事教员只有三十多个。剑英同志说：“不教而战是谓弃之，不学而教是谓害之。”一个军事学校没有好的教师队伍，那就要误人子弟。后来，他想出了一个发“招贤榜”的办法，很快就招聘到了二三百名教员。其中不少是来自旧军队，有的曾就读于武备学堂、保定军

校、黄埔军校、陆军大学等，有的是美国、日本、德国军事院校的留学生，还有的在国民党军队里担任过教官。如何看待这些人，要不要大胆使用这些人？当时，认识并不一致。有些同志认为，这些人情况复杂，不可轻易任用。剑英同志不同意这种看法。他说：列宁在十月革命后，就曾利用沙俄的旧军官创办陆军大学，善于使用这些旧军队留给我们的高级知识分子，是革命事业发展的需要。对于剑英同志这种观点我们是赞成和支持的。剑英同志不仅果断地使用这些人，而且强调对待他们，一要政治上平等，二要思想上尊重，三要态度上诚恳，四要生活上关心。他要求全校干部、职工，都要“尊师重教”。他还经常找这些教员促膝谈心，和他们交朋友。事实证明，剑英同志这样做是完全正确的，在当时是个创举。朱德同志来校视察时，曾经大加称颂。后来这批教员在我军的建设上起了很大作用。萧克同志到军委当训练部长时，就从华北军大调出不少这样的教授去工作。成立训练总监部时，周恩来同志曾特别指示，调这些专家组成参事室。南京军事学院、北京高等军事学院的不少教授也是从华北军大去的。建国前，我们党在对待知识分子的政策和工作上并非没有成功的经验，问题是建国后未能充分总结，并结合新的情况加以坚持和发展，以致二十多年内在知识分子问题上发生了不少失误。所以，善于从历史的经验中正确地学习，发扬正确的做法，克服错误的东西，始终是我们领导工作的一个重要课题。

四

1948年12月中旬，党中央决定北平解放后，由叶剑英、彭真同志负责接管北平的工作。彭真同志任市委书记，剑英同志任军事管制委员会主任兼市长。受命以后，剑英同志带领一批干部从石家庄先期出发，在保定召开中共北平市委第一次会议。随后抵达北平城南的良乡，加紧做接管的准备工作。

1949年元旦刚过，中央在西柏坡召开政治局会议，讨论并通过了《目前形势和党在一九四九年的任务》的决议。当时，毛泽东同志正准备七届二中全会的报告，他给大家出了一个题目，就是进城以后到底怎么办。要求广泛征求意见。会议期间，剑英同志和我还有其他几个同志，对于这个问题，分别谈过几次。记得谈得较多、而且认为比较重要的意见，主要有以下这么几条：

第一条，进城以后，要依靠工人阶级，团结其他广大的劳动群众和知识分子，努力学会管理城市和建设城市。大家认为，我们党是全心全意为人民服务的党，任何政策的制定，都必须体现大多数人的利益，任何政策的实施，也必须依靠大多数人的团结奋斗。脱离大多数人的愿望和要求，就会举步维艰，一事无成。这一条在革命成功以后尤其要经常加以注意。

第二条，进城以后，要始终保持政治上的清醒，经得起胜利的考验，千万不能做李自成。李自成进了北京，他和他的部下就是吃了陶醉于胜利的大亏，很快就腐化起来，结果只做了40天的大顺皇帝，就失败了。这样的历史悲剧绝不能在我们共产党人手里重演。大家认为要好好看看郭沫若同志写的《甲申三百年祭》，关键是要教育广大党员坚持励精图治、艰苦创业，坚持走群众路线，自觉接受人民的民主监督。

第三条，为了防止居功骄傲、贪图享乐，一定要严格制度、严明纪律。大家认为，首先要约法几章，上下恪守，例如不请客，不送礼，不做寿，不以人名命地名等。这些事看似寻常，但对于保持全党特别是领导同志的清正廉明和谦虚谨慎，是有深远意义的。

我们议论的这几条，得到了毛泽东同志的赞许。后来，在七届二中全会上，有的写在会议的决议中，有的作为规定确定了下来。

毛泽东同志在和彭真、剑英同志谈话时，一再嘱咐：接管北平，影响中外，你们务必办好，不要犯接收石家庄初期的那些“左”的错误。他还说，接管官僚资本和民族资本企业都要原封原样、原封不动地接下来，慢慢处理，人多了不要紧，三个人的饭五个人吃嘛！可见，当时从毛泽东同志起，大家对于如何接管好城市，是反复思考，非常谨慎的，很注意在实践中及时总结经验教训，在思想上和工作上都是十分谨慎的。

1949年1月，北平解放后，剑英、彭真同志投入了紧张的接管工作和市政建设。他们团结广大干部和群众，着手建立新的政权机构，整顿社会治安，维护革命秩序，加强政治教育，治理卫生环境，恢复和发展生产，开展各项建设工作。他们在执行党的知识分子政策，处理私营企业中的劳资关系，稳定市场等方面，都从当时的实际情况出发，制定了一系列合情合理的政策。记得剑英同志对我这样说过："我现在是'跳下水去学泅水'，没有经验，就摸索着学习。但有一条，必须慎之又慎，丝毫大意不得。尤其是在取得一些成功经验之后，更要虚心前行，切不可傲然躁进。否则就很可能呛水，甚至被淹死。"他的这些话，实际上讲的是我们在实践中学习实践所应该持有的态度。

五

1952年四、五月间，我受党中央和毛泽东同志派遣，先后到上海、广州等地了解"三反"、"五反"运动的情况。到广州后，剑英同志邀我就"三反"、"五反"问题在干部大会上作了一次报告。

我在广州期间，听到有人反映华南分局一些领导同志在使用干部的问题上，存在地方主义倾向，有的甚至认为剑英同志是带头搞地方主义的。对于这件事，剑英同志虽然当时也和我谈起过，但他不愿多讲，我觉得其中似有难言之处，故不便深问。临别时，他要我向中央报告一下，希望中央派人调查，把事实弄清楚。

回到北京，我向毛泽东同志作了汇报。他问我有什么看法，我说："主席，剑英同志的情况，从中央苏区到现在，我不十分了解。我认为，他去广东后，对南下干部和当地干部的使用是公正的，不存在厚此薄彼的问题，说他带头搞地方主义根据不大。记得他离开北京时，曾对主席说过，带去的干部太少了，肯定安排不过来，就像南方的'水尾田'，水流到那里就没有了。你当时说：'水尾田'是'水尾田'，但那里有一股清泉嘛，地方干部不就是源源而出的'泉水'吗？南下干部不够用，当然要使用一大批本地的干部，而且南下干部也要变成与本地干部相结合的'本地干部'。不能因为叶剑英是广东人，使用了广东干部，就说是搞地方主义。而且据我了解，他提出不能搞'同宗、同乡、同学、同事、同庚'，他是坚决反对这个'五同'的。"毛泽东同志表示同意我的看法。

6月12日，毛泽东同志主持在中南海颐年堂召开了一次讨论广东问题的会议。会上批评了广东工作中存在"地方主义"问题。但毛泽东同志在讲话中强调指出，叶剑英同志在华南工作是有成绩的，他对这个问题没有什么责任，更不能说他是搞地方主义的头头，大家要理解他。当然，包括剑英同志在内，各地的同志都应从这件事中总结教训，防止今后再发生此类错误。尽管这样，剑英同志在随后不久召开的华南分局扩大会议上，还是作了自我批评，承担了“未能及时发现”的领导责任。这说明他是胸怀豁达、严于责己的。

现在，事情已经看得很清楚，当时批评广东一些同志的“地方主义错误”，存在着把问题简单化、扩大化的倾向，在后来的反右斗争中又对他们进行批判、斗争和处分，更是不正确的。1979 年 8 月，广东省委对这一问题进行了复查，并向中央写了报告。10 月，中央批复，同意广东省的分析意见，对此事进行了纠正。

六

剑英同志有许多长处，最使我感佩的是，他在大是大非面前，总能洞若观火，毫不含糊，机智果敢地作出正确判断和决策。凡是了解他的人，对此都有同感。

50 年代末，在北戴河召开的一次中央工作会议上，毛泽东同志要我把小组会上的发言加以充实，在回北京继续召开的大会上再讲一次。当我讲到旧戏中王佐断臂“为国家尽忠心，昼夜奔忙”时，几位同志纷纷插话，毛泽东同志就着剑英同志的插话说：我送你一句话，“诸葛一生唯谨慎，吕端大事不糊涂”。吕端是北宋人，当过太宗朝的宰相，时人称之“识大体，以清简为务”。宋太宗所作的《钓鱼诗》“欲饵金钩殊未达，磻溪须问钓鱼人”，就是意以属端的。这“吕端大事不糊涂”，我看剑英同志可以当之无愧。当时我听了还不怎么理解，便和几个同志议论，这是指什么说的呢？后来才知道，毛泽东同志所说的这句话，主要是指剑英同志在长征途中同张国焘分裂主义作斗争的那件事，也联系到剑英同志在这次会议上的发言。顺便指出，我当时的发言并不完善，是有错误的。

1976 年，剑英同志顺应党心民心，挺身而出，同华国锋、李先念等同志一起，经过精心筹划，一举粉碎了“四人帮”。在这场斗争中，他是起了决定性作用的。那时，我还在被“管制”期中，得知“四人帮”被粉碎，心中大快。这再一次表现了剑英同志作为无产阶级政治家，在党的生死存亡的紧急关头，在大事面前的深谋睿智与精明果决。不久，剑英同志又力主请小平同志出来参加党中央的领导工作，这都是他为党和人民作出的重要历史贡献。剑英同志在一首《题画竹》的七绝中曾写道：“人生贵有胸中竹，经得艰难考验时。”我想，这也正是他一生的写照。

七

剑英同志是个感情丰富、很重友谊的人。1979 年，安子文、刘澜涛和我被平反出狱后，到西山去看他，虽然他身体大不如从前了，但精神矍铄，还是那样热情诚挚。他见到我们，第一句话就说：“想不到你们受这么多苦！”不禁流下泪来。临别时，他送我们到门口，直到汽车离开了，他还伫立远望。殷殷之情，难以忘怀。

1982 年，党的‘十二大’前夕，中央派我向不在京的中央党委同志汇报人事安排问题。当时剑英同志在广州的松园休养。我和他面谈时，王震同志也在座。剑英同志表示衷心拥护中央制定的改革、开放政策，拥护中央对人事安排的意见，同时诚心诚意地提出自己已经年迈，要求退下来，并给中央常委写了一封信，进一步表达了这个意思。他当时已在病中，但对党和国家的大事仍极为关心。

谈话中，剑英同志想起了一件往事，笑着对我说：“一波，你还记得吧，在华北局的时候，有一次因为对一件事有些不同看法，你同彭真同志争论起来，可有点犟脾气咧！几十年过去了，你现在待人处事这样谦和，真是难得啊，值得我学习。”我说：“感谢叶帅的鼓励，我毛病不少，尚望随时指教。”他说：“我自己的毛病也不少。谁都会有缺点、过失，重要的是要自知，认识了就要改正。‘过而能改，善莫大焉！’古今皆然。十一届三中全会以后，我们党纠正了过去的许多失误，结果是大得人心。党章中为什么要专门规定开展批评与自我批评，就是因为我们工作中常常会发生过错嘛，不然要这一条干什么？还是我们大家常说的那句老话：有错就改，塌不了台；有错不改，就难免塌台。”

1984 年，剑英同志病危时，我再次到西山去看望。他听说我来了，眼睛微睁，欲语不能，我心里很难过，知道他想说些什么。我握着他的手，默默地望着他，悠悠往事涌上心头。走出病房，我和他的孩子们谈了当时的心情和感受。他们拿出纸笔，要我写点什么。我想起并写下了1927年高一涵先生写的悼李大钊同志一文中的两句话（载在当时武汉出版的《中央日报》）上。不料它已成为我对剑英同志的永久的纪念：

他对人们，从浑厚中透出侠义气；
人们对他，从亲爱中露出敬畏心。

（薄一波）

“不管怎么样，首先要抓好军队”

——叶剑英和李德生

一、在倡导“郭兴福教学法”的日子里

60年代20世纪初，林彪在全军大肆推行“以四好为纲”，政治思想工作可以“冲击其他、代替一切”等极左的做法，致使部队的军事训练、作风建设、生活管理等工作日渐偏离正常轨道，给军队建设造成了严重的损害。对此，身负领导全军教育训练工作之重任的叶剑英元帅在自己力所能及的范围内，对林彪的这一套极左东西进行了顽强而又艰难的抵制。

1961年1月，他在主持军委训练会议时，明确提出：党委要以训练为中心，全面安排自己的工作，要像过去抓作战一样抓军事训练。要探索符合毛泽东军事思想以及现代战争要求和我军特点的训练方法。第一把手要亲自抓，要深入下去，一抓二钻，一查二帮，作典型调查，及时总结和推广经验。要把技术训练和战术训练统一和兼顾起来。时任南京军区陆军第

十二军军长的李德生少将在总政《工作通讯》上看到了叶剑英的上述指示后，顿觉精神一振！早就对部队“只搞文不搞武”的现状忧心忡忡，他立刻对照部队实际，反复学习领会叶帅的指示精神，并迅速布置力量，重新制定了全军年度训练方案。开训后，他亲自率领军、师、团联合工作组到三十四师一〇〇团二连蹲点，组织战术训练改革试验。在工作中，李德生发现了郭兴福这个典型，便紧抓不放，领导有关人员对此不断地加以总结和提高，终于形成了“郭兴福教学法”。1963 年秋，叶剑英在总参《军训简报》上看到关于郭兴福教学方法的报道后，引起浓厚兴趣。12 月下旬，他风尘仆仆地来到江苏镇江地区小衣庄，参加总参军训部在此召开的推广郭兴福教学方法训练现场会议。他不顾天寒地冻，在野外实地观看了郭兴福教的单兵进攻战术作业。随后，又仔细听取了李德生等人的汇报。李德生汇报得极有条理性和创新性，给叶剑英留下了深刻的印象。

经过周密的调查研究，叶剑英系统地总结了郭兴福教学法的基本经验和特点，并亲自向军委写了报告，建议在全军推广。不久，中央军委和毛泽东主席正式批准了这个报告。此后，一个轰轰烈烈地学习郭兴福教学方法和大练兵的群众运动，得以在全军迅速展开。

不料，深入人心的大练兵运动却触犯了林彪的淫威，他蛮横地把这场兴起不久的运动压了下去。在当时的历史条件下，李德生所受到的各种压力是可想而知的。然而，就在林彪给大练兵扣上“冲击政治”的帽子之后不久，叶剑英在一次会议上仗义执言，说：“郭兴福教学法不是郭兴福一个人创造的，是南京军区各级领导干部智慧的表现，是我军几十年训练经验的总结，是毛主席练兵思想的继承和发扬。郭兴福教学方法还是要继续推广，并使它继续向前发展。”这掷地有声的一番话，不仅使李德生感到了莫大的安慰和鼓励，而且从心底里钦佩叶帅的非凡胆识和坚持原则的崇高品德。

二、肃清流毒清除隐患

林彪叛逃事件发生后，叶剑英重新以军委副主席身份主持军委日常工作。李德生这时已是军委办公会议成员和总政治部主任了。在德高望重的叶帅面前，李德生属于年轻的后起之秀，但是叶剑英从不摆老资格，而是尽心尽力地指导和帮助李德生开展工作。他那亲切热忱，循循善诱的长者风范，常常使足足比他年少20岁的李德生激动不已，受益良深。

当时，叶剑英以极大的注意力抓揭批林彪反革命集团的工作，李德生则负责承办清查林彪案件的具体事宜。叶剑英多次对李德生说，林彪给部队造成的危害太深了，要肃清其恶劣影响非要下大力气不可。为此，他指示李德生，要总政向驻京各大单位派出工作组，以求全面细致地了解情况。在这段时间里，年逾古稀的叶剑英不仅夜以继日地仔细批阅由李德生转呈来的总政工作组的报告，签署意见，指导工作，还一个单位一个单位地听取汇报，亲自找一些单位的领导同志谈话，做肃清林彪流毒、清除派性促进团结的工作。针对当时江青、张春桥等人不断插手军队、胡搅蛮缠、叫嚷要“放火烧荒”的凶恶气焰，叶剑英不止一次地叮嘱李德生：军队各级领导权一定要掌握在可靠的人手里，必须坚持党指挥枪的原则，绝不能让那些野心家、阴谋家乱军篡党的阴谋得逞，不让大权旁落。李德生牢牢地记住了叶帅的嘱咐，并在实际工作中坚决地予以执行。正因为这样，全军的清查工作得以稳妥、顺利地进行，对当时稳定军队和国家的局势起了重要作用。

三、信任和爱护

“文化大革命”后期，鉴于“四人帮”日益猖獗、祸国殃民的严酷现实，叶剑英高瞻远瞩地把主要精力投入到军队建设之中，为提高部队的战斗力、增强凝聚力做了大量的工作。尤其是对李德生任司令员、担负拱卫首都重任的北京军区的工作，他更是格外重视和关注。北京军区每有重大活动，请他参加，他总是爽快地答应下来。只要有机会，他就向官兵们讲形势、谈问题、作指示，要求部队加强军事训练，整顿管理教育。他多次严肃地指出：不管怎么样，首先要抓好军队，军队巩固了，不管什么时候，敌人进攻，我们都可以对付，野心家搞阴谋我们也不怕。叶帅的远见卓识以及时刻把祖国、人民的利益放在心上的拳拳忧思，在李德生的心里产生了强烈的共鸣，激励着他为搞好部队建设而加倍地努力工作。

1973 年 7 月，北京军区在怀柔水库举行武装泅渡和水上跳伞表演，叶剑英冒着酷暑，亲临现场视察。看完表演之后，他对李德生等语重心长地说："自从'文化大革命'以来，这一套没搞了，你们开始搞了，带了头，要号召一下，全国全军都要搞。你们这次演习，要把经验总结起来，在解放军报上，杂志上发表。"1973 年 10 月，北京军区准备在华北某地组织一次打集群坦克的演习。接到李德生的电话，叶剑英欣然欲往。但是周恩来总理从身体条件和安全方面考虑，不放心让叶剑英参加。李德生再次向周总理请示："叶帅去一下好，安全问题由我负责。"得到总理的批准后，叶剑英同当年实地考察郭兴福教学法一样，一下飞机便直奔演习场，兴致勃勃地观看了演习，并连连称赞这次演习搞得好，体现了人民战争的思想。同时，他要求李德生在重点抓好战术和技术基础训练的同时，再搞一些大规模的合成战术演习。在李德生的领导下，北京军区贯彻了叶帅的这些重要指示，部队的各项工作迈上了一个新台阶。

正是因为李德生坚定、忠实地站在周总理、叶帅一边，所以就为江青一伙所不容。他们以批林批孔为由，在掀起反对周、叶的恶浪的同时，也把矛头指向了李德生。江青等人诬蔑李是"大军阀"，紧锣密鼓地对他进行了一次次批判斗争。叶剑英尽管自己的处境也十分不利，但却处处关心和爱护李德生。李德生调任沈阳军区司令员后，有人提出要把他揪回北京批斗。叶帅知道后，声色俱厉地说道："德生同志是前线的司令，你们要把他揪回来斗，这不是要搞乱军队吗?"坚决制止了这伙无知丑类的行动。叶剑英还经常打电话给李德生传达形势，了解情况，并曾亲自调飞机叫李德生去看地形，借此鼓励他排除干扰，大胆工作。1974 年 9 月，中央政治局开会，会上，"四人帮"又一次挑起了对李德生和几位军队领导同志的攻击，扣加了许多莫须有的罪名。激烈的围攻，使李德生心力交瘁，疲劳不堪。不料第二天上午，叶剑英专程前来宾馆看望，嘱咐李德生要以大局为重，振作精神，保重身体。殷殷深情，溢于言表，使李德生倍感温暖和慰藉。

11 年后，当叶剑英生命垂危时刻，李德生赶到病榻旁，向敬爱的老帅致以最后的敬意。

（金立昕）

良师益友

叶剑英是我的一位良师益友。

望着他留赠的照片，我的思绪不禁回到了1977年那金色的秋天。

那是粉碎江青反革命集团的第二年的11月份，叶帅和小平同志同去广东视察工作，我和韦国清、许世友去接他们。此时此刻，见到我们的老首长，内心的喜悦可想而知。傍晚，我们在军区设宴招待叶帅和小平同志。席间，大家热烈地畅谈粉碎江青反革命集团以来全国的形势，对党和国家的美好未来寄予希望，充满信心。当时，我们把迫切盼望小平同志早些出来工作的意愿向叶帅作了反映。叶帅对我们说："不是有人还坚持继续批邓吗?"一下子把大家逗笑了。然后，叶帅语重心长地说："从党和国家的未来发展看，无论如何也要请小平同志出来工作，这不是某个人的意愿，早就是全党、全国人心所向。"

我和叶帅是在1932年认识的。当时红军在中央苏区正进行反"围剿"，由于战争繁忙，叶帅没有时间和我们多谈，但是，他敏捷的才思、渊博的军事知识、雍容尔雅的风度，都曾给予我们极深刻的印象。

抗日战争胜利后，在1946年1月至1947年2月期间，为了建立和平、民主、富强的新中国，制止内战爆发，由中国共产党、国民党和美国三方面组成军调处执行部，叶帅任我党驻北平的代表。我党驻沈阳的代表初为饶漱石，后由我担任组长。这期间，我曾得到叶帅许多帮助和支持。记得有一次我来到北平，向叶帅汇报和请示工作时，叶帅把当时的战争形势、未来的发展趋势以及我们的任务，都入情入理地对我作了具体的分析和指导，甚至有些很具体的谈判艺术，也手把手地教给了我们，对我们后来的工作起了很大作用。

全国解放后，因为工作关系，我虽和叶帅接触不多，但他对我的帮助和指导还是很多的。60 年代，我在中南局工作，后来又在广东省委工作。叶帅是广东梅县人，他对广东特别是对哺育过他的家乡怀有非常深厚的感情。他经常回家乡探望父老乡亲，对于他的母校也非常惦念，曾多次写信、题词勉励母校师生努力工作学习，为社会主义建设多作贡献。他每次回乡，我有机会看到他时，都能恭聆他的谆谆教诲。他说：人老了，对家乡就更有一种眷恋之情。家乡人民在革命中吃过许多苦，对革命作出过很大贡献，现在他们生活还不富裕，我们要好好干，把国家建设好，使他们的生活能得到改善，才对得起他们。记得 1971 年初，他来广东视察时，见到家乡的山都光秃秃的，很是伤心。我和陈郁去看他时，他对我说，以前山下满是树木，现在怎么都剃光了，这对不起后代人呀！我感到很内疚，是自己的工作没做好。他指示我们，要在山下多栽些果木，造林绿化，这才能保持好水土啊！我向他表示，一定把这些工作抓好。后来，他再回广东视察时，一再叮嘱要做好这项工作。

（王首道）

“我赠你六句话”

——叶剑英和习仲勋

粉碎江青反革命集团之后，叶剑英以他那伟大无产阶级政治家的宽广襟怀和宏伟气魄，多次在政治局会议上提出：为了国家的长治久安和党的兴旺发达，必须要坚持党的实事求是的思想路线，坚决平反历史上遗留下来的重大冤、假、错案，尽快地把大批蒙冤受屈的领导干部解放出来。在他的据理力陈、反复工作以及政治局其他同志的共同努力下，邓小平等老一辈德高望重的革命家相继恢复了工作。不久，1962 年即因小说《刘志丹》一案而被打成反党分子的习仲勋也被彻底平反，从外地回到北京。

一天，叶剑英在百忙中抽出时间，专门接见了习仲勋。当他见到横遭康生诬陷，被林彪、江青等人迫害、折磨长达16年之久的习仲勋尚能保持十分健康的体魄时，十分高兴。他紧紧地握着这位早在延安时就相识相知的老共产党员的双手，再三鼓励他要向前看，以后要为党多做工作，要准备挑重担子。

两个月后，中共中央决定派习仲勋去广东省工作，担任中共广东省委第一书记。对于这项任命，习仲勋的内心既喜且忧。喜的是，一个共产党员还有什么比能为党多做些工作而感到幸福和自豪的呢？忧的是，自己已经十多年没有工作了，一下子到位置重要而情况又比较复杂的广东工作，这个难度毕竟是很大的。上任不久，叶剑英来粤视察，习仲勋在向叶帅详细汇报了主政广东的初步设想之后，也把内心的忧虑与不安和盘托出。叶剑英认真地听取了他的汇报，思考片刻，亲切地说道："我赠你六句话：深入调查研究，稳妥制订计划；及时报告中央，按步执行实施；分清轻重缓急，注意保密安全。"话虽不多，但提纲挈领，言简意赅，听得习仲勋连连点头，心悦诚服，心中的各种忧虑也随之消去了大半。从此，他把叶帅的这六句话当做座右铭，实践中时时处处对照执行，很快就打开了广东工作的新局面。

随着拨乱反正的逐步实现，中共中央及时地作出了关于把工作着重点转移到社会主义现代化建设上来的战略决策，同时决定在广东、福建两省实行特殊政策、灵活措施，以便加快两省经济的发展，促进全国的经济体制改革。对此，叶剑英极其重视，大力支持。1979年6月，他又一次来到广东视察。在接见广东各地、市、县委书记时，他根据中央关于批准广东、福建两省实行特殊政策、灵活措施的精神，要求广东先走一步，搞好试验。习仲勋和全省各级党委书记们一起聆听了叶剑英的报告。会议开到最后，叶剑英环视了一下全体与会者，神情庄重地说："广东搞好了，可以推动全国，促进全国。搞不好，也会搞乱全国的。所以，这很重要，同志们要努力，带个好头。"

叶剑英的这次讲话，给了习仲勋以巨大的鼓舞和鞭策。会后，他遵照叶帅的指示，与省委其他同志一起认真研究和制定了广东省今后的发展规划和工作蓝图。

数年之后，一个蓬勃兴旺、令世人瞩目的新兴区域崛起于华南大地。广东，成为全国改革开放的排头兵。

（金立昕）

学识渊博、锐敏睿智

敬爱的叶帅是功勋卓著的无产阶级革命家、政治家、军事家，也是杰出的军事教育家。20 世纪 30 年代初我在中央苏区时，就听说他参加南昌起义、领导广州起义的传奇故事。长征中，他坚决反对张国焘搞分裂党、分裂红军的行为，为党立了大功。我对剑英同志虽然仰慕已久，但由于当时自己在基层工作，没有与他见过面。直到建国初期，我在总参作战部工作，剑英同志任中南军区代司令员，经常来北京参加会议，才有了较多接触的机会。以后，我调到南京军事学院工作，一直到“文化大革命”开始。这期间主管全军教育训练的叶帅，经常不惮辛劳、风尘仆仆地深入学院检查指导工作，我有幸多次陪同他调查研究，亲聆他所作的一系列重要指示，受到深刻的教育。

叶帅高度重视作为培养干部基地的院校的作用。他曾说过：院校担负的任务是有战略意义的。院校办得好不好，不仅直接影响军队的建设，而且影响国家的社会主义建设。我们应把办好院校视为百年大计。他坚决反对林彪大砍院校和缩短学制的取消主义行为。当时林彪鼓吹“院校学制要缩短，军事学院一期三个月、五个月就行”。叶帅针锋相对地提出，军事学院的学制，完成系至少两年，速成系至少一年。对这个问题，学院在讨论中出现了一些不同意见。我向叶帅汇报时，他气愤地说：“我在黄埔军校时就管教育处，黄埔军校的教育计划是我拟订的，难道这个常识问题我还不懂吗？学制适当缩短一些不是不可以，问题是改成三个月、四个月一期，那就不叫培训，而是变成短训、轮训性质了。三四个月时间，只能轮训一个课题。要培养出一个合格的军校学员，没有两年以上的时间是不行的。”后来，叶帅据理力争，可惜，他的正确主张未被采纳。林彪反革命集团被粉碎后，小平同志适时提出把教育训练提高到战略地位；粉碎江青反革命集团后，又作出恢复军队原有院校的重大决策。叶帅非常高兴。一次我向叶帅汇报训练工作，他说：这样做就好了！那时大砍院校，对军队训练工作破坏很大，今后要下决心把院校办好。他具体指示，今后军队院校的体制要健全。全军院校要实行三级制：初级指挥院校培养排职军官，中级指挥院校培养团职军官，高级指挥院校培养军职军官。初级指挥院校学员毕业后要到部队见习一段时间后要到基层当排长。

叶帅从未来反侵略战争的需要和我军的实际出发，对教育训练的方针作了辩证的、科学的阐述。在研究制订南京军事学院的教育方针问题时，曾经有过不同意见。有的同志提出，为了强调把着眼点放在打未来战争上面，学院的教育方针应该提“立足未来，照顾现在”这八个字。这是一个重大问题，我觉得把握不大，向叶帅请示。他深深思索以后对我说，还是提“立足现在，着眼未来”为好。立足现在，就是脚踏实地。未来当然重要，但毕竟还只是设想。如果把这句话倒过来，“立足未来，照顾现在”，岂不是站在虚的地方，而只是“照顾”现实需要了吗？用这样的指导思想搞训练，是危险的。叶帅短短几句话，把这个争论很久的问题妥善地解决了。叶帅的指示，体现了我军有什么武器打什么仗，对什么敌人打什么仗的光荣传统，是毛泽东同志一贯的军事思想，是辩证唯物论在军事教育方面的具体运用。

叶帅十分重视继承我国古代军事遗产，以此丰富和充实我军教育训练的内容。他指出：“在我们中华民族悠久灿烂的文化宝库中，有着极其丰富的军事典籍和军事学遗产。我们要吸取其精华，批判地继承下来，使我国无产阶级的军事科学更加绚丽多彩。”1964年他到军事学院视察时，指示我们开展对中国古代军事学术的研究，组织力量译注古代兵法，编写兵器发展史、中国历代战争战略问题探讨和中国历代战争年表、中国历代战争地图集等书籍，并具体提出，可先着手编写《从戈矛到火器的演变》这样一本书。我们当即组织有关人员进行这项工作，很快编写出从东周以来我国

古代的著名战例选编，派人带上初稿赴京向叶帅汇报。叶帅虽然工作繁忙，但他对这项工作十分关心、重视，专门抽出时间听取汇报，对每个战例的编写方法都作了详尽的指示，又指派军事科学院战史部的同志参加研究和修改。叶帅指示的其他各项史料的编辑整理也取得了一定进展。在十年动乱期间，军事学院被撤销，这项工作被迫中断。粉碎“四人帮”后，特别是党的十一届三中全会以后，由郭汝瑰同志组织，继续进行编写工作。第一卷编就后，我报告叶帅，他甚为高兴，并应作者要求为这本书题签了书名。1984 年 5 月，《中国军事史》第一卷终于与广大读者见面了。

叶帅对组织广大干部特别是高级干部学习军事科学的工作非常关心。他曾指示，院校要把科学研究放在重要位置。针对战争年代我军装备主要依靠取之于敌，高级干部对现代兵器知识缺乏的情况，叶帅亲自提议，在军事科学院建立军事技术教研馆，陈列各军兵种最新武器装备，轮训高级干部，每期一个月。他指示各军兵种干部都要在馆内进行图上作业，演练沙盘，要求发言时都能听得到，以利于互相探讨，提高在现代条件下组织指挥协同作战的能力。可惜由于林彪的破坏，只办了几期轮训，这个教研馆就被撤销了。不仅如此，各指挥院校的研究部也被取消了。当我向叶帅汇报时，他说，无论如何要想办法加强研究。因编制限制，我们只得将训练、研究两部合并，改为训练研究部，下属一个研究处。并按叶帅指示精神，要研究人员博览深钻，再将学习成果向干部作报告，叫做“一人读书，众人受益”。粉碎“四人帮”后，叶帅又指示，新研制出来的武器装备要首先提供给院校教学使用，并应作为制度固定下来。实践证明，叶帅的这一指示是具有远见的。

叶帅历来强调，教育训练要打好基础，要加强军事技术训练，把技术训练与战术训练有机地结合起来。他说，“万丈高楼平地起”，基础是技术训练，只有掌握了技术，才能进而学会运用战术。1963 年，他在视察军事学院的同时，检查、考核南京部队的训练工作，发现连长郭兴福的战术技术教学方法灵活，战士基本功扎实，便及时指示部队总结经验，报军委批准后召开现场会推广，很快在全军掀起了一个学习郭兴福教学方法的练兵运动。在此基础上，开展了全军大比武活动，得到党中央和毛泽东同志的高度评价和赞扬，有力地推动了教育训练和部队建设。但是，比武活动兴起不久，林彪就以所谓“突出政治”为由，把这场群众性的练兵运动压下去了，使我军的军事训练遭到严重破坏。

叶帅还指示我们，要重视参谋人员的训练，把它当做整个部队训练工作的一个重要内容来抓。他说：现在的参谋工作，比我军历史上任何一个时期都重要。古时候打仗，指挥员用一条鞭子、一根棍子，站在山头上指挥军队作战就可以。现在战争的情况就不同了。要组织指挥现代的战役战斗，除了要有智勇兼备的指挥员以外，还必须有大量过得硬的参谋人员。这就要加强司令部的建设，加强参谋专业基本功的训练。他要求参谋人员必须会读（会判读地图）、会记（熟记敌我双方的基本情况，如编制、装备、实力、敌军战术特点等）、会算（会计算为首长定下决心所必需的各种数据）。为此，他不止一次地嘱咐我写报告给中央军委，提出在军事学院成立参谋系的建议。我们遵照叶帅的指示办了，在当时条件下，几经周折才获得批准。

叶帅学识渊博，锐敏睿智，他的指示大多言简意赅，富有哲理。例如，他根据海、空军总结的经验，寓意鲜明地向三军提出了“在港苦练，出海精练”、“地面苦练，空中精飞”、“在营苦练，野营精练”的军事训练原则。他要求连队搞好基础训练，练好基本功，对手中武器的熟练程度，要做到像“身之使臂，臂之使指”一样。他提出，训练要“配套成龙”，有头、有腰、有尾；在内容上，先基本后应用，先技术后战术，先分练后合练，先一般后复杂；在课目上，有攻也有防；在组织上，这一分队与另一分队、这一火器与另一火器、这一兵种与另一兵种、战斗分队与保障分队、指挥人员与战斗人员等都能配套，而不是跳“独脚舞”。他提出部队合成训练要达到开得动、打得准、摆得开、联得上、合得成的要求等等，都是一语破的，给人们以深刻的启发。

（张　震）

在叶帅身边工作的日子

不久前，我在家翻阅旧资料，重见几张叶帅送给我的照片以及我与叶帅的合影。其中的一张，我拿在手上看了又看，回想那时的叶帅正当中年，蓄着一撇小胡子，既英武又潇洒，集文臣武将的风度于一身。他往日的风姿又活现在眼前，好像又听到了他那带广东味的琅琅话音。那是 1946 年底在北平照的。当时叶帅在北平军事调处执行部主持中共代表团的工作，我在军调部东北分部的工作结束后专程来北平见他，在他的住处留下的珍贵纪念。

半个多世纪以来，我在叶帅直接领导下工作，可说是时间最长，见面的次数最多，因而印象也最深。他对我兼有着战友之情和师生之谊，我永远不会忘记在他身边工作的日子里，他对我的教育与影响，更不会忘记他为我国人民解放事业建立的伟绩奇勋。

北伐名将　革命师表

早在 20 年代大革命时期，人们就传颂过叶剑英的英名。他追随孙中山先生投身革命，参与建立并任教于黄埔军校，后来带兵参加东征讨逆和北伐战争，接着又策应和支持了八一南昌起义。在他参加领导了著名的广州起义以后，便按党的指示到苏联学习。当时我也在苏联。我有一位在莫斯科中山大学和步兵学校的同学梁据鸿，他的父亲与叶剑英同志时有往来。我从他那儿知道不少有关剑英同志的事。虽然当时我未能与这位革命名将相识，他的传奇式经历，却引起了我对他的敬仰和向往。

1931 年秋冬之际，我奉命从闽粤赣军区调到中央，被分配到新建立的红军学校工作，剑英同志正是这座新型军事学校的校长兼政委。我去报到后，叶校长马上同我谈话。他仔细询问我的经历和特长，特别是在莫斯科步兵学校学习的情况。从训练课目、教学内容到我最感兴趣的课程，都一一问到，像是谈心拉家常，其实是作调查研究了解干部。我告诉他，在苏联时，我就根据国内斗争的需要，着重学习了步兵战术、技术和兵器学，对步兵武器及射击原理等学科特别喜欢，回国后曾经负责培训过马克沁重机枪射手，还在实战中边训练边指挥过重机枪连的战斗。叶校长听了连声说好，让我教射击学，讲授射击原理。我的工作就这样确定下来。当时红校有四个学员连队，我除了当教员，还被任命为第四连的政治指导员。这是我第一次在叶帅的直接领导下工作。

红校是我军第一座比较正规的军事学校，中央十分重视。毛泽东同志曾经说过，大革命时办的黄埔军校，训练出了一批军事人才，我们办一个“红埔”，专门培养红色的军事干部。除了叶剑英这样的北伐名将外，还有何长工、邓萍、周以栗等红军将领都调来红校担任领导。又从红军部队中抽调了一批军、师级指挥员，分任红校的学员连队干部和教员。与我同在四连的有连长林野同志，他原来就是红二十军的参谋长。同他们比起来，我在实战经验和工作能力上都有相当的差距，但是叶剑英同志对我的信任和重视，却坚定了我的信心，鼓起了我的干劲。几十年来，他与我初次交谈时表现出的和蔼谦逊态度与认真细微的作风，一直保存在我的记忆里，他的诚恳待人与知人善任，也是几十年如一日。这是他留给我的最初和最深的印象。

上世纪30年代初期的叶帅，已是我军的杰出将领之一，可是他的实际年龄也才三十多岁。所以他既享有红军高级指挥员的名声和威望，又具有中青年干部朝气蓬勃的革命劲头，办事雷厉风行，以身作则，随时为大家作出表率和示范。他经过集思广益和自己的潜心研究，为红校制定了教学和训练的方针，特别注意培养全校教员和学员的战斗作风。每天天色未明，指战员们就顶着浓重的朝雾，踏着沁人的晨露，武装整齐地列队跑向瑞金东城谢家祠堂前的大操场，进行早操训练。这本来只是学员的必修课目，但是每当我们来到操场时，叶校长却早已在那里了。他用无声的命令对大家提出严格的训练要求，亲自参加各项操练活动，并对各连进行具体的指导和示范。我印象尤深的是他的单杠动作。他打起“大车轮”来，灵活、

有力、大胆，许多青年指战员都惊叹不已。

叶校长的工作和教学方式是多样的，他不仅抓紧全校正课的教学和训练，还具体指导文化艺术活动，使学员们接受多方面的教育。当时从白区和国外陆续来了一批文化人和文艺活动家，如赵品三、李伯钊、危拱之、石联星及朝鲜音乐家崔音波等，都被剑英同志调集或邀请到红校俱乐部，组成了红校以至整个中央机关的文化活动中心。他们创作和演出戏剧、歌曲、相声和双簧等文艺节目，举行过多次文艺晚会。为了使文化活动开展得更广泛深入，他还发动干部和教员积极参加，我也曾在俱乐部编演的话剧中担任过角色。这些演出对于配合教育，鼓舞士气，活跃生活和宣传我党的主张，扩大我军的影响，起了很好的作用。剑英同志这种通过文化工作开展思想教育的做法，后来成为我军政治工作的优良传统之一。

任劳任怨　谦诚待人

随着战争形势发展的需要，剑英同志被调离红校，先后担任福建军区司令和军委参谋长等职务。刘伯承、萧劲光等同志相继来红校接替了他的领导职务。我也于 1933 年一度调离红校，先后到模范团、红三师和闽西汀连分区工作过。1933 年春，为了配合红军主力进行第四次反“围剿”，我所在的模范团奉命去攻打清流。指挥这次战斗的又是叶剑英同志。由于我们事先未能将敌情侦察清楚，攻击中遇到敌人的强大兵力与火力，战斗难以取胜。为了避免更大的伤亡，剑英同志毅然决定停止攻击，待黄昏后分批后撤。这样的决定，反映了剑英同志的求实精神和他对部队指战员极大的爱护。那时“左”倾教条主义已经盛行，他这样做是很不容易做到的。

1933 年秋，共产国际军事顾问李德来到瑞金，我奉命去为李德作翻译工作。剑英同志对李德等推行的“左”倾教条主义不满并进行了批评，因而他很快受到压制和排斥。但是他以大局为重，在任何情况下都尽心尽力做好自己的本职工作，从不计较个人得失。

遵义会议期间，中央和军委的领导同志全力投入紧张的会内活动，会外的军委日常工作则由剑英同志负责处理。会议期间，剑英同志使全军的指挥体系和作战行动正常进行。会议结束后，他对会上作出的历史性决定竭诚拥护，并以实际行动贯彻执行会议的正确决定，努力纠正“左”倾教条主义在军事指挥上的错误。

第二次攻打遵义时，原三军团参谋长邓萍同志不幸牺牲了，彭德怀军团长和杨尚昆政委请求中央批准由叶剑英同志继任参谋长。不久，我也被调到三军团任副参谋长。我又能在剑英同志身边工作，当然很高兴。但是对于自己担任这样的重要职务，心中总是忐忑不安，唯恐力不胜任。杨尚昆政委和叶剑英参谋长竭力鼓励我大胆工作，使我安下了心。这样，我便又一次得到了向剑英同志学习的好机会。

在长征途中，叶参谋长负责协助彭军团长和杨政委指挥作战，我则负责司令部的各项参谋工作。每到一个新的住地，通常将电话机安在我的住处，各种电报等也都先送给我。一般的问题由我处理，比较重要的事，我就立即向剑英同志报告请示。常常是他刚休息不久就来了紧要的报告，我见他行军和工作太劳累，总是不忍心把他叫起来，但想到他一贯的作风和事先有过交代，只得叫醒他。而他总是马上挣脱困倦，毫不迟疑地工作起来。

不仅如此，在红军长征那样艰苦和极度紧张的战斗环境中，剑英同志还处处照顾同志。强渡金沙江以前，我奉命到以彭雪枫为团长、甘渭汉为政委的十三团，去协助他们执行架桥任务。可是没等架起桥来，我又奉命急行军赶到绞平渡，负责指挥本军团的渡江行动。待全军团的人马都过了江，我又赶上本队并回到军团司令部。接二连三的紧急任务，使我筋疲力尽，不想先行到达的叶参谋长和其他同志，已经为我安排了很好的休息地点。那是一家地主的房子，里面有一张十分软和的绷子床。我来到以后，他们先让我美美地饱餐了一顿，然后休息。这是我长征以来睡得最香甜的一觉，消除了连日的疲劳。

坚信中央　旗帜鲜明

红军一、四方面军在长征途中会师以后，中央确定了继续北上的正确方针，将一、四方面军混编为左路军和右路军。三军团属右路军，剑英同志为右路军总指挥部的参谋长。部队越过草地到达巴西地区时，张国焘悍

然反对中央的北上方针，要带他所在的左路军及原四方面军部队重过草地返回南方，公开分裂军队分裂党，甚至企图加害党中央。

在这个关键时刻，剑英同志机警地识破了张国焘的阴谋，坚决地保卫了党中央的安全。他和彭德怀军团长等调派以黄祯为团长、杨勇为政委的十团，负责警卫中央机关，我也奉命到这个团工作。有一天深夜，十团突然接到命令，掩护中央机关从巴西紧急转移到阿西。天亮的时候，我看到剑英同志同毛泽东、彭德怀和杨尚昆等同志，聚集在一座教堂似的大房子前，紧张地交谈。原来张国焘和左路军到达阿坝地区后，给在右路军的原四方面军政委陈昌浩发了一份用心险恶的电报，企图胁迫中央改变继续北上的正确方针。后来，剑英同志告诉我，电报落在他的手中。他星夜赶到中央，向毛泽东等中央领导同志报告这一紧急情况，使中央马上离开危险地区，安全地坚持北上。

张国焘分裂后，随中央北上的原一、三军团改编为陕甘支队，即中国工农红军抗日先遣队，由彭德怀任司令员，毛泽东任政治委员，剑英同志仍为参谋长，我担任司令部的作战科长。到达陕北后，叶参谋长又协助毛泽东、彭德怀同志指挥了吴起镇、直罗镇等战役。由于他在黄埔军校和北伐时的威望，中央又派他去做在直罗镇被俘的原东北军军官的工作。这批俘虏已被集中到安塞，剑英同志去后，让我也到那儿为那些原张学良的官兵上政治课，他自己更是亲自对他们一一谈话，进行教育和说服工作。

西安事变发生后，剑英同志也到了西安。他与张学良、杨虎城协商，建立由红军和东北军、西北军共同组成的西北联军司令部，合作抗日并一致对付蒋介石反动势力。当时我也奉召与李克农、边章五等同志一起，赶到西安，待命参加联合司令部的筹建工作。我们与剑英同志住在同一个院子里，只见他每天一早就外出，协同周恩来同志进行会谈活动，直至深夜11时左右才回来。他回来后，总是不顾劳累地和我们谈情况。我们既想听情况，又怕他过度疲劳，因而总是以矛盾的心情劝他休息。

西安事变促成了国共合作抗日的局面。红军改编为八路军、新四军，并在南京、武汉、长沙、重庆和西安、兰州等国民党统治区内，设立八路军办事处。剑英同志协同周恩来同志领导南方各地八路军办事处的工作，我也奉调担任兰州八路军办事处处长。这时我与剑英同志虽然天各一方，工作的性质却是相同的。

1941年，剑英同志和我先后回到延安，中央原拟要我去统战部工作，已在军委总部担任八路军参谋长的剑英同志却来找我。他说："你一直是搞军事工作的，还是回到总参来吧！"他很快征得了中央的同意，决定任命我为总参一局（作战）局长，使我又一次在他直接领导下进行工作。

有胆有识　英明果断

在伟大的抗日战争中，我八路军、新四军和各解放区军民，抗击了80%以上的侵华日军及伪军。领导和指挥这一斗争的是党中央和延安军委总部，剑英同志作为总部的主要负责人之一，以他卓越的才能和辛勤的劳动，对全国的抗战事业和总参谋部的内部建设，都作出了重大的贡献。他领导下的总参各部门，像一台机器上的各个齿轮，都以他为轴心日夜不停地迅速运转着。记得我到任不久，他就领导我们讨论过一个重大问题，即苏德战争爆发后，我国抗日战争形势将如何发展，侵华日军的主攻方向将有何变化。当时有人认为日军将北上进攻苏联，以支援策应希特勒德军的行动，因而我国抗日重点应是防止敌人北上。剑英同志和我们研究了大量资料，分析了各种情况，提出相反意见道，侵华日军仍将继续南下，扩大占领我国南方富饶地区，夺取足够的资源，进而向东南亚发展，实现其更大的侵略野心。而北方进攻苏联，对他们来说是得不偿失的啃骨头，很难取得什么战果。因而我国抗战的重点应是对付和阻挠日军南下。这一决策性意见马上得到了中央和毛泽东等同志的支持，以此确定了全国全军的战略行动计划。在苏德战争的紧张阶段，有的人为德寇的表面强悍和苏军的暂时失利而不安，剑英同志却作出乐观的估计，斯大林格勒战役时，他马上指出这是战局的重大转折，法西斯军队从此要走下坡路了，他的看法当即得到了毛主席、朱总司令的赞赏，形势的发展更证明了他预见的正确。

为了使中央和军委的负责同志及时了解国内外战争形势，剑英同志指示我们将各方面的战报消息和情报资料不断综合整理出来，用简明的文字和标图编印定期的《作战周报》、《一月军事动态》和《国际资料》等等，发送中央及各有关方面。这对各解放区战场及全国的敌、伪、友和我军动

态，国外战事发展，提供了迅速、准确而充分的情况。此外还建立了定期的口头汇报制度，通常每周都用一个半天，由总参约请中央及各有关负责同志到王家坪来，在院内树下或墙上挂好各种地图，在剑英同志主持下，由我或参谋人员作一周来的战况汇报，继由有关同志作具体补充。毛主席、朱总司令和从各战场来到延安的贺龙、陈毅、刘伯承和徐向前等同志，都来听过汇报和看过材料，他们都很满意，认为对他们了解情况、研究问题和制定方针，是大有益处的。

剑英同志又从各地上送的报告中，不断发现并归纳出新的作战特点和经验，及时上报中央和向各地推广。当时正是抗日战争的相持阶段，敌后军民对游击战的战略战术，又有了许多发展创造，例如在敌人用大兵团合围扫荡时，我军实行主力部队地方化，地方部队群众化，将大部队化整为零，组成机动灵活的武工队，到处袭击敌人，大力发展民兵，发动全民抗战，使敌伪陷入人民战争的汪洋大海。又在边沿地区以至沦陷区内建立公开应付敌人秘密掩护斗争的两面政权。这许多新的作战方法和斗争经验，都由剑英同志及时总结上报，并用军委名义转发到各解放区战场，使其在全国推广发展，大大地打击了敌人。

1943 年，国民党反动派趁我八路军主力都在抗日前线、延安地区只有三四万守备部队时，调动四五十万大军包围陕甘宁边区，悍然发动了第三次反共高潮。当时我身体不好正准备住院休养去，剑英同志对我说："你休息不成了，快回来参加战斗吧！"他领着我们紧急研究形势，分析了敌情，认为根据兵力对比，单用武装力量来粉碎敌人进攻，几乎是不可能的，只能采取别的有效办法。由于剑英同志一向重视情报工作，我军的情报网一直伸到国民党军队内部，对方的一举一动我们都了如指掌。他依据这一条件提出了一个近乎"空城计"式的政治作战方案，即充分利用我们已掌握的敌情动态，公开揭露反动派的进攻阴谋，发动全解放区军民以至全国进步力量，奋起反对和制止反动派破坏抗日挑起内战的罪行，从政治上来打击敌人，使其阴谋破产。但是这样做有一不利后果，就是会暴露并失去一批情报来源。在此紧急形势下，剑英同志果断地提出，从保卫党中央和保卫边区的全局出发，小有损失是值得的，也可以采取措施尽量避免和减少损失。中央听取并采纳了他的建议，一面布置我情报人员迅速转移，一面利用报纸、电台、通电和大会声讨等各种方式全面揭露反动派的阴谋，一下引起了全国的关注和震动。由于我们掌握了确凿情报，对方的一切行动计划直至兵力部署、行军路线等细节，全部暴露无遗，使他们想打也打不成了，只得狼狈不堪地一面抵赖，一面收兵了事，有效地保卫了党中央和边区的安全。

能文善武　可敬可亲

叶剑英总参谋长是毛主席、朱总司令在军事上的得力助手，又是我们政治上的好领导、学习上的好老师和生活上的好同志。在紧张的战争时期，他利用工作的间隙，亲自布置并与我们一起学习马恩列斯和毛主席的军事、哲学著作，组织大家集体研读重要的外国军事理论．如克劳塞维茨的《战争论》，由于这本书当时还没有中文译本，就由一位同志用外文本边读边讲，大家逐段讨论领会。还组织大家学习外语和补习文化，这对我们的军事素养及业务水平的提高，是很有裨益的。

整风运动时，总参成立了由叶剑英同志和胡耀邦、陶铸、舒同与我组成的领导小组，他同大家一起，对主观主义等错误思想作了认真的批评与自我批评。后来康生搞起的“抢救运动”也波及总参，我们有的同志因此受了委屈。剑英同志发现问题后，不顾康生的反对，马上向中央谈了自己的看法。他明确表示不能这样搞，延安不可能有这么多特务，并采取措施制止了一些错误做法，向被整错了的同志进行安慰和赔礼道歉，为他们平反和重新分配工作。所以整风期间总参虽然也受到了康生之流的影响，但与其他单位比起来还是比较稳当的。他当时保护过的一些同志，历史证明没有一个是真有问题的。边区开展大生产运动时，他也身先士卒地参加开荒种地和纺纱捻线，使总参做到了部分粮菜自给。他在工作中对我们要求很严，生活上却同大家打成一片，常同我们谈心说笑，处处平易近人，各种文娱体育活动他都积极参加。他既能拉二胡，又会奏扬琴，每次晚会都有他的节目，还穿着草鞋同大家一起跳舞，这种场合谁也看不出他是一位声名赫赫的将军。

延安作为我国抗战和革命的中心，吸引来大批国内外知名人士和新闻、文化工作者，叶总参谋长经常受党的委托，代表八路军、新四军延安总部，向各方面人士介绍解放区军民的抗战情况。最重要的一次是1944年6月，叶总参谋长向中外记者参观团作了一个长篇讲话，以系统详尽的材料和具体生动的事实，全面地报告了我军的辉煌成绩，宣传了我党的正确主张，有力地回击了敌人和反动派对我们的诬蔑，也解答了一些中间人士对我们的疑问。为了使外国记者能及时和准确地了解他的讲话内容，还将讲稿事先译成外文。这个报告发表后一再被国内外报刊转载和引用，成为关于解放区抗战情况的权威性材料，赢得了中外人士的一致赞扬，说他作了一个"掷地有声"的"第一流的报告"。不过，只有我们了解，剑英同志为了准备这个报告费了多少心血，他曾经带领我们不分昼夜地整理战报、统计数字和核对资料，紧张得常常使他忘了吃饭睡觉，真像组织了一次战役。除了这些大型报告，他还多次接受名记者史沫特莱、福尔曼、斯坦因和美军观察组等外国人士的访问，按照党的指示回答了他们的许多问题，宣传了我们的胜利和政策主张，也促进了我党与国际上的友好活动。所以剑英同志不仅是我军一位卓越的军事家，又是我党的一位热诚的宣传家。

1945年9月，抗日战争刚刚取得了胜利，进入我国东北的苏军远东部队，派人乘专机飞到延安，要求我党中央立即派负责干部去东北，以协调东北我军与苏军的行动。中央决定由彭真、陈云、叶季壮和我等六个同志，马上跟他们来的专机飞赴东北。剑英同志当晚将中央的这一决定通知我，要我第二天一早就乘飞机出发，同时又宽慰我说："任务是太急迫了，不过你放心地去吧，你的爱人和孩子留在延安，由我来负责照料。"我去后他果然一直无微不至地关怀着我的家属和子女。

1946年1月，我党与国民党签订了停止内战的协议，在北平成立了国共两党和美国联合组成的军事调处执行部，剑英同志受命主持军调部中共代表团的工作。当年4月，北平军调部指示在东北成立了第27执行小组（以后改为东北执行分部），我被调到执行小组，同剑英同志又建立了直接的工作关系，电信联系不断。他对我们的工作一直非常关心，对于揭露国民党反动派挑动内战的阴谋，执行中央巩固东北根据地的方针，作过许多重要指示。当时我们虽未见面，但时时感到剑英同志正在带领我们进行着新的斗争。1946年11月，他亲自来东北视察我们的工作，同时受中央委托来了解东北局内部的某些问题和内战爆发后的东北战略形势。他乘飞机从北平来到长春，我在那里等候他，随后登上飞机与他一同飞往哈尔滨。我们在飞机上匆匆交谈了工作和别后的情况，一到哈尔滨他就同东北局的同志紧张地交谈东北的形势和工作问题，林彪曾趁机攻击别人吹嘘自己，剑英同志则按党的指示和自己的分析，回答了他们的问题，事后，向中央如实作了报告。

由于国民党破坏停战，到1946年冬，内战已在全国展开，东北执行分部实际上被迫停止了工作，我乘军调部的飞机来北平，又一次见到剑英同志。他让我到他的住处进行了亲切的家宴招待，也就是这次才留了那张珍贵的合影。此后他又同我去会见了军调部的美方代表，一起出席了他们的家庭晚会。正巧朱德总司令这时也乘便机来到北平，又赶上总司令的60大寿，剑英同志便领我们一起为总司令祝寿。他让人做了一个大生日蛋糕，和大家聚集在总司令身边，过了一个难忘的喜庆之夜。这时的剑英同志，有时身着将军制服，有时穿起皮革便装，加上他那撇小胡子，显得英姿勃勃又儒雅可亲。连美方和国民党的人员，也赞佩他既有将军的威严和魄力，又有外交家的才智与风度。也就是这次，他安排我乘便机回延安探望了爱人和孩子，我本想利用机会将他们带出来，却因故没有实现愿望。他知道后让我别着急，亲自交代一位同志乘下一趟便机，将我的爱人和孩子安全带到北平，使我们全家在他身边重获团聚。这时的剑英同志，完全是个关心体贴下级的善良长者，他用自己的炽热情怀，给了每个在他身边的同志以党的温暖。

德高望重　肝胆照人

从解放战争到建国以后一段时间，我未能再在剑英同志直接领导下工作，但个人之间还有往来，每次相见都分外亲切。不料我同他这点儿老关系，却遭到林彪之流的忌恨，十年动乱中林彪通过叶群恶毒地诬蔑剑英同志和我，说："伍修权同叶剑英关系很密切，叶剑英在延安时是参谋长，参谋处人员是他的小集团。"与康生合谋将我诬陷为既是彭真的又是叶剑英的"黑帮分子"，并因此使我蹲了八年"牛棚"。他们对我们的攻击和迫害，从

反面证明了剑英同志与林彪、康生一伙，从来是泾渭分明、水火不相容的。1974 年 9 月底，我被“解放”出来并参加了国庆招待会，在重见周恩来等党和国家领导人的同时，看到了久别的剑英同志。历尽祸乱，终于重逢，真是感慨万千，可是当时还不便一诉衷肠。不久，他就约我去他家作了交谈，关切地询问了我的身体情况和今后的工作打算。我说自己原来所在的单位还被康生之流控制着，很难在那里继续工作，想调换一下岗位。他当时正主持军委工作，说现在总参正需要既熟悉参谋业务又同林彪之流划清了界限的领导干部，我如果愿意回军队工作，他可以帮助争取，向中央建议并推荐我。我一听当然高兴，就按他的指示将自己的情况和愿望，向中央写了一份报告，交他转呈毛主席。不久，毛主席和中央果然接受了他的建议，批准我回到总参工作。1975 年 4 月，我奉命来到总参，叶剑英同志亲自召开了一次总参党委和有关干部的会议，他在会上宣布：“毛主席和中央决定，伍修权同志来总参担任副总参谋长兼 × 部部长。”并风趣地说：“你们都认识吧？老红军都认识的。”接着他说明了中央作出这一决定的原因，是由于林彪之流（当时“四人帮”还未被揭露）对总参工作的干扰破坏，造成了混乱，现在必须加以整顿，有的追随林彪、黄永胜的干部要换掉，另派更合适的同志来工作，后来就找到了我。接着就将我的经历和情况向大家作了介绍，说了不少对我肯定和鼓励的话，希望我回到总参以后，同大家在一起，按照中央团结安定的方针，把总参的工作搞得更好。我当即向他和与会的同志表示了自己的心情，对于他所说的评价我的话，觉得愧不敢当，但是有决心努力工作，不辜负党和叶帅对自己的期望。

我回到总参以后，又曾不断得到剑英同志的指示与帮助。他对于邓小平同志提出的整顿军队的一系列措施，一直是积极支持的，同时又对“四人帮”的倒行逆施，作了坚决的抵制和斗争。1976 年 10 月，他作为主帅之一，亲自决定和指挥一举粉碎了“四人帮”反革命集团，使我党发生了又一次历史性的伟大转折，也再次显示了他作为一位老一辈无产阶级革命家的胆识与气魄。尔后，他又作为党和国家的最高领导人之一，参与制定了拨乱反正的英明决策，规划了建设四化的宏伟蓝图，为党和人民的事业继续奉献着心血。

书不尽言，言不尽意，我虽然写了这么多，觉得仍未完全说出我对敬爱老帅的深情。半个多世纪以来，他对我的教育和影响，无论对于我个人还是对于后人，都将是一笔重要的精神财富，因此我不顾自己笔拙，还是将叶帅留给我的印象一一追忆记录下来，把我所知道的敬爱老师的伟大业绩和高贵品德告诉大家，共同来学习这位功勋卓著、德高望重的老帅。

（伍修权）

深谋远虑　急流勇进

我从 1932 年认识叶剑英同志，战争年代有过多次的接触，1948 年以后，好长一段时间在他的直接领导和教诲下工作。透过革命斗争岁月的烟云，回顾老首长在艰难险阻中走过来的经历，我深切感受到，叶剑英同志的革命精神最可贵之处，是他对党赤胆忠心，对祖国和人民无限热爱，对共产主义事业的信仰无比坚定和献身精神。

“文化大革命”期间，叶剑英同志在极端困难复杂的条件下，遇逆流而不退，临大节而不辱，同林彪、江青反革命集团进行了坚韧不拔的斗争。早在 1967 年 2 月前后，他和几位老一辈革命家一道，出于忧党忧国忧民的心情和无产阶级的革命义愤，对“文化大革命”的错误提出了尖锐的批评，强烈谴责了林彪、江青一伙乱党乱军、祸国殃民的罪恶活动！

1971 年，林彪反革命分子自我爆炸，由于党的十大继续了九大的“左”倾错误，致使江青反革命集团的势力得以加强。“四人帮”在台上耀武扬威，不可一世。叶剑英同志、邓小平同志等老一辈无产阶级革命家被推到了这场斗争的最前列。我是 1974 年底被“解放”出来，直接在邓小平同志、叶剑英同志的领导下工作的。那时小平同志和叶帅同“四人帮”的坚决而英勇的斗争，至今仍历历在目。1975 年，周总理病重，邓小平同志受命主持党和国家的日常工作。在这期间，叶剑英同志则负责主持军委工作。

面对祖国严重危难的局面，邓小平同志以大无畏的革命精神，召开了一系列的重要会议，着手进行全面的整顿。邓小平同志和叶剑英同志主持的军委扩大会议就是在这种形势下召开的。会上，邓小平同志发表了《军队要整顿》的重要讲话，对“四人帮”作了坚决有力的回击。叶剑英同志针对“四人帮”煽动派性，把全国搞得乌烟瘴气的问题，作了重要的发言，叶帅尖锐地指出：“现在搞资产阶级派性，就是搞资本主义，搞修正主义。”又说：“军队要高度的集中统一，绝不允许有资产阶级派性存在。要使广大干部战士认识资产阶级派性的反动性和危害性，警惕阶级敌人浑水摸鱼，乘机进行反革命破坏。”叶帅在发言中，还非常气愤地脱稿讲话，揭露了反革命分子江青插手军队、妄图把军队搞乱的阴谋诡计。他对大家说：“你们要注意，现在有的人到处送书、送材料、写信，把部队思想搞乱了。你们要抵制。以后没有军委的同意，任何人不得这么做。”会上，徐帅、聂帅也都作了重要的讲话，一致赞同小平同志、剑英同志的意见。

接着，叶帅亲自给各大军区、军种的领导同志打招呼，他一个军区一个军区、一个军种一个军种地分别找司令员、政委谈话，传达毛泽东同志的指示。他跟同志们说：“毛主席说现在有个‘上海帮’，你们要注意警惕，稳定部队，把部队掌握好。”

紧接着，叶剑英同志就全力贯彻军委扩大会议精神。头一项重要工作是根据毛泽东同志和军委的部署，调整配备全军各大单位的领导班子，这是为粉碎“四人帮”采取的强有力的组织措施。叶剑英同志亲自拟定了调整各大单位领导班子的“六人小组”人员，亲任组长。他还亲笔写了这个名单向毛泽东同志报告。毛泽东同志批准后，叶帅就带领“六人小组”紧张地进行工作，很快地对各大单位的领导班子进行了调整。

1976年，周总理、朱委员长、毛主席相继逝世。江青反革命集团认为时机已到，加紧了篡党夺权的阴谋活动。在这前后的日子里，邓小平同志又遭到了诬陷和迫害。叶剑英同志也被“四人帮”看成眼中钉。江青一伙突然下达通知，诡称叶帅有病，不再主持军委工作，实际是借故让叶帅“靠边站”。面对这种严重形势，叶帅、其他老帅和老一辈的革命家坚信党有希望，革命不会亡，共产主义必定会在中国的大地上实现。他们警惕地注视着“四人帮”的反革命活动。叶帅尽管被宣布“靠边站”了，但他仍在为国家的前途、党的命运，为解决“四人帮”的问题日夜操劳，筹谋帷幄。在所谓反击右倾翻案风中，叶帅曾多次和我见面通电话。叶帅严厉斥责“四人帮”倒行逆施、妄图乱党乱军、抢班夺权的阴谋，指示我们要机敏地对“四人帮”的阴谋活动进行抵制和斗争。特别是“天安门事件”后，“四人帮”不断施加压力，力图从总部“开刀”，搞乱搞垮军队，我们面临严重的局面。1976 年 6 月间，皮定钧同志因公殉职。叶帅抓住时机，指派三总部我、梁必业和张震等同志，飞赴闽赣，调查处理此事，并检查沿海战备情况。从而阻止和抵制了“四人帮”急欲搞垮总参、总政的阴谋活动。在七八月的抗震救灾期间，叶帅再三指示我们要掌握好部队情况，防备“四人帮”搞鬼。9 月毛主席逝世，江青就迫不及待地索要主席的手稿、文件和材料。叶帅当即指示有关人员：要顶住，要看好，一份也不给。有一天，张春桥指使人给叶帅秘书打电话，说他要来看叶帅。当秘书告诉叶帅时，叶帅很生气地说：“我没有病，他来看我干什么。”硬是对张春桥不予理睬。王洪文居然搬到叶帅寓所旁边居住，直接监视叶帅的行动。对“四人帮”的罪恶行径，叶剑英同志、李先念同志、聂帅、徐帅等一批老同志看在眼里，怒在胸膛，拭目以待。一天，叶帅对我说：“成武啊，王洪文是专来对付我的，我得搬家。记得以前我对你讲过，得给我准备几个地方，你现在明白了吧？”当天下午，叶帅就搬到一处新的寓所去了。9 月 21 日，我到聂帅那里去，聂帅问我叶帅的近况，我把叶帅的情况报告了他，并向他谈了“四人帮”的倒行逆施和军队面临的严重形势。这时，聂帅郑重地对我说了一段话，要我立即转报叶帅：“四人帮”一伙是反革命，是什么坏事都干得出来的，要有所警惕，防止他们先下手。如果他们把小平同志暗害了，把叶帅软禁了，那就麻烦了。“四人帮”依靠江青的特殊身份，经常在会上耍赖，蛮横不讲理，采用党内斗争的正常途径来解决他们的问题，是无济于事的，只有我们先下手，采取断然措施，才能防止意外。我把聂帅的意见立即报告了叶帅。叶帅胸有成竹地说：“聂帅的想法和我的想法一样。”每隔两三天叶帅和聂帅就要我去报告情况，并转达他们两位的意见。他们都明确指出，这是一场你死我活的斗争。一天，叶帅对我说，先念等同志也来过了，我们的意见都一致。10 月 5 日，叶帅找我去，要我告诉聂帅，已经商量好了，请他放心。接着叶帅又问：军队怎样？我说，没问题。

他又说："你们要掌握好三总部、陆空军和海边防，只要军队不出问题就不怕！"我说："军队永远听党的话，请叶帅放心。"1976 年 10 月 6 日，中央政治局执行了党和人民的意志，毅然粉碎了江青反革命集团，结束了"文化大革命"这场灾难。这是全党、全军和全国各族人民长期斗争取得的伟大胜利。在这场严峻的斗争中，中央许多老同志都是有功之臣，而叶剑英同志则起了决定性的作用，不愧是中流砥柱。

（杨成武）

"你们下去，到各地走一走"

——叶剑英和任仲夷

1981 年 4 月 10 日上午，广东省委第一书记任仲夷与有关同志前往叶剑英的住处看望，向他汇报最近到汕头、梅县地区检查工作的情况。

叶剑英听了汇报，对汕头、梅县地区广大农村、城镇出现的新面貌和发生的变化，表示很高兴。他说：现在是 1981 年 4 月，今年再搞一年，会更好。

他对仲夷同志说："你们下去，到各地走走，对他们是很大的推动，同时也可帮助下面解决矛盾和问题。铁路、能源，都是先进的东西。孙中山的《建国方略》对铁路讲得很多，他很重视铁路。现在广东铁路太少。"

叶剑英接着说："我不久前到了中山县温泉，那个宾馆利用外资，一年就搞起来，很快。我考虑，温泉那个地方，还可修点房子，作为开展对台湾工作之用。现在没有合适的地点，台湾、海外来的人不能同内地的人直接见面。对台工作，统一祖国的工作，要做。

当听到任仲夷讲饶平县农村搞包产到户，县委加强领导，作了 10 条规定，处理得很好时，叶剑英说，这办法好，要加以推广。

当听到潮安县凤塘公社在包产到户后计划生育工作仍然抓得好，人口增长率连年下降，1980 年降为千分之九点五时，叶剑英说，他们的经验也要推广。

接下去，叶剑英对大家说：“王震同志跟我讲，要让任仲夷同志能放手工作。不出二三年，广东能有很大的变化。广东封建思想比较浓厚。南下到赣州时，我讲了，对‘五同’关系，就是同乡、同学、同事、同宗、同胞，要正确处理。我研究了历史上的南北战争，打到淮河就大局已定，再往南就没有什么仗打了，岭南没有受到什么扫荡。战争可扫荡一切。淮河以北都经过战争，封建势力保持较少。南方的家族、姓氏观念较深，旧的思想很浓厚。我小时村里有一条溪，这边姓叶，对面姓李，李、叶两家经常打架。还有语言问题，语言不通，容易隔阂。开起会来，讲客家话的一堆，讲广州话的一堆，讲潮州话的一堆，讲海南话的一堆，相互间很投机。

任仲夷听到这里，汇报说：我来广东以后，按您的指示，提倡讲普通话，我也学讲广州话。

叶剑英说：语言通了，跟农民、市民就能谈心，他们就会把你当自己人。语言不通，谈不来。

任仲夷说：广东封建思想浓厚，但资本主义进来也早，在这方面有进步的因素，如懂英语的多，商品经济发达。上海也有这种情况。广东到海外的多，那时受欺凌，所以同乡、同宗抱成一团，有它的作用。现在不同了，要变“五同”为“五湖四海”。

听到这里，叶剑英很满意，他朝着大家说：“要跟广东的干部讲，让任仲夷同志能放手工作。我和王震同志的意见，要大家支持他。”

任仲夷说：“我来了四个多月，大家对我很好，我没有感到不好工作，总的是按党的原则办事。历史问题宜粗不宜细。组织路线服从政治路线。我还准备跟田夫同志去一趟海南。”

叶剑英插话说：王震同志意见，海南要以岛养岛。

任仲夷接着说：去年国务院发的 202 号文件中有一句话，说海南也可以采取类似深圳、珠海的做法，政策要放宽一点。海南一个是搞好团结，一个是放宽政策，这样海南的工作能上去，会成为宝岛。

叶剑英说：对！海南很有前途。

（广　办）

“新的好的事物总在实践中”

——叶剑英和钱益民

钱益民是叶剑英的老部下，又是亲密战友。

1932年冬，钱益民调到五军团政治保卫局担任秘书科长兼执行科长。当时，在中央苏区，叶剑英担任中国工农红军学校校长兼政治委员。他有机会多次听过叶剑英校长教授的军事课程，并把他尊为良师。

1941年3月，叶剑英从重庆回到延安担任军委参谋长兼八路军参谋长。钱益民已调延安任军委总政治部的保卫部副部长兼延安八路军留守兵团的保卫部长，住延安城北门外，叶剑英住在王家坪。他们几乎天天可以见面。叶剑英公务极繁忙，每天亲自处理上呈下达的军情文电，少则几十件，多则上百件。他还组织编辑出版了《作战周报》、《一月军事动态》、《国际资料》等作战和情报刊物，向军委领导提供。

在这期间，他多次与钱谈话，一再说：“军队保卫工作一定要求稳妥求扎实，有利于巩固和发展，绝不能添乱子。”

叶剑英回延安后，正遇上康生把持中央社会调查部长权力，搞所谓“抢救运动”，滥用职权，制造斗争扩大化。叶剑英和钱益民谈了一次话。他说：“康生这人，会讲话，却只会吹牛，夸夸其谈，不可轻信啊！康生言过其实的事太多。捉人杀人不是简单事，绝不能乱来的。你要特别小心，特别注意！”

有几次，叶剑英曾带上参谋部的同志和钱益民一起去警卫团巡视。他和战士们讲文化学习，讲抗日前方的对日作战形势。每次去，他都和战士们一起唱革命歌曲，唱京戏，一起弹琴，还教战士识谱，操琴演奏广东地方音乐。保卫部的干部和中央警卫团的指战员，特别喜欢他的到来。战士们赞颂他是文武全才的首长。钱益民切身感到他是一位可亲可爱的首长，又多才多艺，从心里敬佩。

1946年春，叶剑英担任了军事调处执行部中共代表。钱益民也奉命调东北军调分部在沈阳的27小组任副组长兼秘书科长。叶剑英对军调部我方工作人员既严格要求又关怀备至，使大家感到很温暖。

全国解放后，钱益民一度离开军队，在湖北省做政法工作。叶剑英每到湖北视察工作，总要打电话或派人来看望他，有时也约请去他住的地方吃饭、叙谈。“文化大革命”期间，叶剑英身陷危难中，还很关心钱的工作和家庭生活，让孩子们代为问候，叮嘱他要善于自处，坚定信仰，宽厚待人。

打倒“四人帮”后，钱益民调到国务院中央军委国防工办工作。叶剑英几次同他谈到发展国防尖端科学技术的事。他指示说，最重要的三件事：一，要尽快熟悉全国的情况，领导者要做到心中有数，办好实事；二，要多学习科学文化知识，钻研业务。国防工办的位置很重要，对巩固国防有着重要的责任，非抓好不可；三，老干部要创造好条件，为下一代人才上得快、上得好作出贡献。国防工办要重视人才培养。钱益民牢记他的这些指示，在实际工作中认真贯彻，切实落实。

从1985年下半年开始，叶帅健康状况有变化，常常住医院。钱益民多次去医院看他。

有一次去看他，他说话声音明显低弱。钱益民握着他的手，伤感的泪花情不自禁地在眼窝内旋转着。可他却显得很安详。他要钱益民坐到他身边，谈了很长时间的话。

他说，时代在变化，老一代的战士，要能跟上时代，对中央的新政策部署要能正确理解。

他嘱咐钱益民要经常到基层走走，不能总泡在会上或浮在机关里听汇报，看文件。他说：“新的好的事物总在实践中，不调查研究，不去发现是难找出来的。老干部必须下大工夫深入实际，不然便会犯糊涂病。”

最后，叶帅握着钱益民的手，意味深长地说：“益民同志，革命像长河一样，一代两代、十代百代，都有自己的追求，我们老一代，不求其他，唯望后人成器、成功哩！”

（方　前）

“你要为培养党的飞行人员奋发努力啊”

我从中央苏区认识叶剑英同志的时候起，曾长期在他身边工作，他是我最敬爱的领导同志之一。寂夜沉思，勾起了我对半个世纪以来的许多往事的回忆。

一

1932年10月上旬，中共苏区中央局在宁都召开了会议。在这次会上，把毛泽东同志对临时中央和苏区中央局所提出的正确意见和批评，说成是“动摇并否定了过去胜利成绩”和“不尊重党领导机关”。会后，毛泽东同志受到排斥，被撤销了红一方面军总政治委员的职务，同进被调去做政府工作。接着，把红一方面军参谋长叶剑英同志从前线调回瑞金，接任刘伯承同志的中国工农红军学校校长兼政委及瑞金卫戍司令员的职务。叶剑英同志接令后即来瑞金赴任，到上述两个单位了解情况，进行了紧张的工作。

11月初，在瑞金城东的谢家祠堂前面的操场上，举行了红军学校第三期学员的毕业典礼。

那天上午，叶剑英同志头戴浅灰色军帽，身穿一套旧灰色军衣，腰扎一条携带手枪的皮带，腿缠绑带，脚穿布草鞋，站立在用木板搭起来的检阅台上，风华正茂，英俊洒脱，看上去三十多岁的样子。他以浓重的广东客家方言宣布：红军学校第三期学员经过半年的军事政治训练，各项课目按计划进行了考试与鉴定，完成了预定的学习任务，取得了比较好的成绩，现在准予毕业。叶校长以洪亮的声音勉励全体学员，把学到的军事政治知识，同前方部队反“围剿”的作战实际密切结合起来，带领红军多打胜仗，用自己的模范行动为提高部队的战斗力作出更大的贡献。接着，他宣布了全校毕业学员的分配方案已经学校领导批准，由军事团、政治营首长点名公布。

这是我第一次见到剑英同志。在他那简短而清脆的讲话中，红军高级指挥员的才华声望，在我脑海里留下了良好的印象。

毕业以后，我留在学校被分配到校政治部青年科当干事。从此，我同叶校长见面接触的机会便逐渐增多。

同年冬，叶校长亲自主办红军学校第四期教学工作，举行了庄严的开学典礼。当时，毛泽东同志离开红军领导岗位不久，红军学校面临的一个迫切问题，是按什么方针办校。是按“左”的一套办？还是按照古田会议精神来办？在这个原则问题上，叶剑英同志在召开全校干部会议讨论办校方针时毫不含糊地指出：应坚持古田会议的精神，训练课目从红军的实际情况出发，吸收几次反“围剿”战争的经验，着重讲解现有武器装备，使干部通晓本行业务，提高阶级觉悟和基本战术素质。在贯彻落实过程中，叶校长言传身教，严格要求，用理论联系实际的方法训练干部。他亲自审定训练计划，向学员讲解示范，在进行攻防课目训练时，大多选择在沿羊肠田埂、密林深谷和黑夜阴雨天进行。剑英同志认为：平时训练中的“难”，是为战斗中的“胜”打基础的，如果红校训练中不坚持从严、从难的原则，就不能练精武艺，不能锻炼意志。如果养成一种懒洋洋的作风，便带不出有战斗力的部队。他常常以“懒兵无战斗力”、“骄兵必败”告诫大家。叶校长带领教员和机关干部几乎走遍了瑞金城周围30公里内的山峰小道，养成了一种雷厉风行、不怕艰苦的好校风。叶剑英同志这种精心培育干部，严格要求，为人表率的好风尚，一直坚持不懈。时过23年之后，1955年秋季，在大连——庄河举行的陆海空军抗登陆演习时，叶剑英元帅又担任了这次演习的总导演。这是建国以后我军首次最大规模的实兵演习，我参加了这次演习。

1933年1月，我被选做叶剑英同志的机要秘书。当我听到这个消息时，思想感情是很矛盾的：一方面，感到党组织和叶校长对我的信任，能在他身边做点事情，无比喜悦；另一方面，我是一个初出茅庐的地方干部，不懂机要业务，过去又没有接触过红军高级领导干部，怕贻误军机，有点忐忑不安。可是，当我到他身边以后，叶校长对我倍加亲切，以师长对小学生一样的和蔼态度，手把手地教我怎样翻译电报，关照我的生活，让我同他在一个桌上吃饭。工作之余，要我看书学习，思想上要有抱负，不要浪费血气方刚的年华；也同我唠家常、讲故事，用谈笑风生、平易近人的方式教我怎样办事待人，毫无“官”气。从此，我对剑英同志便由当初的拘谨转为心悦诚服的尊敬。

为了使我懂得机要保卫工作的业务，剑英同志特地派我到国家保卫局进行了二十多天的专门训练，邓发局长、李克农部长亲自给我们讲保卫机要工作的重要性和具体业务，使我知道了对党和红军的核心机密要守口如瓶，保卫首长安全要临危不惧，挺身而出。回来以后，我负责叶校长的收发电报、保管文件、办理他变待的事宜，管理警卫、勤务员。那时，学校机构精干，一切训练计划与来往文电都由叶校长亲自过目处理。他身兼数职，公务繁忙，日理万机，我从内心敬佩他的工作精神，同时又感到不能为他多分担办理一些具体事务而不安。叶校长住在搂上，我轻常看到他在办公桌上那盏煤油灯下，工作到深夜还不休息，我就悄悄地上去劝他熄灯睡觉，剑英同志微笑着对我说：“我很快就办完了，小鬼，不要等我，你年轻瞌睡虫多一点，先下去睡觉吧！”有段时间，我腿上生了疥疮，下身发痒。剑英同志知道后，既减轻了我的工作量，又亲自找医生给我治疗，督促我每天早晚用热水洗一次澡，清除毒菌。在他的关怀下，不到一个月就治愈了。

当时，学校的生活比较困难，叶校长同我们吃一样的饭菜。记得有一次，他单独去卫戍司令部处理公务，该部参谋长看到剑英同志身体消瘦，悄悄地买了一条狗，为他改善一次生活。叶校长知道后，特意打电话把我叫去，同他共享了一餐狗肉。如果前方有干部来看望剑英同志，顺便请他到城里下饭馆时（因前方同志在打了胜仗时，分的伙食尾子钱较多，有一定的积蓄，故回到后方来要请上级、战友到馆子里吃顿饭，当时叫做“打土豪”），也要把我带去。剑英同志这种照顾部属、关心干部的好风尚，几十年如一日。1977 年 5 月 28 日晚上，叶帅接见我时，有位负责同志向他汇报说，福州军区原司令员皮定钧同志因头年飞机失事而牺牲，当时，因受“四人帮”的阻挠，丧事未能妥善处理，现在拟将皮的骨灰运回北京，安放在八宝山。叶帅听后心情极为悲痛，当即指示：皮定钧同志过去是战将，有重大战功，在“文化大革命”时期又坚决抵制了林彪、“四人帮”篡党夺权的阴谋罪行，保护了一批高级干部。他的骨灰应用飞机运回北京，举行安放仪式。对定钧同志的家属子女，要很好地安慰、关照，要他们继承定钧同志的遗志和高尚品德。接着，叶帅又询问了我的子女情况，希望年轻一代要树立共产主义理想，努力工作，为社会主义建设事业尽力，很好地为人民服务。

在叶校长的精心培养教育下，我在工作业务上逐渐摸到了门路，他对我的使用也比较顺心了。所以，我的成长与剑英同志的谆谆教诲是分不开的，敬仰之情永远铭刻脑海。

1933 年春，叶剑英同志兼任福建军区司令员。为了配合红一方面军主力反第四次“围剿”，他奉命率领刚组建不久的红二十四师和独立团，经长汀、连城去攻打清流城的战斗。我跟随他参加了这次作战。剑英同志为了考验我的战斗意志与指挥能力，让我协助他侦察地形，草拟作战命令。他的指挥所选择在虎芒山上，战斗激烈时，令我到前沿阵地去向部队首长传达他的指示。当发现侦察敌情有误，敌军在数量装备上占优势，并据守碉堡、河川有利地形，负隅顽抗，难以夺城取胜时，叶司令员毅然决定放弃攻城决心，又命我去向攻城部队传达在黄昏后分批撤退的命令。我按他的指示带领通信员到第一线向部队首长及时传达，部队在当晚退出了战斗，避免了更大的伤亡。剑英同志这种实事求是，不使部队遭受无谓损失的果断决心，在当时推行“左”倾教条主义时期，是很有胆略的。

二

1933 年 5 月，以博古为首的临时中央决定：在瑞金组建中央军委总司令部，同设在前方的红一方面军指挥机关分开，朱德任中国工农红军总司令兼红一方面军司令员，周恩来任中国工农红军总政治委员兼红一方面军政治委员，在前方指挥作战。中央革命军事委员会主席仍由朱德担任，同时增加博古、项英为军委委员，在朱德留前方期间由项英代理中央军委主席，任命叶剑英为军委总司令部参谋长。剑英同志受命以后，我随他赴任，选择在沙洲坝的乌石龙村筹建总部机关。当时面临两个问题：一是组建多大的机关，是精干一点好还是庞大一点好？二是选用干部是量才录用还是任人唯亲？他经过深思熟虑之后认为：中央军委总司令部是全军的领率机关，应坚持短小精干，办事效率高为原则；在干部选配上应任人唯贤，不分亲疏厚薄。这两条建议均为临时中央批准。据此，叶总参谋长即组建了四个职能局和人选名单。即：第一局（作战）局长左权，第二局（情报）局长钱壮飞，第三局（通信）代局长翁瑛，第四局（供给）局长杨志诚。剑英同志是知人善任的。他知道左权同志原为红五军团第十五军政委，是大革命时期的优秀干部，又到苏联深造过，只是在一年前五军团整编后受到排斥，被调到红军学校当教员，剑英同志便建议委以作战局长的重任。

各局人选确定以后，叶总参谋长召集各局干部共同总结了红军在前方反“围剿”战役的参谋工作经验，又吸取了苏联红军和大革命北伐时期有益的参谋业务，从而开创了有中国工农红军特点的参谋工作局面。比如，作战局除作战科外，还设机要译电科、教育训练科、地面侦察科、测绘地图科、生活管理科等；把破译敌军电报密码与红军无线电台的收发电报业务分开，各成为一个专业职能局；把经理部改为物资供给局。这样任务明确，分工具体，加强了业务建设。在剑英同志的领导下，使总司令部真正成为中央军委的作战指挥机关。我军后来的总参谋部，就是在这个基础上充实与发展起来的。

总司令部机关组成以后，迅速建立了各项参谋业务工作，与全国各主要战区的红军领导机关沟通了指挥、联络关系，卓有成效。

由于叶剑英同志对我军参谋工作有丰富经验，受到了毛主席、朱总司令、周总政委等的高度赞扬，所以，不论是红军时期还是解放军时期的高级干部都尊敬地称剑英同志为“叶参座”。

三

1933 年 10 月，叶剑英同志把总司令部组建起来开展工作不久，又奉临时中央之命调前方任红一方面军参谋长，与刘伯承同志的职务相对调，协助朱德、周恩来同志指挥红一方面军的部队作战。叶参谋长临走时，要我同他一道去前方，但项英同志不同意，让我到一局机要科去主持译电工作。我只好服从组织决定，从此我与叶参谋长分开了。

1935年6月12日，中央红军长征到四川懋功（小金）县的达雄，与红四方面军胜利会师。6月26至28日，党中央政治局在懋功以北70公里的两河口举行会议，张国焘从茂县（茂汶）来参加了这次会议。会议通过了周恩来同志代表中央军委所作的战略方针报告，作出了《关于一、四方面军会合后战略方针的决定》。明确指出：在一、四方面军会合后，我们的战略方针是集中主力向北进攻，在运动战中大量消灭敌人，首先取得甘肃南部，以创造川陕甘苏区根据地。会议否定了张国焘对于当时中国革命形势的右倾估计及主张避开敌人主力，组织远征军向青海、新疆或四川、西康边境地区退却逃跑的方针。同时，中央为了照顾党和红军的团结，于7月18日任命张国焘为红军总政治委员（原由周恩来副主席兼任），对张国焘进行争取说服工作。我们作战科的同志从两河口会议后，亦看出了张国焘坚持错误路线，企图分裂党和红军，篡夺最高领导权的端倪。7月21日，党中央、军委在黑水决定：以红四方面军总指挥部为红军前敌总指挥部，任命徐向前同志兼总指挥，陈昌浩同志兼政委，应四方面军领导的要求，任命叶剑英同志为参谋长。并从一方面军抽调少量的参谋、机要干部去总指挥部工作。22日，周副主席同我谈话，决定我随叶剑英同志去前敌总指挥部任作战科副科长。

当时担任三军团参谋长的叶剑英同志，接到命令后即来受领任务，毛泽东、周恩来、朱德同志亲切地同他谈了话。随后，叶剑英同志即带领我们这些参谋人员从黑水出发，赴毛儿盖红四方面军总指挥部报到。

从黑水到毛儿盖，要翻越海拔4500多米的打鼓山，这是长征中最后一座雪山。翻过雪山，叶参谋长和大家一起徒步行军。一路上，他不辞辛苦地给我们讲述两个方面军会师后的新形势，阐明北上抗日的伟大战略意义。他有一句话，给我的印象十分深刻："照毛主席指引的路走无往不胜，北上抗日一定会胜利！"这不禁使我回忆起他在瑞金红军学校当校长兼政委时的情景。1932年10月，宁都会议以后，毛泽东同志受王明"左"倾路线的排挤，离开了红军的领导岗位。可是，红军学校在叶剑英同志主持下，还是按照毛主席亲自主持制定的古田会议决议办校。那时他就说过："照毛主席

指引的路走无往不胜!”如今，他讲北上抗日时，又提到了这句话，我完全理解他的感情，听了深受教育。

途中，叶参谋长还对我们讲红四方面军吃苦耐劳，勇敢战斗，服从命令等长处，要我们到了那里注意学习，尊重领导，搞好关系。并要求我们严格组织纪律，加强请示报告，还说：“我是你们的参谋长，有事及时跟我讲嘛!”在叶参谋长的教育下，我们个个充满着团结胜利的信心，于7月底到达毛儿盖。

我们到总指挥部以后，受到了徐向前总指挥、陈昌浩政委和机关同志的热情接待，在总部首长介绍情况之后，叶参谋长领着我们很快就开展了各项业务工作。

党中央、军委纵队亦在我们之后，到达了毛儿盖地区。

四

1935年9月10日，在四川若尔盖县的巴西乡潘州村，我同叶剑英同志分别以后，直到1949年1月初，我和东北航校保卫科长张孔修去向当时出任北平市长兼军管会主任的叶剑英同志请示关于北平地区的航空接管工作时，在良乡城才重见面。当时，剑英同志住在良乡县国民党政府的一座平房里办公。他听说是东北航校的训练处长专程来向他请示工作时，就放下缠身的公务，立刻接见了我们。当我向叶剑英同志行举手礼时，他一见到我，亲切地拍拍我的肩膀说：啊！原来是吕继熙呀（我原来的名字）！你怎么搞起航空来了？待我们在他办公室坐下来以后，剑英同志关切地问道：十几年没见面了，这些年你到哪里去了，什么时候学的航空？我说：我是随西路军余部进入新疆的，1937年10月，党中央驻新疆第一任代表陈云同志指定我们一批红军干部在迪化（乌鲁木齐）盛世才的航空队学飞行。1942年9月，在新疆的100多名共产党人被军阀盛世才无辜逮捕了。1946年7月，由党中央营救，张治中将军履行《双十协定》，宣布我们无罪，无条件释放，回到了延安。次年2月到了东北航校，恢复了飞行技术，现任该校训练处处长。他听后高兴地说：你们经过曲折而又艰苦的长期斗争，终于胜利了。现在好啰，你当了飞行员，我们党很快就要建设空军了，你要为培养党的飞行人员奋发努力啊！我们已经有了强大的陆军，但眼下还没有空军和海军，中央不久就会考虑这个问题，因为现代战争是立体战争，没有这两个军种是不行的。我手下正缺乏接管北平国民党空军的懂行干部，你们来得正好，补了这个缺。东北航校来的同志就是北平军管会的一个单位，负责北平的航空接管工作。你们应把东北的接管经验应用到北平来，虽然国民党空军的腿比陆军长，大部分飞机已经飞离北平，但其人员与设备总不能全部飞走嘛！能接收一部分为我们建立空军所用，就很有好处。但在接管北平时有一点和东北的情况不同：那里是打进去的，有些工厂与航空设备打得稀巴烂；对北平，中央有条明确的方针，就是力争和平解放，使这座明代建立起来的中国文化古城，尽量做到少损失、少破坏。因此，无论对傅作义的部队还是国民党文职人员，都采取全部包下来的政策，以稳定人心，维持社会秩序，尽快恢复与发展生产，以利国计民生。北平的航管部门今后是双重领导关系，同时受东北野战军首长与军管会的领导。根据中央的指示，正在做傅作义将军的工作，已经开始同他谈判，争取和平方式解决问题。不久，军管会将从良乡进驻北平以西的青龙桥地区，今后可到那里去同我们联系。我们向叶市长说：一定按您的指示，做好北平的航空接管工作，今后有什么问题，及时向军管会请示报告。

最后，剑英同志乐呵呵地对我们说：“14 年没见面了，又是东北来的‘贵客’，我本应招待你们吃顿饭，但因公务太忙，不能如愿作陪，请你们去吃顿便饭再回去吧！”

我们回到南苑以后，传达与学习了叶剑英同志的上述指示。后来，我和方华同志又经常到颐和园去向军管会汇报，还在万寿山脚下参加了几次同傅作义的全权代表邓宝珊将军的有关淡判。在天津战役结束后，傅作义将军接受了我党提出的停止抵抗，把其部队撤出城外，进行和平改编的条件之后，北平航空处在叶剑英同志为首的军管会领导下，比较顺利地完成了对北平的航空接管工作任务。

1959 年 6 月，空军在大连举办了第一期师以上干部毛主席著作读书班。我那时在空一军当军长，参加了这期学习。刘亚楼司令员请叶帅向读书班作了重要的启发报告。叶剑英同志着重阐述了毛泽东思想是马列主义的普遍原理与中国革命具体实践相结合的产物与发展过程。他从进入中央革命

根据地后的亲身经历中体会到，毛泽东同志是在总结了大革命失败的经验教训后，运用调查研究的方法，根据南昌、秋收、广州起义的实践，找到了建立乡村革命根据地，掌握枪杆子，发展武装力量，走农村包围城市的发展道路。以武装斗争、党的建设、统一战线的三个法宝，同蒋介石进行了22年的武装较量，才推翻了压在中国人民头上的三座大山——帝国主义、封建主义、官僚资本主义，夺取了全国胜利，建立了社会主义的新中国。毛泽东思想是党的集体智慧，是在长期的实践中产生的，中国革命的胜利来之不易。他号召空军干部认真学习《实践论》、《矛盾论》、《中国革命战争的战略问题》和辽沈、平津、淮海三大战役的战略思想，指出以毛泽东思想的核心——实事求是，分析研究问题，坚持辩证唯物主义与历史唯物主义的观点，才能在社会主义建设与我军革命化、现代化、正规化建设中，取得更大的胜利，叶帅要求空军的同志们一定要把毛泽东思想的真理同自己的实际、特点密切结合起来。他说："你们空军的飞机已进入喷气、超音速时代，武器不仅是炮弹和炸弹，而且发明了火箭、导弹，而战斗又在空间进行。往往是几分钟甚至几十秒钟之内决定一次战斗的胜负。这就要求有高度的时间性与准确性，真是'差之毫厘，失之千里'哟！所以不能套用'持久战'的战术，应该分秒必争。因为错过一秒的几分之几，一个微小动作的差错，就可招致一次空战的失利。你们在抗美援朝战争中，已经有了喷气飞机作战的经验，取得了很大的胜利。这是非常宝贵的，应该继续研究与提高，才能把毛主席的军事思想随着时间、空间、条件的推移，向前发展。"

我们听了叶帅这场三小时的生动而又实际的讲话，很受启迪，开阔了思路，提高了对毛泽东思想的认识，对联系空军实际学习毛主席著作，起了良好的示范作用。

1960年7月，年过花甲的叶剑英同志，从长远的国防战略眼光出发，到东北地区进行十余天的实地考察，在旅途中兴致勃勃地写出了"机过兴安渐渐低，空中遥望海拉尔。草原城市兴工业，烟突凌霄显异姿"等草原纪游十首七绝诗作。他在长春南湖宾馆作短暂小憩时，把我找去了解空军部队的战备训练情况。汇报以后，叶帅问我了解内蒙民族风俗和宁古塔的历史否？我竟答不出来。剑英同志以爱护的口气批评说："当一个高级指挥员要对所在地区的民情、地形和重大历史问题进行调查呀！不然怎能做到军民鱼水情呢?!”在省委为他举行的便宴上，叶帅谈笑风生，大度乐观，席间了解到我的年龄最小但已43岁时，他打趣地说：“我才31公岁，比你还‘小’呢!”说得满桌乐呵呵地大笑起来。大家都为叶帅老当益壮、身体健康而高兴。

1965年8月，叶帅到大连实地调查渤海湾海峡的情况，设想保卫京津的战略方针，研究海军怎样封锁海峡以及陆海空军协同作战的问题。我当时担任沈阳空军副司令员，分管战备训练工作。剑英同志指定我到棒棰岛向他作了关于空军支援陆海军作战预案的汇报。他说：“从未来反侵略战争，确保京津门户安全的战略观点出发，固然要发展与加强对海军的建设，但还必须制定一个切合实际的陆海空军协同联合作战方案，进行演练，才能防患于未然。有备才能无患，这是古今中外战争史上一条重要的经验。”就在这次调查中，剑英同志写出了气势磅礴的《远望》七律诗。

五

十年浩劫结束以后，在叶剑英、邓小平同志的关怀与批示下，康生等人炮制的新疆冤案得到了平反昭雪。我在沈阳军区空军恢复了工作，很自然地回想起老一辈革命家对我的谆谆教诲，激励了精神，增添了工作的力量。1979年8月中旬，我去北京开会，感到机会难得，很想去看望德高望重的叶剑英同志，同他老人家合个影，留作永久纪念。但又知道他当时正肩负着全党全军和国家领导工作的重任，而且年事已高，怕打扰他繁忙的公务。于是，我就通过有关同志捎了个想去看望他老人家的口信。我的意愿很快实现了，第二天（8月15日）叶帅就欣然同意，告诉秘书通知当晚接见。我同空军何廷一副司令员按约定时间到接待室后，叶帅精神矍铄，热情洋溢地同我们握手问好，让我俩坐在他的身边。这是老一辈革命家对同志深厚情谊的体现。我们听到叶帅说话思维敏捷，看到他身体健康的情景，内心无比喜悦。我们怕影响老人家的休息，没有向他汇报工作情况。但叶帅却深有含意地对我们说：经历了十年之久的“文化大革命”，把全国都搞乱套了，浪费了珍贵的时光。现在中央已作出拨乱反正，安定团结，把我党工作的重点转移到经济建设上来的决定。”他语重心长地嘱咐：“我已年过八旬，你们也花甲开外的人了，要在各自的岗位上奋力工作几年，要下大力恢复被林彪、‘四人帮’破坏了的党风、军风和社会风气，全心全意为人民服务，尽快把经济建设搞上去，使全国人民逐渐富裕起来，提高部队的战斗力，建成一个社会主义的繁荣昌盛的国家。要抓紧传帮带，让年富力强和青年一代接班，使我们的事业后继有人。”当时，主持中央党校工作的冯文彬同志亦在场，叶帅嘱托他要把党的历史尽快收集、写好，起到承先启后、继往开来的作用，使青年和新党员知道我们党的曲折历史，教育后代发扬党的优良传统，端正党风。希望年轻一代在四个现代化建设中开创新局面，同过去战争年代的青年一样，起先锋模范作用，这是老一辈革命者的夙愿。我们都向叶帅表示：一定按您老人家的殷切希望和谆谆教导去做。

剑英同志侃侃谈了上述高瞻远瞩的期望之后，招待我们看了一场电影。影毕，他老人家兴奋地站起来，同我们手拉着手地合影留念。这种感人肺腑的革命热情，使我永远牢记在心。

（吕黎平）

“行廉志洁泥无滓”

——叶剑英和李振军

“流放”长沙

史无前例的“文化大革命”跨入1969年，开始了所谓“斗、批、改”阶段，中国人民的日子过得更加艰难、困苦了。

毛泽东亲自抓了北京的“六厂二校”，作为指导“斗、批、改”的试点。

1969年春节，毛泽东又找几位元帅谈话，要他们到工厂蹲点，作点调查。叶剑英被指定去新华印刷厂。

这一年10月，中央下达“一号战备”命令，确定许多老同志疏散到外地。林彪一伙满口所谓“紧急战备”需要，迫使一批老同志纷纷离京，受难。

年过七旬的叶剑英被指定“下放”到湖南长沙。

这时，叶剑英还没有摘掉“老机”的帽子，还是“二月逆流”的“黑干将”。

湖南省领导人听说来了“老机”，格外小心谨慎，有的不敢打照面，有的装作不知，有的躲躲闪闪，更有个别人奉林彪一伙的旨意，暗中加以监视和迫害。

但是，多数领导和干部、群众，出于对老帅的热爱，硬是不理那一套。他们挺身而出，在极端困难的境遇中，对叶剑英元帅一如既往，关心备至，想方设法在生活上予以照顾。

其中，李振军就是这样一位。

李振军原来在广州军区政治部、五十五军、四十七军等单位担任领导工作时，就是叶剑英司令员的老部下，时常聆听他的教诲，对叶帅有一股说不出的、特殊的感情。

这位当时湖南省委书记、主要负责人之一，听说老首长叶帅来了，由衷地高兴，但又为他的处境担忧。

他知道，叶帅未来之前，林彪一伙就跟有关方面打了“招呼”，要“保持距离”。但他想，老帅还是老帅，越是老帅遭难的时候，越要热情照顾、细心关心。

于是，他同湖南省委另一位领导同志，驱车直奔飞机场，去接叶帅。

李振军见到多年未见的老首长，心里很难过，赶忙走上前去，向叶帅扼要作了报告。

“振军，你还敢来看我吗？”

叶剑英见到老部下也受了感动。

李振军等陪同叶帅乘车进长沙。一路上，叶剑英不断地询问湖南“文化大革命”情况，他非常关心工农业生产，关心人民群众的生活。

“容园”暂楼

叶剑英在长沙，暂时安排在容园，毛泽东住过的地方。

他这次来湖南，只跟来两名随行人员，连警卫员都没有带。他年老多病，儿女失散（有的在监，有的致残），生活上缺人照料，诸多不便。

李振军看在眼里，想在心里：“老帅这么大年纪，没有人专门照看生活能行吗?”

于是，他同省委接待处长肖根生和四十七军政治部保卫处副处长赵福和商量，决定抽调警卫排的排长胡家虎给叶帅当专职警卫员，并确定，由赵福和具体负责叶帅的安全保卫和生活安排。

赵福和原来在广州军区工作时，就曾多次接待过叶帅。这次又负责接待老首长，非常热情，关心备至。

胡家虎原来是四十七军炮团的排长，这次被抽到叶帅身边工作，十分高兴。

他第一次见到叶帅，感到拘束不安，手足无措。

叶剑英看到他，很喜欢，了解了他的家庭和参军后的情况以后，亲切地说：“虎子，以后我们在一起工作了，可以随便一些!”

胡家虎感到这么高级的首长这样和蔼可亲，很快便习惯了。

从此，叶剑英身边有了“虎子”的细心服侍，他的生活状况比以前有了明显改善。

李振军经常来看望叶剑英，嘘寒问暖，发现有什么问题，立即同肖根生、赵福和研究解决。

叶帅在长沙虽然身处逆境，但始终保持旺盛的斗志和乐观的情绪。他和周围的同志相处甚安，经常说古论今，启发他们读书明理，懂得革命和做人之道。

湘潭受难

叶剑英在长沙期间，曾接受王震将军（他从江西赶来看叶帅）的建议，由岳阳军分区副参谋长安文华出面邀请，从长沙乘火车去岳阳小住。

临行前，李振军特去送行，并嘱咐好好接待，注意首长安全。

叶剑英不顾劳累，在岳阳兴致勃勃地视察工厂、渔场等，观光岳阳楼等名胜古迹和市容，六天之后返回长沙。

回到长沙不久，突然“上边”来了通知：毛泽东要来长沙，叶剑英需要“回避”，撤出容园，搬出长沙！

这个突如其来的决定，李振军等事先不知道，也无力改变。

叶剑英接到通知后，很伤感地对胡家虎说：“虎子！让我搬家的事，主席肯定不知道，主席如果知道，肯定不会让我搬走！”

叶剑英是组织纪律观念很强的人。他虽然心里不痛快，但还是服从组织决定，搬出长沙，转移到湘潭。

湘潭比起长沙，不仅生活条件要差得多，而且“上边”指示，对叶帅这个“老机”、“老右”要“提高警惕”，加强“保密”。

这时正值数九寒天，湘潭地区寒气逼人，冻手冻脚。

叶剑英在湘潭下榻的“宾馆”没有烤暖设备，这对一个七十多高龄、身体又多病的老人来说，其凄苦之状，可想而知了。

李振军来湘潭看望老帅来了。

当他知道这种情况后，立即向湘潭地区领导和有关工厂联系，迅速派工人来检修“宾馆”的锅炉和暖气管道。

技术人员和工人听说为叶帅修暖气设备，不辞辛苦，加班加点，很快就解决了烤暖问题。

叶剑英不仅从身体上，而且从心眼里感受了工人兄弟和人民群众给自己送来的温暖。

但是修理烤暖设备，花了一笔款子却无法报销，为此事，李振军四处奔走，求告说情，最后总算有了着落。

“为伊太息有婵娟”

叶剑英在“流放”湖南期间，不论在长沙，还是在湘潭，身处逆境而不馁，对许多看不惯、听不顺的事，都能处之泰然。只要有机会，他总要去一些工厂、学校和基层单位做些力所能及的考察，设法接触工农群众，谈心聊天，交朋友。他一有空闲，就到李振军家里去串门子。李家的大人到小孩都热情欢迎这位平时难以请到的“贵宾”。

在这一期间，叶剑英被停止阅读中央的“红头”文件，李振军特意把发给自己的文件送给他看。叶剑英每天坚持读马列、毛泽东的著作，学英语，坚持锻炼身体，收听广播，关心天下大事。他随身带来一些古典诗词，时常吟诵，凡有所感，则吟诗填词以明志。

1970 年端午节，他遥望汨罗江，凭吊屈原，欣然留笔，写下一首《怀屈原》：

泽畔行吟放屈原，
为伊太息有婵娟。
行廉志洁泥无滓，
一读骚经一肃然。

叶剑英平生十分敬佩屈原的诗品和人品。他身在潇湘，设身处地，想起屈原当年的放逐生活，以“行廉志洁”来鞭策自己。他默默地忍受着不公正的待遇，不提任何特殊要求，经常告诫随行人员：不提任何特殊要求，不能给下边添麻烦，不准要官气，脱离群众。

李振军喜爱古典诗词，非常喜爱叶帅的诗词。他抄颂叶帅的《怀屈原》诗，看到叶帅在“流放”生活中所表现的革命乐观主义和高尚的品格，更是敬佩不已。

1970 年 7 月 16 日，叶剑英突然被告知，由长沙乘机返回北京。

李振军和赵福和赶到机场相送。他回顾叶帅在湖南长达 300 天“流放”生活中，受尽林彪及其追随者们所给予他的冷遇和刁难，深感自己对老帅照顾的不够，想到就要分手，不禁心酸起来，与老首长洒泪告别。

“夕辉普照后来人”

1980年秋，一件意外的重任落在李振军肩上。

那时，他担任军事科学院政治部副主任，受院党委常委和宋时轮院长的委派，和相辉一起领导叶剑英传记的编写工作。他和传记组的同志多次聆听叶帅的回忆和教诲，组织撰写叶帅传记，编辑出版《叶剑英诗词选集》，并和范硕撰写《英雄高奏大江东》，评价叶帅诗词，进行叶帅诗词注释，还撰写了《广州起义》的电影剧本。后来，因工作需要，李振军调离军科院，仍然关心叶帅传记工作，积极支持和帮助。

1982年春，在叶帅85寿辰之际，李振军和传记组同志一起作诗撰文，为老人家祝寿。李振军将自谱的祝寿词曲献给寿星：

人生方度几十春
战马继奔万里程
崎岖道路何所惧
夕辉普照后来人

叶帅听了十分高兴，连连说：“我担当不起，担当不起！”

叶剑英常告诫周围的同志说：“你为别人做了一千件好事，一件也不要记住；别人为你做一件好事，千万不要忘记。”

他到晚年还一直记着在他“流放”湖南受尽磨难时期，许许多多好同志甘冒危险帮助他做过的一件件好事。

他曾为湖南省委写过这样一个字条：“李振军是个好同志。”

后来，他特意给李振军捎去便笺，写道：“振军同志，临别匆匆。未及起辞。歉甚。我到湖南总算认识了一个好同志。……保重身体，回来再见。……”

1986年10月22日，叶剑英久病不起，在北京与世长辞。

李振军适在外地，惊闻噩耗，不胜悲痛，特书挽联一副，遥以为祭：

救红军，救中华，功高霄汉，英明传万代，

当公仆，当孺子牛，德重泰山，风范著千秋。

（武　京）

“决胜屠鲸载史篇”

——叶剑英和欧初

一

抗日战争初期，担任十八集团军参谋长的叶剑英奔赴国民党统治区，积极开展抗日民族统一战线工作。

1938年初夏，他从武汉八路军办事处匆匆来到广州宣传抗战形势，同时准备去香港治病。他先是到中山大学发表演讲，然后应民主爱国人士黄慎之先生的邀请，于5月5日乘船至顺德碧江，专程看望广雅中学师生们。这所著名的中学原在广州，因避空袭转移到农村。这里风景秀美，环境幽雅，倒是一个办学的好地方。一位名叫欧初的少年就在这所学校高中读书。

那一天，校长黄慎之得知叶将军等驾到，早早带领教师、同学到码头列队迎候了。欧初多么希望一瞻闻名中外的叶将军的风采啊！

上午10时，一艘小火轮伴着和煦的春风，迎着旭日，徐徐驶进碧江靠岸。在一片掌声中，叶剑英将军身着中山装，风度翩翩，与郭沫若夫妇一行人下得船来，走向人群。

叶剑英首先向黄校长致谢寒暄，然后同站在前排的师生会晤，亲切握手，一一问候。当走到一位英俊的少年面前时，他停下脚步问道：“你叫什么名字?”

“欧舜初”。

“十几岁了？什么地方人?”

年轻的欧舜初激动得热血上涌，一一作答。

就这样，一个还带着稚气的高中学生欧舜初同大名鼎鼎的抗日健将叶剑英相识了。

叶剑英不顾旅途劳顿，到校以后没有休息就步入一所由旧祠堂改建的“振响楼”，向集合在那里的广雅中学全体师生发表了热情洋溢的演讲。他围绕着“抗战胜利的基本条件”这个题目，从容不迫，侃侃而谈。

叶剑英在演讲中，首先代表八路军全体战士向校长黄慎之先生、各位教师、全体同学致以崇高的敬意！全校师生报以热烈的掌声。

叶剑英接着用纯熟的客家话说：“兄弟今日觉得特别高兴，因为我感到并非来到一间普通的学校，而是来到了一间造就民族革命战士的大工厂。广雅中学的师生愿为拯救国家民族而奋斗的革命精神，令我敬佩！”然后转入正题，谈起抗日战争爆发后的形势和有关抗日战争的问题。

演讲就要结束了，叶剑英语重心长地鼓励大家说：“老师们，同学们，希望大家都能投身到中华民族的解放事业中来，以求得整个中华民族的自由解放！”

叶剑英将军整整讲了两个小时，才在全场听众阵阵的热烈掌声中，在黄校长陪伴下走下讲台。欧舜初和同学们快步冲上前去，向将军敬礼，致谢。叶剑英和大家一一握别，缓步走到江边，乘上小火轮，向广州方向驶去。

欧舜初伫立在码头，满怀激动和崇敬，望着远去的小船，心中久久不能平静。他多么想能再一次见到叶剑英将军啊！

每当欧舜初回忆此情此景，都激动不已。多年以后，这位已改名为欧初的，广东省的领导同志、著名诗人在自己敬赠叶帅的诗中写道：

长驱拔剑起英年，
老爱黄昏夕照天。
羊石举旗倡义早，
香洲靖乱指挥贤。
烛奸拒虎关全局，
决胜屠鲸载史篇。

记得战时聆讲演，
碧江到处灿红棉。

岁月如梭，一别十载。

欧初没有想到，第二次与叶剑英会面，已经是“雄鸡一唱天下白”，全国解放了。

全国解放后第一个春节期间（1950 年 1 月），中共中央华南分局召开第一次党代表大会，欧初出席了这次大会，与分局第一书记叶剑英又一次会面了。

久别重逢。叶剑英一下认不出这位当年的后生了。欧初自我介绍后，叶剑英十分高兴，亲切地问他这些年的工作、生活，和今后的打算。党代会期间，叶剑英在他的住处——梅花村 32 号，开了一次小型会议。会上叶剑英说，广东的干部要搞“五湖四海”，不能任人唯亲。他讲了一个笑话。某位高州人当广东省长时，人家说：“高朋满座。”另一位客家人主粤，人家说：“客似如云”。还有一点，当干部的要两个耳朵听，不能用一个耳朵听，兼听则明，偏听则暗。他还谈了防袭防钻、统一战线和华侨政策等问题，要尊重那些过去对革命有贡献的爱国民主人士、知名人士。他特别提到，李章达、肖寇英、张醁村、李洁之、魏鉴贤诸先生。欧初听了这些既富哲理、又深刻风趣的讲话，很受感动，很受教育。

二

1952 年底，党中央在全国开展“反贪污、反浪费、反官僚主义”的“三反” 运动。叶剑英多次做动员报告。薄一波同志来到广州作报告。会后，叶剑英在省政府礼堂、迎宾馆亲自主持座谈会，担任粤中地委常委、粤中专署副专员的欧初也从粤中地区来参加。叶剑英再次重申“三反”的意义和政策，他关切地说：“我们革命的领导干部，第一要清廉奉公，绝对不能搞特殊化。我们不要说开口向人家要东西，你稍微一暗示，人家就送来啦!”欧初牢牢记住叶剑英这次谈话，在金钱和物质上向来不伸手，廉洁自持，奉公守法，做一个党的好干部。

1950年夏，欧初奉命调到华南分局办公厅任副主任，在叶剑英直接领导下工作，向他学习的机会更多了。

可惜，这种机会很快就消失了。叶剑英已确定被调往中南和中央的领导岗位。他在离开广东之前，有一次陪同邓小平、邓子恢、刘亚楼、粟裕等同志乘船往顺德视察紫泥糖厂，陶铸、朱光同行。欧初负责安排这次行动，并随船前往。叶剑英一路上和邓小平等谈论发展糖业和轻工业，并在糖厂现场参观，找厂长商量如何种植甘蔗，如何提高蔗糖的产量、降低成本等问题。视察完糖厂，又继续前往南海县考察西樵山的开发。沿途山清水秀，景色旖旎。叶剑英指点江山，观赏名胜古迹，与大家侃得正浓，不觉日落西山，天色灰暗，不能进山了。这时大家才感到饥肠辘辘，需要解决“温饱”问题。正在无可奈何之时，叶剑英找来欧初。

“你这个总管要想办法啊!”

“报告首长，我们带的东西都吃完了。”欧初为难地回答。

“你再检查一下，看看!”

欧初翻箱倒柜，只找出几把西洋菜。

叶剑英一看，忙说：“这是好东西，赶快熬成汤，给小平、子恢同志尝一尝!”

然后又命令欧初说：“你赶快去设法买几个西樵大饼来。”

欧初箭步上岸，亲自跑了几家小店，都卖光了。后来好不容易在一小店买到几个。在船上，邓小平等嚼着西樵大饼，喝着西洋菜汤，别有风味，赞不绝口。

这次南巡回来，叶剑英很快调进北京，到中央工作。从此欧初与他见面的机会少了。欧初后来被选为中共十二大代表、全国人大代表、中共广东省委委员等职，但他仍然时时挂念着老首长，直到他谢世作古。叶帅一生写下许多诗文、题词，欧初每得之，爱不释手，一直珍藏着他的墨宝。

1986年春，欧初想念叶帅，写七律一首，敬赠叶帅，祝他老人家寿比南山。不料，就在这一年的10月22日，伟大的无产阶级革命家、政治家、军事家，共和国元帅、党和国家的主要领导人叶剑英在北京寓所与世长辞。这时，欧初正在日本访问，惊闻噩耗，立即写诗痛祭。诗曰：

举世惊传噩耗时，
夜寒呜咽不胜悲。
初春才致芬芳曲，
异地遥为沉痛词。
南海多情留巨笔，
樵山陪赏有遗思。
吕端大节精神在，
熠熠千秋颂帅旗。

（范　硕）

“要永远记住他的恩情”

——叶剑英和卢伟良

1930年初秋，叶剑英从苏联回国到了上海。

1931年1月7日，党中央决定派叶剑英到江西苏区工作。从上海赴苏区之前，中央军事部负责人周恩来对他非常关心，亲切地找他谈话，让他先到苏区总参谋部工作。

那时，从上海到江西苏区一般都要经过香港，绕道广东，再入闽西。叶剑英先秘密到了香港，住在弟弟叶道英家里，母亲也住在那里。

叶剑英暂住香港时，中共闽西特委书记邓发派卢伟良从大埔埔东去饶平黄冈，经汕头去香港，接叶剑英到苏区来。

卢伟良到香港接头后，交通站潘同志带他先到跑马地佴鹍家。

佴是云南人，与叶剑英是云南讲武堂12期同学，又是1927年叶剑英担任师长的国民革命军新编第二师的参谋长。

当时，叶剑英一家在跑马地与佴鹍家住在一起。叶剑英在二楼上面。他们见到卢伟良，很是高兴。当叶剑英知道要由卢带他去苏区时，即开始询问走的路线。卢回答可以有两条路：一条是邓发书记要他来时走的路线，另一条是从汕头到潮安，然后搭电船到大埔城再到青溪（卢主持的交通站）。叶剑英表示要走邓发所提的路线。

当时，同叶剑英等一起走的还有蔡树藩、陈有石同志。

正在他们筹划起程的时候，香港突然谣传"叶剑英被捕了"。卢伟良住在另一个地方，他听到这个传闻，大吃一惊，连忙去打听，才知道被捕的是杨剑英，也是参加过广州起义的一位领导人。尽管是一场虚惊，但叶剑英和卢伟良都感到必须提高警惕，必须迅速离开香港。

离开香港那天晚间，叶剑英与家人共进晚餐，辞别了家人，与卢伟良按照约定的时间，装作互不相识的旅客，一块上船。

第二天早上八时许，叶剑英等乘的船到了汕头。他们登岸后，在一间小食店里匆忙吃了一点早餐，即乘车去澄海，再由澄海步行到黄冈圩。从黄冈圩到埔东都是一些崎岖难走的山路，又怕引起官方盘问，万一落到反动民团和土匪手里就不好办了。为了减少赶路的疲劳，叶剑英一路上给大家讲解《红楼梦》里的人物故事。卢伟良虽然没有读过《红楼梦》，但听到叶剑英通俗的讲解，也感到很有兴趣。叶剑英讲《红楼梦》时，背诵了《红楼梦》里的许多诗词，如描写宝玉的一首《终身误》和描写凤姐的一首《聪明累》。他边背边讲，大家听了，情绪活跃起来，不觉得累了。

到了埔东游击区，县委负责同志饶尤光、贺遵道非常高兴，热情欢迎他们，并要求叶剑英给大家讲一讲当时国内外的革命斗争形势。

叶剑英不顾旅途疲劳，讲完形势，还同县委领导同志座谈，了解情况，畅谈一路所见所闻。他们一行在县里住了三天，县委派了一个班的红军战士护送他们到闽西特委所在地虎岗。

叶剑英、卢伟良到了虎岗，邓发书记极为高兴地迎接了他们。在闽西逗留几个月后，叶剑英等才去中央苏区。以后，叶剑英参加了第二、三次"围剿"。他曾同卢伟良谈起反"围剿"的感受，十分推崇和敬佩毛泽东。他说，毛泽东同志提出的战略方针是非常正确的。

在战斗间隙中，叶剑英曾多次同卢伟良谈家常，告诉他说，1927 年春，北伐军打下南昌后，蒋介石在吉安成立国民革命军新编第二师，并委任他当师长，亲口答应每月多给自己几万光洋。蒋介石发动四一二反革命事变，背叛革命后，自己就坚决同蒋介石划清界限，发表讨蒋声明。叶剑英还说，如果我要做大官，我早就跟蒋介石走了，但我要为革命，为人民。卢伟良听了很受教育，他从这段历史中感受到叶剑英不要富贵荣华，而一心一意要为革命事业献身的崇高品质。

1930 年冬，中华苏维埃共和国成立，组成中革军委后，叶剑英担任中革军委总参谋部部长。

1932 年 3 月，卢伟良调到红军总参谋部所属的二局任侦察参谋，从此有一年多的时间同叶剑英天天见面。1934 年春卢调去红军大学学习。毕业后，分配到保卫团任参谋长。长征到达遵义后，卢所在的部队编入第三军团，卢仍留在李克农负责的保卫局工作。后来，卢又任侦察参谋，一直跟随叶剑英长征，后来还渡过黄河，东进山西。

东征班师回到保安后，叶剑英奉命做动员东北军抗日的工作。他通过被我红军俘虏的张学良部下的一位团长高福源去动员张学良抗日救国。1936 年 4 月间，张学良秘密到延安，与周恩来会谈，从而推动了张学良走上停止内战，抗日救国的道路。叶剑英到安寨、西安等地做东北军工作期间，卢伟良曾有一段时间担任他的联络员，给毛泽东、周恩来转送信件，汇报情况。叶剑英对他工作很满意。

自从 1930 年卢伟良与叶剑英认识以后，叶剑英总是十分关心他，给以爱护、教育和培养。

1938 年 12 月，南方局派卢伟良回广东工作，同叶帅暂时分开了。后来卢到东江纵队，直到 1946 年东纵北撤，叶剑英总是想着卢伟良。当时叶剑英在华北军政大学担任校长兼政委，因为工作需要，又把卢调到华北军政大学。1949 年 9 月，全国解放前夕，叶剑英又让他到广东兴梅地区担任领导。

1958 年 4 月，卢伟良被错划为右派后，叶剑英和肖向荣认为他不是右派，而是一位好同志，并为他的平反做了许多工作。1978 年，党的十一届三中全会后，卢的冤案得到平反，党籍得到恢复。卢伟良由衷感激老首长叶剑英对自己的深切关怀和帮助。

卢带良在与叶剑英长期交往中，与叶剑英建立了十分亲密和深厚的友谊。卢伟良写过许多文章怀念叶剑英。他说：“叶帅不只是我的老领导，而且是我的恩师和知己，我之所以能为党做点事，和叶帅的开导、教育和帮助是分不开的。在我工作有成绩时，他老人家总是提醒我不要翘尾巴；当我犯错误、受挫折时，叶帅鼓励我，打起精神，努力工作，给我无微不至的关怀”。卢伟良直到自己病危时，还谆谆教育家属、子女，要永远记住他老人家对自己的恩情，要永远学习他的高尚品德，为人民多做好事。

（路　叙）

一段难忘的往事

——叶剑英和夏之栩

那是半个多世纪以前的事了。1929 年，叶剑英根据党中央的安排，到苏联留学，在莫斯科共产主义劳动大学学习。在校的同学中有几位女青年，夏之栩就是其中一位。

夏之栩当时和叶剑英虽然不是一个班，但经常向叶剑英所在的“老头班”同学请教学习中遇到的问题。她听说，叶剑英是广州起义的领导人之一，很有才华和军事经验，又见他和蔼可亲，平等待人，便很敬重他，钦佩他，同大家一样称他为尊敬的“尤赫洛夫”同志。

学习期间，学校组织到红河练兵，叶剑英任营长，负责军事训练。伞营有一个女生队（一个连），夏之栩在女生连，连长是个男同志。请苏联红军军官当教官。叶剑英在主持训练中，要求很严格，对女生连也不特殊，要求按时作息，和男生连一样出操上课，打野外。夏之栩在叶剑英营长的直接领导和关怀下，学到了不少军事知识，得到了各方面的锻炼。

1931 年，夏之栩从苏联回国，党中央分配她在上海搞地下工作。不料第二年就被捕了，被关在国民党监狱南京反省院。

1937 年“七七”事变后，日本飞机轰炸南京。夏之栩等同志在监狱里，就向国民党当局提出：我们不能在这里等敌人炸死，我们要出去，要上前线去。监狱长说，你们找人担保，亲戚朋友都可以。可是她们举目无亲，到哪里去找保人啊！没过几天，周恩来、叶剑英等到南京与国民党谈判。他们知道许多同志被关在国民党监狱里，就向国民党当局提出，要求释放“政治犯”。

国民党南京当局在全国人民要求国共合作，团结抗日的形势下，不得不接受周恩来、叶剑英提出的条件，答应可以先去参观作调查。不久，看守通知夏之栩把房间收拾一下，说是有人来参观。有一天，看守通知，周恩来和其他几个共产党人要来。夏之栩一听，心里特别高兴，但也仍有点将信将疑。

8 月 18 日，周恩来和叶剑英等几位同志真的来到“首都反省院”。他们来到监狱，先看“犯人”花名册。叶剑英一看有留苏的老同学夏之栩在，便指名要夏之栩、熊天荆、王根英三同志会面。

周恩来见到他们笑着说：“你们还认识我们吧！”

夏之栩等一看见周恩来、叶剑英，好像见到久别的亲人，激动得流了下热泪，兴奋极了。

夏之栩连忙说：“认识，认识，我们怎能忘记周副主席、叶参座啦！”

叶剑英走过去，和她亲切握手，说：“小夏，你受苦了！”

夏之栩有千言万语要诉说，一时噎住了，什么也说不出来。

接着，周恩来和叶剑英又问了这里关有多少人，男的多少，女的多少。夏之栩、熊天荆、王根英等一一作了回答。她们略算了一下，大概关有一百多人，男的多，女的少，很多人改了名字。

周恩来、叶剑英转身问陪同在一旁的监狱反省院长说：“她们出去要什么手续？”

院长说：“找个保就行了。”

周恩来、叶剑英说：“我们保行不行？”

院长无可奈何，只好说：“当然可以，你们俩位保还不放心吗？”

周恩来、叶剑英说：“先保他们三个人出去，明天再来保别人。”

随后，周恩来、叶剑英提出要去看其他难友，那个院长满口答应，并要夏之栩告诉看守，要他们把各监牢的“政治犯”都带到大礼堂集合，等候周先生、叶先生要来看望。

周、叶和大家见了面，首先向大家表示关心和问候，然后简要地讲了讲国际形势和国共合作的问题。叶剑英告诉大家，很快就会接他们出去，参加抗日。

大家热烈鼓掌。

夏之栩高兴地站到桌子上跳起来。周恩来、叶剑英讲话后，当即作保，释放出夏之栩等三位同志。

夏之栩等出狱后，又详细汇报了其他一些同志关押的地点，列出了名单，向国民党当局要人。经过狱外强有力的营救和狱中斗争相呼应，一批又一批的“政治犯”终于相继出狱了。

（倪素英）

“湖南妹子能吃苦！”

——叶剑英和陈子璠

陈子璠和叶剑英在第一次国共合作时期就认识了。1926 年春天，陈子璠在长沙参加国民革命军第四医院去前线抢救伤员。当时北伐军挺进湖南醴陵，再从醴陵到南昌急行军，医生坐轿，当兵的走路。随队的女同志都受照顾，但陈子璠还是坚持走路。

这一年秋到了吉安。那时叶剑英担任新编二师师长。陈在师长率领下的二师军医处当司药。陈子璠是从医院调到二师，刚去时，有两名由上海来的女青年，还带来一个湖南妹子杨光。

叶剑英见到她们，一个一个问话。他问陈子璠：“你从湖南怎么走来的？”

“靠两条腿。”

“为什么不坐轿子？”

“我才不坐轿子呢！我是来革命的，怎么还坐轿！”

叶剑英听了，很佩服，说：“湖南来的妹子能吃苦，打仗也勇敢。”说完就把陈子璠和杨光留下来。杨光后来当上了中尉医官。叶师长对陈子璠和杨光很关心，帮助她们学习进步。

1927 年，蒋介石发动四一二反革命政变后，叶剑英通电反蒋，决定离开吉安去武汉。在他走以前二师的中共地下党员和左派军官们借给叶师长祝寿为名，就在师部的后花园摆酒集会，秘密商讨武装起义问题。

酒席宴上，大家给叶剑英敬酒。叶师长回敬大家。陈子璠不会喝酒，喝了一点就要走。叶师长看到后，说：“陈司药不能走，我要敬你一杯!”又给留下了。

不久，陈子璠等几个人跟叶剑英上庐山，尔后经九江转至武汉。

一路上，叶师长跟大家有说有笑，有一次突然问陈子璠：“听说有很多人在追求你是吗?”

陈子璠说：“没有的事。”

叶剑英说：“我看丘之纪不错，我给你介绍介绍怎么样?”

丘当时是新编二师五团二营副营长兼七连连长。其实，叶剑英早就知道陈与丘有一段恋情，只是没有公开。

后来，到了武汉，叶剑英的去向一时定不下来，就问同来的同志的想法和去向。他知道丘之纪在南京，便主动提出要陈子璠去南京，说：“你去找丘之纪吧，他一定会很好照顾你的。”

这样，陈子璠就去了南京，1930 年在南京与丘结婚。

西安事变前，陈子璠听说叶剑英在西安，便与丘之纪一起去西安找他，但没有找到。

1937 年，丘之纪住上海参加抗战牺牲了。以后陈子璠到重庆，找到叶剑英。烽火之中相逢，畅叙别情，感慨万分。当叶剑英知道丘之纪牺牲的消息，表示非常惋惜，连声说：“太可惜了，太可惜了!”亲切地安慰陈子璠。

全国解放后，陈子璠一直保存着当年在吉安二师为叶师长祝寿照的照片，后来与叶帅取得了联系。叶帅对当年的老部下给予了亲切的关怀和照顾。

（倪素英）

“我同意你们一同回川”

——叶剑英和刘德明

1947 年 3 月，面对蒋介石调集重兵，疯狂进攻陕甘宁边区的严峻形势，中共中央决定主动撤离延安。转移前夕，组织上把刚刚从重庆撤回的刘德明和他爱人王祝青派到叶剑英、马海德家，负责他们两家在行军途中的生活管理。3 月底，刘德明夫妇跟随叶剑英到达晋西北临县三交镇，住在一个叫双塔村的村子里。

临县是个十分贫瘠的地方，生活本来就苦，而现在又挤挤挨挨地住进了中央后委机关的两万多人，生活就更困难了。不但买不到肉食品，就连新鲜一点的蔬菜也很难买到。“巧妇难为无米之炊”，这下可把刘德明这个管理员急坏了。尽管叶剑英一向俭朴，吃好吃孬，并不在乎，可刘德明的心里却总不是个滋味。于是他一有空就上山打猎，下河捉鱼，想方设法地调剂、改善叶剑英的伙食。王祝青则精心照料着叶剑英的女儿，使肩负重任的叶参谋长能够全力以赴地进行工作。这一段异常艰苦的生活，使刘德明夫妇与叶剑英一家结下了真挚、深厚的情意……

1947 年底，组织上决定从原南方局撤回来的同志中抽调干部，成立“川干队”打回四川，发动群众，抗丁抗粮，在敌后开辟新战场。曾经是川东地下党党员的刘德明得知这个消息后，不由得想起了许多熟悉的战友都英勇牺牲在那里，自己同家乡的特务狗子们结下了血海深仇的桩桩往事，恨不得插上双翅，飞回老家去报仇雪恨。于是他找到叶剑英，坚决要求回川。叶剑英慈祥地盯着他，微笑着说：“随我们北上，进石家庄吧。”刘德明心里在想，无论如何也得回四川，不能错过这次机会，但又怕叶参谋长批评自己家乡观念太重，便坚持事先想好的理由说：“我的文化水平低，北方的口音听不太懂，还是回南方工作方便些。”叶剑英想了一阵，最后说道："你要回川，我同意。不过把你爱人留下吧。你回川后，若情况允许，你再打个电报来，我派人送她回川。"刘德明说："听说'川干队'中也有家属，要走还是我们一起走吧。"叶剑英没有马上回答，刘德明也就不再提了。

几天后，刘德明突然觉得右侧小腹隐隐作痛，经医生检查是阑尾炎，随时有发作的可能。叶剑英知道后，马上叫刘德明去做手术。刘德明满不在乎地说："我不怕疼，它会好的。"叶剑英说："你今后要在山沟里打游击，行军走路多，条件差，不如趁现在在这里开刀吧。"刘德明一听，有道理，便同意了。

手术做得很成功，才四天功夫，身强力壮的刘德明便出院了，直接去参加学习。这个学习班对外称"青年训练班"，实际上就是"川干队"。在此期间，刘德明白天去学习，晚上又回到叶剑英家住，安排照料他的日常生活。

转眼到了1948年。一天，叶剑英对刘德明说："川干队的家属都随同南下，你要王祝青同志回川，我同意你们一同去。"接着他又说："你们回川后很艰苦，要打游击，冒风险，我送一件雨衣给你们，在野宿时用得上。"随后他又从怀中取出一张自己的半身照片，掏出钢笔在背面写上"刘德明、王祝青同志存念。叶剑英 1948. 11. 25"字样，并说道："拿去作个留念吧。另外你们走时，不要让小孩子知道，悄悄走，免得她哭。"刘德明用力地点了点头，心里一阵难过。老早就盼望着打回四川去，真的要同朝夕相处的叶参谋长分手了，他的心里真是难舍难离。

2月，"川干队"誓师出发。刘德明直到临走的时刻，才去叶剑英家接走王祝青，夫妇俩小心翼翼地避着叶参谋长的小女儿，悄悄地离开了家门。

一路上，他们俩默默不语，不时地回头向着双塔村方向瞭望……

（金立昕）

“赶紧派人带我去”

——叶剑英和曾威

1937年初冬的一个下午，住在八路军驻西安办事处七贤庄的周恩来让办事处副官曾威送一封信给住在西安莲花池公园后街的吴德峰。那天风呼呼地刮着，迎面扑来的沙土让人睁不开眼，喘不过气。曾威低着头，裹紧了身上那件青布学生装，顶风向前走着。当他来到鼓楼西大街时，忽见不远处路中央停着四五十辆卡车。从车形和牌号上，曾威辨认出这是国民党的军车。一个保卫人员特有的警觉使他放慢了脚步。他佯装无事，慢慢地蹓跶着靠近了军车。这时，他看到每辆车上都有许多衣衫褴褛的人相互挤靠着。这些人衣着破烂不堪，面部表情近乎呆滞，他们既不像一般的老百姓，也不像是国民党的散兵。他们是谁？到哪儿去？曾威的眼睛突然一亮，脑子里闪现出一个念头：西路军！他立即有意地操着浓重的江西口音与车上的人搭话。

“喂！你们是从哪里来的？干什么去呀？”

“你是谁，问这个干什么？”车上一个人反问道。

曾威从回答的口音中听出他不是本地人，又四下望望，觉得没有啥危险，忙接茬道：“喂！我是江西人，你们车上有老俵吗？”

“有，有。”在车厢的一角，一个操着江西口音的人，忙站了起来冲着曾威喊道，并急切地问，“你是谁，是干什么的？”

此时，曾威也顾不得许多了。他压低了声音：“我是红军，是红军呀。”曾威的声音虽然不大，却引起了车上的一阵躁动。

“我们是西路军哪。”

“我们都是被俘人员，马匪军不知道要把我们拉到哪儿去。”

“快告诉红军想办法解救我们呀！”

……

曾威望着车上人们那急切的表情，拿定了主意，沉稳地说："你们先不要急，这里有中央军委的副主席和红军的副总参谋长，我这就给你们报信去。"接着他又叮嘱车上的人："你们千万别走开，在这里等着！"说完疾步走向马路拐角处，一招手，叫来一辆三轮车，快速向七贤庄而去。风仍然呼呼地刮着，坐在车上的曾威却汗流脸颊。是激动，还是焦急，他说不清。他只知道自从西路军兵败祁连山后，党组织为了寻找、营救失散被俘的西路军人员，想尽了一切办法。尤其是周恩来副主席和叶剑英副总参谋长，他们一面解决西安事变问题，一面利用各种渠道营救西路军人员。他亲眼见到，周副主席为此操尽了心。今天这一巧遇，怎能不使他惊喜不已。他感到，车上一千多名近乎绝望的目光在盯着他，一千多颗充满希望的心在盼望着他呀！

"吱呀"一声，三轮车在七贤庄门前那块空场地停下来了。曾威三步并作两步地跨进了院门，向着周副主席的办公室跑去。办公室里没有人，周副主席处理其他事务去了。曾威又来到叶剑英的办公室。

"什么事，小鬼。"叶剑英见一贯沉稳的曾威这样慌忙，抢先问道。

"西路军！那里有一千多西路军人员……"

"什么，一千多名西路军？"

"对，就在古楼前面，是国民党的军车拉他们路过这里的。"

"噢，你莫急，把情况说说清楚。"叶剑英一听说是西路军人员，浓浓的眉毛紧紧地拧在了一起。曾威一五一十地将看到的一切向叶剑英作了汇报。叶剑英极其认真地听着。曾威刚一说完，只见他立即操起身边桌上的电话，就给国民党政府西安行营主任蒋鼎文挂电话："你们的军车运了1000多人来，你知道这些人是谁吗？"叶剑英一字一顿地说，"哈，想发洋财呀。告诉你，这些都是我们的人，是红军，他们要留在这里（指西安），不能去。"叶剑英挂断电话后，向曾威指示道："赶紧派人带我去！"

曾威领着叶剑英和几个工作人员一道，来到了西安古楼西大街。曾威走上前对车上的人说："红军派代表来啦。红军的副总参谋长说了，让你们到办事处去。"车上的人见曾威真的带来了几个人，竟有些犹豫起来，问："什么办事处，有多大？"曾威见状，接着说："你们别管那么多了，赶快跟我们走，先去吃饭。”是呀，一千多号人，到哪里去吃饭又住到哪里呢？这时，叶剑英说了话：“把他们先带到东北门里的革命公园去，吃饭问题由他负责。”叶剑英指了指负责后勤工作的叶季壮对大家说。叶季壮似乎早有准备，副总参谋长刚说完，他就干脆地宣布：“包饭馆！动员西安城大大小小的饭馆做饭，送七贤庄。”“好，就这么办！”叶剑英提高了嗓门，果断地下了命令。

车上的人们不再犹豫，你拉我、我拽你地互相拥抱着。这些在河西走廊浴血奋战五个多月的西路军指战员们，在不幸落入马匪魔掌后受尽凌辱，做梦也没有想到，在濒临绝望的时刻，竟在这座古城得救了。望着这些归队的战友，曾威的心里真是感慨万千。他带着这些人来到了东北门里的革命公园。为红军西路军战士做饭的消息很快在整个古城传开了。大街小巷，大馆子，小饭铺，叮叮当当地都动起来了。你蒸馒头他烙饼，他煮饺子我捞面。没多大功夫，热饭热菜就都送到了革命公园。饭后，叶剑英满怀深情地向这些西路军战士讲了话。他说明了西路军失败的原因和张国焘错误路线给我军带来的重大损失。他一再强调，西路军的失败与广大指战员无关。许多人听了叶剑英的话后，再也按捺不住激动的心情，竟放声大哭起来。那时，西安事变刚刚和平解决不久，党还面临着许多困难。一下子要安排那么多人的吃和住，确实存在不少问题。经过研究，办事处将这些人员暂时安顿在了七贤庄附近一所新盖的学校里。过了两三天后，他们被送到了驻在洛川以南张礼镇的红军总部。红军总部根据中央指示，把他们都送往延安。事后，周恩来副主席见到曾威，高兴地夸奖他：“不错嘛，曾威，你立了一大功！”

（王红云）

“国防方面的工作也请您多费心!”

——叶剑英和华罗庚

还是在“史无前例”的年代，有一天，叶剑英在北京市三座门军委俱乐部，接见了著名科学家华罗庚。

华罗庚深入工农群众的实践中去，把“优选法”应用、推广到各个领域。

叶帅一见华罗庚就说：“外面出了一件大事，不是我儿子告诉我，我还不知道呢。一个科学家可以到工农中去，对生产起这样大的作用，我为人民谢谢您。”

华罗庚谦虚地回答说：“谢谢您的关怀！我仅仅是成员之一。”在那生产有罪、魑魅害人的严峻时刻，华罗庚听到叶帅的这一番话，有如久旱逢甘雨，心里甜滋滋的，他以能参加叶帅所称道之“大事”，感到十分幸福。

接着，叶帅请华罗庚给他介绍0.618法。

华罗庚在折纸，叶帅在倾听，不明白就问，糊涂处就追。他那聚精会神、一丝不苟的态度，使华罗庚十分感动。有些科学家也没有这样认真的。

叶帅请华罗庚共进午餐。两人边吃边谈。饭前饭后，又交流了不少知识。最后，在华向他告辞的时候，他又诚恳地说：“国防方面的工作也请您多费心。”

华罗庚事后写道：“这是一件大事。叶帅说的也是实事求是的，有党领导的，他所鼓励的，有千百万人民所参加的这一工作，连资本主义国家的科学家都承认，他们无法这样做。”

叶帅不幸患病，卧床不起。华罗庚十分想念他。他默默地自勉：只有更加紧在四个现代化中出一份力，才能对得起老帅的关怀之情。如果还有机会的话，希望再见他的时候，不感觉到脸红。

这位著名科学家、数学家以叶帅的托付为动力，加倍努力工作着。

叶帅逝世以后，华罗庚撰写了《念叶帅忆一事》的文章，发表在《人民日报》上，以为悼念。文中写道："丰功伟绩，在亿万人的心底。即使我要赞一词也不过泰山添把土、不能增添泰山的雄伟。但心有所感，夜不成寐，水滴成江，写短文，记一事，以念叶帅。"

（林　渺）

"台澎故旧应是思归切"

——叶剑英和钱昌照

"但愿一识韩荆州。"

著名学者、诗人钱昌照对叶剑英一直怀着敬慕之情，早就想拜会这位驰名中外的革命将领了。

上世纪30年代初期，在宋子文家里，钱昌照第一次见到叶剑英。

三人共进晚餐，畅谈友谊，纵论天下事。

叶剑英和蔼可亲、雄姿英发的革命家风度，给钱昌照留下了深刻的印象。

1946年6月，钱昌照从欧洲回国。以后进入解放区抵达北平以后，叶剑英正在主持北平军管会。他对钱表达了热烈的欢迎之情，并对他说：

"战争不久就将结束，繁重的经济建设任务摆在面前，让我们共同努力吧！"

他那真挚的态度，爽朗的言语，深深打动了钱昌照。

1983年，叶剑英和钱昌照恰好同在烟台休假避暑，又一次获得叙谈的机会。叶剑英、王震和钱昌照三人合摄一影，钱昌照一直珍藏着。

钱昌照非常喜爱叶剑英的诗篇，特别是他那"老夫喜作黄昏颂，满目青山夕照明"的名句，概括了当今时代万千老人的心声。

在他的启示下，钱昌照曾写有《金缕曲》一词，词中写道：

浩荡东风里，
发苍苍尚未消失元龙豪气。
满目青山明夕照，
分秒尤须争取，
永葆着乐观情绪，
一粟亦增沧海量，
老年人富有青春意。

叶剑英读后赞为难得好词，说：“引用得不着痕迹。”

1983年夏季，他俩在那浓荫滴翠、海风送爽的庭园里，多次见面。叶帅还嘱咐他和性元，回京以后到他家里做客。

1986年10月钱昌照听说，叶帅病重，便和性元于18日驱车前往军事科学院探望。当时叶帅进入昏迷状态，他们在隔离间玻璃窗外见到叶帅慈容，久久不愿离去。10月22日噩耗传来，十分悲痛。

叶帅逝世后，钱昌照撰写怀念文章《巨星陨落天际，勋名长留人间》，文中写道：

“叶帅从青年时代起就献身于中国人民的解放事业，他忠于党，忠于人民，为争取中国民主革命，社会主义革命与建设，为共产主义事业的胜利，英勇奋斗，鞠躬尽瘁，无私地贡献了毕生的精力。

“60年来，叶帅始终以民族大义为重，高瞻远瞩，坚持不懈，为国共两党合作，建设富强的祖国而奋斗，其坦荡的胸怀，高尚的风范，感人至深。

“正如叶帅在《八十述怀》中所写，‘长征接力有来人’我们伟大的革命建设事业，在包括叶帅在内的老一辈无产阶级革命家披荆斩棘地奋斗下，已经奠定了必胜必成的坚定基础。我们应当继承叶帅的遗愿，为实现四化，振兴中华而奋斗。在台湾的爱国同胞也应为统一祖国努力作出贡献。”

钱昌照曾担任过国民政府教育次长、长期主持资源委员会工作，派赴国外大批留学生，为海峡两岸培养了无数的技术和经济管理人才，并多次访问台湾，为祖国统一大业作了不懈的努力。他热烈响应叶剑英发出的台湾回归祖国，早日实现祖国统一的号召，为了两岸的统一，默默地耕耘着、工作着。即使重病缠身，只要有台、港和海外亲友回大陆，他都要亲自接待，自费宴请；凡是有关的活动，即使住在医院里，也苦苦要求医护人员“准假”，力争前往。

钱昌照在一首寄语海外友人的词中写道：“草长莺飞，台澎故旧，应是思归切。海隅挥手，犹记当年离别。”

他每每激动地对家人说：“我的最大愿望，就是在有生之年带领你们到台湾探亲访友，旧地重游。”

可惜，他的愿望没有实现，就离开了人间。

但是，海峡两岸的中国人民都相信，这位诗人和叶帅的统一祖国大业的遗愿，在不久的将来，一定会变为现实。

（云　香）

冬夜凝思

在病房的宁静之中，我想起一个人。我怀着肃穆的心情向叶帅的遗体告别，已经过相当一段时间了。现在，他忽然又在我的眼前出现了，他还是那样生气勃勃、泰然自若，从眼镜后面，从短小的黑胡髭里，从整个面庞，以至整个身体，都洋溢着天空一样晴明的笑容。

1946 年 1 月，我从重庆到了北平调处执行部，一见到他，他就握住我

的手说："白羽！你来了！……"

他直呼我的名字，一下子使我感到格外亲切，感到格外温暖。

当时，我们都管他叫"参座"。其时，在我们之间，那已不是庄严的尊称而是亲昵的呼唤。跟同志们在一道他总是潇洒自如，谈工作时，他肃静聆听，还不时发出幽默的微笑，插一句风趣的话，明亮的眼光在眼镜片后一闪一闪的，但在谈判桌上有时像明晃晃的利剑。他鞭辟入里，义正辞严，使对手无辞可遁，无地自容。他随时随地全身焕发着旺盛的精力，这精力便推动着周围的人，推动着整个事业。后来我离开调处执行部到了上海。10月间，内战的乌云已经压在中国大地上，天空也发出隐隐的雷鸣。周恩来同志叫我们到南京，安排我们途经北平撤退东北，他对当时形势作了估计，对分裂局面作了安排，他说："你们把我的意见报告给剑英同志。"

一到北平，叶剑英同志就在景山东街叶公馆北上房东头一间办公室接见了我们。我记得是夜晚，窗玻璃上摇着秋天的树影。他坐在临窗大办公桌后面，我们围绕在他的周围，他两手放在桌面玻璃板上，我发现他的神情十分肃穆凝重。我忽然想起朱德同志1939年在太行山上跟我谈到长征的时候说，张国焘搞分裂阴谋，急欲加害党中央，是叶剑英同志机警地截住了一封密电，当机立断，连夜骑马飞驰巴西，报告给毛泽东同志……在紧急关头，由于他的果决避免了红军自相残杀的一场浩劫，那是多么大的智慧、多么大的忠诚、多么大的勇敢啊！而当时，全国各地，内战星火、频至迭来，他又处在一个巨大转折关头，在我注意观察他时，我好像窥察到他心中有几分沉重。但，当我们向他转达恩来同志的谈话完毕，他忽然一按桌面站起身来"明天我们到西山看红叶去，看过吗？西山红叶很出名啊"他爽朗地笑了。第二天，秋高气爽，他带着我们一大批人去西山观赏红叶了。我不无赞叹地想：天大困难，他也举得起放得下呀！这一天，西山红叶如霞似火，他的豪情也如火如荼，而他的微笑中似乎含着浓郁的诗意了。

剑英同志是儒将、是诗人。我喜爱他的诗，很有风骨，每有传抄，读之，辄令人想到古人称谓庾开府、鲍参军的"清新"、"俊逸"，他那"老夫喜作黄昏颂，满目青山夕照明"不是至今还传诵人间吗？我有一个偶然机会跟他谈诗。那好像是1964年，我们都是人民代表大会主席团成员，我的位子排存叶剑英、史良之间。因为《诗刊》急着发排，我从皮夹子里取出校样来看。他先是注目，而后伸过头来："啊，诗……"原来那是胡乔木同志从南方写了一组旧体诗寄给毛主席，由毛主席修改过，决定给《诗刊》发表（后来先在《人民日报》上发表了）。他微笑着，带着浓重的广东口音问我："怎么样，可以看吗？"我告诉他有一份毛泽东同志修改的原稿，那才真值得看一看呢，真是生花妙笔，点铁成金，凡是他改的地方特别气度不凡，高出一筹。剑英同志忽然那样急迫、那样热诚地说："你把那原稿送给我看一下，一定！"我连夜送给他，他又连夜退给我。后来，在主席台上又见面，他说："一字千金呀！"

还有一个清晰的印象，那是1950年的事。北地已经寒风凛冽，枯叶纷飞，南国还是繁花似锦，热风熏人。我们以丁西林为团长，李一氓为副团长，在同印度建交之后，组成第一个访问印度的中国文化代表团到印度去。那时不像现在有国际班机这样方便，得绕道香港乘船漂洋过海，因此，先到了广州。我跟丁、李一起到东山小岛叶剑英同志住处去看他。他的确是一个风雅的人，在院内小丘顶上一间凉亭里和我们会面。珠江从下面缓缓流过，两岸是一望无际碧绿丛丛的棕榈，亚热带的风光十分醉人。他叙说着他的一个理想：开发海南岛、广植橡胶林。是的，我们国家建设多么需要橡胶呀！印、缅是盛产橡胶的地方，要能搞到一些橡胶种子该多好啊！他说话时，那甜蜜的遐想，使我感到他的胸膛就像那炎热的大地，而他的生命就像那清洌的甘泉。他想从祖国的心灵里哺育出大片大片橡胶林，让大地吐出乳汁。是的，当然，那只是未来，那只是远景。可他不正是一个时时刻刻都在经营未来、创造远景的人吗？

我第一次和叶剑英同志见面是在哪里？在延安、在西安、在重庆，记不清楚了。不过，我想在延河之滨，我们是时常见面的。不过，今天夜里，我凝思起来，就是这几次相见，也不能说是浮光掠影。我想在人生旅途中，有的人相处很久却整理不出个印象；有的人只是惊鸿一瞥却留下深刻的记忆。那说明这人一定有他惊人之处，不过，也许他寓不平凡于平凡之中，偶一流露，光彩夺人，便被人记住了。现在，海南岛已经郁郁葱葱遍布橡胶林，而那中间有他的一丝心血呀！割胶要在黎明前黑暗里进行，戴在头上的灯光闪闪发亮，乳白的胶汁溶溶流下。晨曦就要出现了，鸟儿就要醒来了，空中漂浮着像牛奶一样芬芳的朝气。啊，黎明就要降临了。黎明，多么美好的黎明啊！

（刘白羽）

“只有中西结合才能成为真正的名医”

——叶剑英和薛愚怀

北京西城一条深深的小巷里，住着九三学社中央常委、著名药学家薛愚怀同志。92岁高龄的薛老退休之后担任北京医科大学药学院名誉院长，与夫人张英侠在小院中过着宁静的生活。

然而，叶剑英同志逝世的消息打破了老人心绪的平静，老药学家陷入对往事的深情追忆与对叶帅的深深怀念之中。

日本侵略者投降、蒋介石妄图侵占抗日果实的两种命运决战的时代，北平的九三学社成员在中国共产党的影响与指导之下，开展了针对美蒋的反饥饿、反内战、反独裁的斗争，北京大学医学院教授薛愚怀的寓所便是九三成员经常聚会的地方。1946年，叶剑英同志率中共方面的人员来北平参加军事调处执行部，九三学社许德珩等同志便加强了同叶剑英、徐冰等同志的联系。然而，由于美蒋方面的破坏，美国宣布“调处”失败，叶剑英等同志要撤离北京了，1947年初春，九三学社的同志决定以家宴形式为中共代表送行。徐冰同志代表叶剑英同志出席了在国会街北大宿舍薛愚怀家中的聚会，对九三同志的斗争给予高度评价，并谈了形势任务问题。

几日以后，中共代表在汪芝麻胡同6号陈氏寓所举行向九三同志的告别与答谢宴会。叶剑英同志英武的身姿出现在那显得狭小的房间的时候，屋子里的气氛一下子活跃起来。

“这是我第一次同叶剑英同志见面，”薛老兴奋地回忆，“他给我最深的印象是于军人威武之中有一股可亲的文人气质，他同许德珩、黄国璋、袁翰青等同志握手之后坐下，纵横谈起了同国民党斗争的形势。”

“叶将军说：九三学社是以高级知识分子为主体的团体，在白色恐怖下做了许多工作，值得我们钦佩。形势问题，美蒋不讲信用、不愿和平。我们同蒋介石手对手、脚对脚地来往许多年，对他是深有所知的。马歇尔是表面调停，内里挑拨，我们虽力争和谈，但对于战争有精神准备。蒋介石虽然有美国撑腰，但他是外强中干。我们一定会胜利。不出两年，我们还会回到北平！”

“叶剑英同志嘱咐我们加强与朋友（指我党地下组织）的联系，多做高级知识分子的说服教育工作。对我们说：‘在座都是高级知识分子，将来建设新中国，知识分子将会大有用武之地，发挥更大的作用，这不是一般问题。’”

最令薛老难忘的，是叶帅对于薛老从事的药学专业关注得十分细微。叶将军问薛愚怀和薛身旁的林葆骆是搞什么专业的，回答是一个搞药，一个搞医。叶帅说：“哈，医药结合嘛！我还有一个看法，光有中医和光有西医都不成，只有中西结合才能成为真正的名医。”

“战争形势的变化证实了叶帅的预见，果然不到两年，1949 年 1 月，人民解放军开进北平，第一任北平市市长即是叶剑英同志。九三学社同志又在我家聚会欢迎大军进城，并请叶剑英同志参加。叶帅因公事紧急，特派徐冰同志出席致意。我们果然不到两年又重逢了，我们这批老知识分子眼中充满了喜悦的泪水。”

“还有一件难以忘怀的事，”薛老站起身来从书屋中取出一本 1958 年出版的《中药简史》一书，“叶帅解放后依然那样关怀中医、中药事业，这还有他为这本书写的序言呢。”

这是一位元帅为一本药史写的序，序言说：“这几年我也是和疾病斗争的一员，病中深深感觉，对一种病症，采用中西并用、内外夹攻的方法是我国医药界最新的、因而也是最进步的治疗方法……中医必须学通西医，西医必须学通中医，才算名医。中医、中药在中国人民中数千年来流传着，可是中医、中药在近百年来在学术界被压抑着，这分明是‘数典忘祖’的谬误了。把中药知识和药材加以科学整理，把中药提高到更高的水平，这是青年一代医师们的庄严的工作……“作为一个病人，我十分关怀中国中药的发展与成就。”

“看！”薛老深情地说：“这正是叶帅在北平解放前夕对我谈过的主张。

作为一个元帅、党和国家的领导人，他只称自己是‘一个病人’，这又是多么谦逊，多么可亲！——叶帅的话和他的形象将在我心中永远记着！”

（李树喜）

延水深情

——叶剑英和任友青

“你们演八路军打日本的戏很好么”

1943年夏，延安青年剧院赶排了一出反映八路军战士奋勇杀敌的“活报剧”。上演前夕，剧院领导派年轻的女演员任友青到八路军司令部去借衣服，同时开一个介绍信到“日本工农学校”借几套日本兵穿的衣服来。任友青高高兴兴地上路了，她哼着歌儿，高挽着裤脚趟过延河水，不一会儿，就来到了王家坪八路军总司令部。看到她蹦蹦跳跳、毫无拘束的样子，大门口的哨兵拦住了她，正在盘问之际，恰好叶剑英出门办事，任友青赶紧上前一步，举手敬了个军礼。在此之前，她在边区大礼堂曾听过叶剑英作报告，所以认得眼前这位蓄着一撇小胡子、风度翩翩的首长就是叶参谋长。

叶剑英立即问道：“小鬼，你在哪里工作？你有什么事情？”

任友青说明来意后，叶剑英脸上露出了和蔼可亲的笑容，风趣地说：“好啊，你们演八路军打日本的戏很好么！等你们排好了，我也来看看，好吗？”任友青赶紧说道：“当然欢迎啦，我还要来请您指导我们呢！首长，能解决我们的衣服问题吗？”

“好嘛，你进去找秘书同志给你写个借日伪军衣服的介绍信。八路军的衣服你们不是人人都有吗？”

“我们每人只有一套衣服，我们想把八路军打扮得整洁漂亮一点，想借几套新衣服。”任友青坚持着自己的理由，脸上一副认真的神气。

叶剑英哈哈大笑起来：“你这个小鬼，咱们八路军是打仗的军队，又不是舞台上的军队，咱们还在饿肚子，哪里有什么漂亮的新衣服？这样吧，你进去问问秘书同志，看能不能给你们想想办法。”

“太好啦！太好啦！”任友青高兴地跳了起来。

抱着几套好不容易才凑够的衣服，任友青笑哈哈地连跳带唱地回到单位。剧院领导问起借衣服的经过，任友青绘声绘色地把叶“参座”的原话述说了一遍。临到正式演出时，领导决定所有扮演八路军官兵的人都穿自己原来配发的服装，太脏的洗一洗。借来的新衣服又由任友青原数还回去了。

几十年后，任友青谈起此事，深情地说：“叶帅真是个善于教育人的好老师。当时只觉得他可亲可敬，没有一点架子，过后细细地体味，才感到他是用‘实事求是’的精神来教育我们啊。”

“土，怕什么？将来我们也会洋起来的”

1944年夏天，延安城来了一些白皮肤、蓝眼睛的美国人，他们就是中国战区参谋长史迪威将军派出的美军观察组成员。8月3日，叶剑英代表党中央和八路军总部向他们作了一次重要报告，全面详尽地介绍了敌后战场情况和我军的编制、装备及作战胜利情况。雄辩的事实、充足的论据，加之叶剑英那富有魅力的气质和风度，使得以戴维·包端德上校为首的全体美军观察组成员大为折服。为表示敬意，他们举行了一次鸡尾酒会，特意邀请叶剑英赴会。叶剑英爽快地答应下来，并决定带任友青等一些从没见过外国人、土生土长的娃娃兵们同去。行前，叶剑英交代了几条注意事项：一要注意礼节，二要不卑不亢，三要大胆宣传我们的政策，四要尊重我们的国格。听了他的这番嘱咐，任友青等人顿觉心里稳妥、踏实起来。会上，她们神态自若地围着长桌坐下，彬彬有礼地吃糖、喝饮料，落落大方地和美国人跳舞。玩了一会儿，叶剑英向包瑞德上校致谢告辞，领着大家离开了观察组的驻地。回来的路上，大家十分兴奋，任友青笑呵啊地说：“这回真是土八路开洋荤啦，也知道鸡尾酒会是怎么回事啦！”叶剑英拍了拍她的肩头，热情奔放地说："土，怕什么？将来我们也会洋起来的。把你们带去就是要显示我们的力量，让他们看看，你们就是革命的接班人……"

月明星稀，万籁俱寂。这一天晚上，叶剑英那铿锵豪迈的话语久久地萦回在任友青的脑际。

"困难是暂时的"

1945年，抗日战争已经进入了局部反攻阶段，作为延安军委总部的主要负责人之一，叶剑英运筹帷幄，日理万机。他领导下的总参各部门，如同一台机器上的各个齿轮，以他为轴心日夜不停地高速运转着。在极其紧张、艰苦的环境中，叶剑英以他那平易近人的一贯作风，对周围工作的同志们关怀备至，体贴入微。尤其是一些远离父母家乡的年轻同志，更是能时时地从他身上体会到慈父般的爱。一天傍晚，总参附近的一间窑洞里人进人出，热闹异常，贴在门两旁的大红喜字在晚霞的照耀下益显喜气洋洋。新娘就是不久前调到总参工作的任友青，新郎是叶剑英参谋长的秘书张明。叶剑英从百忙中抽出身来，亲自为这对新人当起了主婚人和证婚人。此刻，他谈笑风生，一再向新郎新娘表示祝福和希望。随后，兴致勃勃地用二胡演奏了他最拿手的广东音乐"小桃红"、"雨打芭蕉"、"燕双飞"，还指挥大家一齐唱起了"二月里来"、"延安颂"等歌曲，把这场典型的"延安式"婚礼的气氛推向了欢乐、喜庆的高潮。

一年后，任友青生了一个女婴，因为缺乏营养，奶水不够，孩子整天饿得哇哇直哭，任友青夫妇急得暗自垂泪。叶剑英得知后，立即吩咐炊事员把每天分给他的半磅牛奶配给任友青，解了燃眉之需。孩子稍大一点，叶剑英又亲自把自己小孩用的小床送给任友青，并语重心长地鼓励她说："困难是暂时的，你一定要树立起克服困难、战胜困难的信心和勇气。"

"不管别人说你什么，一定要把工作搞好"

新中国成立后，叶剑英虽身居高位，公务繁忙，但对曾在他身边工作过的张明、任友青仍是一如既往地关怀。夫妇俩每次来看望他，他总是热情地留他们吃饭，边吃边谈，对俩人的工作、学习、身体、孩子乃至单位里的情况都一一问及，亲亲切地提出鼓励和期望。

1956 年春节，任友青在北京三座门的一次晚会上见到了叶剑英。当她把自己考上了南开大学的消息告诉叶剑英时，叶剑英高兴地一连说了几个好：“好，好啊！好好学习，你进了总理的母校了，努力学习啊！”并当面对在座的周恩来说：“她不简单，考进你的母校了。”叶帅的热情称赞，使任友青极受鼓舞，学习干劲倍增。

不料，在 1957 年“反右”斗争中，有人诬陷任友青“上反中央，下反天津市委，反南大党委，反历史系支部甚至每个党团员”。这种“一反到底”罪名使她被开除了党籍。“文化大革命”期间，任友青更是横遭迫害，备受摧残。

1975 年 1 月，四届人大第一次会议召开，叶剑英被任命为国防部部长，继续肩负着主持中央军委日常工作的重任，同邓小平同志一起，开始了对各条战线的整顿工作。任友青的心中升起了巨大的希望。她立即赴京，坚决要求见叶帅，她相信敬爱的叶帅是了解她的。

5 月 25 日下午，任友青被接到叶帅办公室。握着叶帅那双温暖坚实的大手，任友青泪如泉涌，好半天也说不出话来。

叶剑英慈祥地注视着任友青，问道：“好吗？”

“不好！”

“在搞什么工作？”

“搞教育。”

任友青擦去了泪水，问道：“叶帅，您身体好吗？”

“好！”叶剑英用右手在自己胸前比划着说，“我没有那些癌症，我还要再活 10 年，而且是关键的 10 年。”

任友青点着头，认真地听着。

叶剑英继续问道：“你怎么变了？不像以前那样活泼啦？还唱歌吗？”

“不唱了，我只有哭声。我被打成反党分子，开除了党籍。”

“什么时间？”

“57 年反右时期，现在我的日子更难熬。”

叶剑英关切地说：“那是一件积案了，回去写个东西，我给你办。”

任友青立刻递上早已写好的申诉信，叶剑英接过信，放入口袋里，神情庄重地说："你好好地把教学工作搞好，这是一门很重要的工作。不管别人说你什么，一定要把工作搞好！"

这次谈话后，叶剑英将任友青的情况和申诉信转给了有关部门。不久，组织上为任友青落实了政策。

接到被平反的喜讯，任友青久久无法平静。她只觉得眼前呈现出潺潺的延河水，巍峨的宝塔山，心中油然升起了"延安颂"那壮美的旋律……

（金立昕）

阑干拍遍叶帅情深

彩笔凌云画溢思，虚心劲节是吾师。
人生贵有胸中竹，经得艰难考验时。

这是1963年6月12日，叶剑英元帅在北京西山居住的小白楼里接见我时，送给我的由他亲笔题诗的扇面。它成了我几十年的座右铭，也是我一生最珍贵的纪念。

金声玉笛是知音

叶帅是伟大的革命实践家，同时又是一位诗人，一位酷爱古典文学和音乐的鉴赏家。他挚爱民族文化的瑰宝——昆曲艺术，与我们这些昆剧演员结成了忘年交。从他看昆剧的第一天起，我们就对他怀着非常崇敬和期望的心情。记得1959年初，中央在无锡开会。会议结束时，中共上海市委书记处书记陈丕显把我们这批戏曲学校昆曲班的学生带去演了几出戏。那晚有《牡丹亭》中的《游园惊梦》，我演柳梦梅，张洵澎演杜丽娘，金采琴演春香。演到“尾声”时，老师突然来问我：“后面的《拾画》《叫画》，你能演下去吗?”那时我刚学了《拾画》，后面还没有学哩！这样就叫我再演一折《拾画》。演完后才知道是叶帅第一次看昆剧，就被昆剧优美的文辞和音乐吸引住了，他要求我们把《牡丹亭》演完。但因为当时我们学的戏还不多，除了《游园惊梦》，其他只会几个片段。

回上海的第二天，叶帅接见了我们。记得是在兴国路的一幢楼房里。那天，我们自己买了一束鲜花来拜见喜爱昆剧的叶帅。叶帅同我们见面的第一句话就是：“送给你们每人一份见面礼吧！”原来他看完戏后，给我们每人作了一首诗，诗中赞扬昆剧为“玉笛”、“金声”，赞扬昆剧的载歌载舞。这些珍贵的墨迹，在十年浩劫中，可惜没能保存下来。记得送我那首诗的最后一句是“卸妆原是女裙钗”。叶帅高兴地和我们谈昆曲，他说：“听到《游园》中唱到‘遍青山啼红了杜鹃’，不禁拍案叫绝。昆曲的文辞，意境太美了！”他告诉我们，他也喜欢评弹。因为喜欢评弹，他还学着讲苏州话，边说边放起周玉泉的《玉蜻蜓》开篇录音。他说起评弹的吐字、行腔极为讲究，不时学着那顿挫出字和婉转的行腔。他收藏了不少名家的唱片，指着书架上一大叠唱片说：“我走到哪里，这些唱片都跟我到哪里，今后这里要增加进你们昆曲的录音了。”从这以后，凡是叶帅一到上海，总要接见我们。我们到北京演出，也总要去看望他老人家。他对我们总是亲切地称为“我的上海小朋友”。后来我们长大了，他又称为“我的上海朋友”。

月明云淡片片情

上世纪60年代初，他在上海养病，我们常常去看望他。我们每次教他唱《琴挑》、《拾画》时，发觉他总是先把唱词背熟了。我们学唱一般不先背唱词，而是一面拍曲一面记；而他老人家因为喜欢文学，喜爱昆曲唱词，所以他总是先背诵后学唱的。如他念到：“月明云淡露华浓，倚枕愁听四壁蛩”时的那种声调，我今天才懂得这才是真正领悟和欣赏。他的兴趣很广，打得一手好乒乓球，又会吹箫，又会拉二胡，时常邀我们昆剧团笛手顾兆琪一起演奏《二泉映月》、《十面埋伏》，一个吹一个拉，这时我们就做观众了。他喜欢作诗，常常写诗给我们，还关心地问长问短。我们有了思想问题，也常常找他谈。当他得知有两位同学在“谈朋友”时有了矛盾，就找他们谈了多少次，以后见面总要问起：“现在好不好呀?”一次他送了一瓶打蛔虫的药给我说：“我看你的脸色黄，一定有蛔虫!”悄悄地笑着说：“这是我去看病时问医生要来的。”他不仅关心我们平时干什么，喜欢什么，在排什么戏，演什么戏，而且关心我们剧团领导，几次都把我们团长找去谈话：“你要把这个团带好，他们是昆剧的希望，国家的财宝!”他对我们是无微不至的关怀，我们对他也是无话不谈。多少年来，我们一直把叶帅当做最敬爱的导师、长辈和亲人。

一曲《琼花》惊南国

叶帅不但喜爱昆曲传统戏，而且还热情支持昆曲的改革。1964 年，我们演出了现代昆剧《琼花》，叶帅一到上海就一连看了几场。他知道我除了演“红莲”一角，也演“琼花”后说：“我也要看看你的琼花，好吗?”在演出前，他先到后台看望大家，不仅和演员谈话，而且还看了舞台美术和乐队的同志。天蟾舞台的乐池很低，我们都要弯着腰低着头才能进去，叶帅毫不在意地下到乐池关心地问这问那。看完了演出，就在剧场的休息室，把当时在上海的中共中央中南局书记陶铸及广东省领导同志一一请来，他提议将昆剧《琼花》拿到广州、深圳去演出，他说：“要加把劲，昆剧要打出去!”并具体、细致地作了安排。1964 年在深圳演出，一时震动香江，香港观众反映也很热烈。叶帅在广州作了广泛宣传，还把我们叫去，商讨这个戏还存在什么问题，如何修改，甚至热情风趣地说：“最好我能来给你们排排戏，也当一次导演!”多么亲切、多么平易近人，没有一点大首长的架子。《琼花》的演出是成功的，对探索昆曲改革有着深远意义，这里有叶帅的一份心血和功劳。

动乱经年见面难

“文化大革命”十年中，我与叶帅有过一次难忘的会见。1969 年，正是如癫如狂的年月，那时我们正在边劳动，边接受“再教育”。这年 12 月 10

日早上，我们从报上看到叶帅陪同越南阮友寿到上海访问的新闻。当时我心头一热，多少年没见到他老人家了，这次来上海怎样才能见他一面呢？我正看着报纸发愣时，叶帅从锦江饭店打电话来了，他简单地说：“北京客人来了，你们来，我在锦江饭店等你们。”当时我和金采琴两人听了，马上直奔锦江饭店。可是门卫不让我们进去，我们也不敢亮出自己的身份和单位，只讲是里面人打电话找我们有事，在门口僵持了一会，快要失望离开的时候，被住在八楼的叶帅从窗口上看到了，他忙叫人到下边来领我们上去。

这时已近中午，叶帅留我们一起吃午饭，简简单单的四菜一汤。叶帅关心地问：“你们受苦了吗？挨斗了吗？现在干什么？家里人都好吗？”我们像见了亲人一样，滔滔不绝地讲着这些年的遭遇，也急切地问叶帅：“听说你在中南海责问张春桥，他们说你大闹怀仁堂，把手指骨也敲断了？”他笑眯眯地说：“放心！你们看不是好好的吗，只是划破了一点皮。”叶帅语重心长地对我说：“美缇，你的成分不好，又是文艺黑尖子，你是受委屈了！”我一时热泪盈眶，无言对答。敬爱的叶帅自己处在困难的境地，却还想着我这么一个普通的小演员。叶帅拍着我的肩头说：“还记得我送你的题竹诗吗？”我含着泪刚背了两句，叶帅就和我一起背诵道：“人生贵有胸中竹，经得艰难考验时。”这时房门口不时有几个人向里面张头探脑的，我感觉到这是一种监视。叶帅突然站起来说：“索性讲讲清楚。”说着把门口穿服务员服装的男男女女叫了进来，他指着我俩说：“这是我的上海朋友，是我约他们来坐坐的，你们有什么事吗？”他们连声说：“没有，没有事！”叶帅脸一沉，一挥手：“没什么事，那就请你们都出去！”那些人只好尴尬地退了出去。

当时，叶帅自己身处逆境，依然泰然自若，反倒为我们担忧，再三叮嘱我们：“要自己保护自己，不要学坏！”当时我们也得知他一家亲人离散，子女儿孙都不知在什么地方。一位七十多岁的老人，此时身边一个亲人也没有，他的心是多么苦涩呀！那天我们和叶帅谈了一个多小时，当天下午他就要离沪，我们吃了午饭不敢多坐，就起身告辞了。叶帅说：“好！你们走吧，我在窗口送你们！”当我和采琴走出锦江饭店大门，回头望去，果然他还在八楼的窗台前向我俩挥手。我们难过极了，不知道这次见面后，以后何时再能见到他老人家，心里喃喃地念叨：“苍天保佑我们敬爱的叶帅平安健康！”隔了不多日子，就听说“四人帮”在上海的爪牙在追查叶剑英来上海，歌剧院哪两个女青年在锦江饭店见了他。我当时捏了一把冷汗，怕会给叶帅惹来什么麻烦。奇怪的是，他们只知道我俩来自文艺单位，误认为是歌剧院的人，因此也没有查到我们的头上来。

劫后余生重聚日

“四人帮”倒台后一多年，1978 年元旦前夕，叶帅重来上海了。那天正是岁暮年终。他宴请我们上海昆剧团的朋友，说是和大家一起欢度除夕。苏振华等领导同志也参加了这次宴会。我们还见到了叶帅的亲人们，大家都为这次劫后余生的重逢感到无比的兴奋。叶帅要我把他送我的那首诗再念一遍，我一面朗诵，一面深深地体会到经过“艰难”和“考验”所得来的喜悦，是多么的珍贵啊！饭后我们为他表演了几个节目，他又主动提出和大家合影，并说照片每人一份！这以后，叶帅就帮助我们重新建团和规划昆剧团的前景。他想得很细、很具体，如一年到外地作一次巡回演出，排些什么戏，请些什么人来当昆剧团顾问，等等，他都设想到了。这样我们很快就成立了剧团，大家都决心为昆剧事业努力一辈子！

反复叮咛情意深

1982 年 10 月，我们进京演出，大家都盼望叶帅能来看戏，后来得知他身体不好，不能到剧场来了。在回上海的前一天，接到通知让我们去见他。又是三年多没见到叶帅了，这次看见他坐在轮椅上出来，脸色有点苍白，但他还亲切地叫着我们每个人的名字，问每个人的家庭情况。当他听了俞振飞老师的清唱后，高兴地说：“俞老这么大年纪，嗓音还是这么好，真了不起！”听到昆剧团这些年健康地成长，他非常高兴，但还是对我们反复叮咛：“昆剧的局面艰难，还有很多阻碍，不过现在总比过去好得多了吧！希望你们多排出好戏来！”这时，叶帅突然叫我起来把他送我的那首诗再念一遍，当时我们大家都很激动，情不自禁地一起朗诵了起来……。那晚他还坚持陪大家看了一回电影，大概是怕影响我们，后来他便悄悄地离场了。

敬爱的叶帅热爱昆剧，关心、支持昆剧，多少年来，使我们这些昆剧工作者，总感到虽然道路艰难，但有着巨大的精神支柱！今天，昆剧失去了一位难觅的知音，我们失去了一位最亲的导师。缅怀往事，叶帅的叮咛和期望时时在激励我们，这将是我继续经受艰难、考验一辈子的精神力量！

（岳美缇）

攀登艺路指前程

——叶剑英和张洵澎

“缓歌曼舞夸昆曲，几亿工农看不足。”

这是1961年6月3日在上海，叶帅为昆剧演员张洵澎题下的诗句。

那时上海昆剧团正准备赴香港演出，叶剑英刚好在上海作短暂停留。他接见了她们，亲笔写下了这些热情的诗句。它记录了叶帅对昆剧的热爱，记录了叶帅对当时还是一群小演员的关怀。在“四人帮”猖狂肆虐的日子里，张洵澎把这诗句夹在一个不显眼的照相夹层中，保护下来。它将永远向人们证明：在社会主义祖国昆曲复兴的历史上，曾经有过一个伟大的元帅为她倾注过巨大的热情。

叶帅对昆曲大班学生的关心，其实早在1960年就开始了。那一年，他在无锡太湖疗养，昆曲班去为他作了一次演出。当时张洵澎演的是《游园惊梦》，叶帅特别喜爱这个戏，对于《游园》中的“遍青山啼红了杜鹃”等唱词，怀着特殊的情感，常常自己低声吟诵，有时还按节轻歌。这是因为他本身是一位诗人，所以雅爱这些具有深沉的情感内涵的诗句。在当时，昆曲班小演员还无从理解作为一位诗人的这种审美精神境界呢！

叶剑英爱昆曲，更爱演昆曲的小演员。他常常用剧中人的名字唤她们。叫小张为“丽娘”，叫别人为“春香”、为“梦梅”。慈祥亲切的声容，长留在她们的心头脑际。

张洵澎和叶帅的第二次相见，是在1977年。那次，他到上海来，俞老为他演出《醉写》，小张饰演杨贵妃。相见之后，亲切交谈叙旧。叶帅问家庭，问昆曲，问演员经过浩劫后的状况，表现了无微不至的关怀。

张洵澎作为曾经受到叶帅亲切关怀的一位昆曲演员，把全部心血倾注到昆剧事业上，以报答老帅无尽的深情。她在叶帅逝世后，怀着十分悲痛的心情写下了一首悼诗。诗曰：

帅星陨落北天倾，南国幽幽眼不明。
幸有廿年余照在，攀登艺路指前程。

（张　乙）

“民族解放的血花”
——叶剑英和陈华

1938年夏天，正值广州遭到日寇的飞机狂轰滥炸，人心惶惶的时候，叶剑英自称因“私事”回到广州。

《抗战大学》的主编陈华同叶剑英是梅县同乡，对叶剑英素怀敬意。他知道叶剑英住在东山一位同事的别墅里，便抓紧时间去拜访。

陈华一见到叶剑英便用客家话问候。主人听到梅县口音，倍感亲切。他俩人无拘无束地谈起来。

陈华送了几本《抗战大学》和小诗给叶剑英。他认真地翻看之后，见到《抗战大学》的封面楣额上有“巩固团结，巩固统一战线”的文句，便说：“应以此为宗旨，我们应牢牢地掌握这一方针作为办刊物的目标。”

叶剑英又问：“现在刊物出多少？”

陈华答：“暂出6000，下期准备出8000。”

叶剑英说："要积极做好发行工作，争取发行到10000。"

接着陈华说："《抗战大学》正筹备出版红5月专刊，请叶总（八路军总参谋长）题词。"

叶剑英略想了一下说："出红5月专刊很重要，5月从头到尾都是红的，这一专刊要出好。"并即席挥笔题了"民族解放的血花"七个刚劲挺秀的字。

这个题词刊载于《抗战大学》1938年5月6日出版的《红五月专刊》上。这是叶帅较早在公开刊物上刊出的珍贵手迹之一。

叶剑英题了词后便问："杂志立了案吗？"

陈华答："已申请得到了有关方面批准。"

叶剑英说："对，要光明正大，要取得合法地位，不要偷偷摸摸。"

陈华郑重地把叶帅的题词接过来放在活页本里。

叶剑英看见陈华的本子里还夹有陈绍禹的"读抗战大学，可大学抗战"的题词，颇有感触地对陈华说："不要光叫我们这些人题词，也要请国民党的党、政、军的要人题词。"

陈华领会到叶剑英的意思是不要着眼于小圈子，要扩大影响，使《抗战大学》发挥更大的统战作用。于是先后请国民党在广东的要人题词。如李汉魂题："在统一战线下抗战救国。"陈铭枢题词："巩固统一，抗战到底。"李振球题："发扬抗战精神！"曾其清题词："精诚团结，共赴国难。"国际反法西斯联盟日本盟员鹿地亘、池田幸子夫妇题词："从前不属于人民的人，说民为国之基，民做了国之基，民象冬草一样的枯萎了，可以说民为国之基的，只有我们人民自己。"余汉谋、吴铁城、李煦寰等人亦为《抗战大学》题了词。

这些题词先后刊载于《抗战大学》上，它们体现了团结抗战的精神，对《抗战大学》的扩大发行和抗战救国的宣传起了积极的作用。

（陈广杰）

“你为祖国做好事，党和人民不会忘记的”

——叶剑英和马万祺

惊闻叶帅驾归天，
痛失元勋意黯然。
赤胆忠心酬党国，
鞠躬尽瘁效先贤。
安邦定国传千载，
厚德真诚载万年。
有幸亲情垂四代，
长江浪盼后推前。

这是1986年10月马万祺先生悼念叶剑英同志的祭诗。

马先生是广东南海人，曾获澳门东亚大学工商管理荣誉博士学位，他是澳门侨界领袖、全国人大常委，著名的社会活动家。曾任第11届全国政协委员会副主席、澳门特别行政区基本法起草委员会副主任委员，澳门中华总商会会长等职。他在企业界、文化界等诸多领域担负着许多重要职务，做了大量有益的工作。他和叶剑英有过长时间的、多方面的交往，建立了深厚的友谊。马先生酷爱诗文，更喜欢叶帅的诗词，可说心曲相通。

早在上世纪30年代，在西安事变和抗日战争初期，马万祺从要好的朋友柯麟医生那里知道叶帅其人。柯麟是一位老共产党员、叶帅大革命时期的战友，和叶帅一直保持着联系，相知甚深。他常常向马先生谈起叶剑英许多传奇般的革命故事，使他听得入迷，深受教育，从此便十分敬仰这位伟大的革命家。1944年以后，柯麟出任镜湖医院院长，负责党的地下联络工作。马万祺先后任该医院董事、副董事长、董事会主席。

1949年10月1日，新中国举行开国大典不久，广州解放。叶剑英担任华南分局第一书记、广东省人民政府主席、广州市长，同时兼任中南军政委员会副主席、华南军区、广东军区司令员，集党政军领导重任于一身。当时解放军在向广西进军和海南岛战役中，迫切需要从港澳向大陆输送一些急用物资，而当时从香港运进较难，叶帅便指示侧重从澳门进口。柯麟医生及其弟弟柯平与澳门中华总商会副会长马先生商议。马听说是叶帅嘱办的事，立即行动，竭诚协助南光公司积极筹办，并协助驻澳门国营机构，抢运大批粮食和五金、器材、汽油等应用物资，支援大军解放广西和海南。

1950年5月，时值中春，阳和方起。欣欣向荣的祖国首次邀请中华教育会理事长马万祺和黄长水先生共同组织港澳工商界观光团回内地观光。全团由港澳工商界及文化、新闻、医务等各界人士共七十多人组成，黄长水任团长，马任副团长。东风作伴好还乡。他们一行抵穗后，首先受到广东省人民政府叶剑英主席和方方、古大存副主席的热情接待。马万祺第一次见到叶帅就好像见到家里亲人一样，无拘无束，倾吐衷肠。他虽然尚未见过叶帅，当他的老朋友方方和统战部长饶彰风等作介绍时，一见如故，叶剑英紧紧地握着他的手，嘘寒问暖，微笑着说："你为祖国做了好事，党和人民不会忘记的。"这使他感到很亲切。叶剑英身膺重任，却平易近人。对海外侨胞和民主人士礼遇有加，不但设宴款待，还单独接见，亲到迎宾馆畅叙家常。他那时雄姿英发，谈笑风生，一派儒将风度。在交谈中，敞开心扉，对港澳的爱国工作非常支持，同时对祖国建设充满信心。他劝马万祺立足当地，团结大多数同胞，热爱祖国，支援祖国建设，并警惕美蒋特务团的破坏活动。他的话语重心长，感人肺腑。

马万祺这次回国观光，从广州到武汉、北京、天津、沈阳、旅顺、大连、长春、哈尔滨、南京、上海等十多个城市，并受到周恩来总理、朱德副主席等中央领导和李先念、李富春等各地负责同志的热烈欢迎和亲切接待，深感祖国对港澳同胞的深情厚谊。

在离开广州、将去东北观光之际，马万祺欣然命笔，作诗一首。"序"云："余将赴东北观光，首途广州，蒙叶剑英主席热诚款待，亲如家人，作此志感。"诗曰：

北国观光万里行，
广东首长意真诚。
迎宾馆叙家常话，
赢得侨胞仰慕情。

港澳工商界观光团从东北观光回到广州，马先生和黄长水倡议组织广东省政府和港澳海外侨胞合资经营实业公司，以推动海外侨胞投资，促进广东和国内的工业建设，发展经济。这个倡议得到了叶剑英的大力支援。

从此以后，马先生在叶帅的鼓励下，积极带头推动澳门工商业人士回内地参加祖国各类工业建设投资，参加物资交流会、出口商品交易会等活动。1952 至 1953 年间，他经常应邀到广州出席会议。多次有幸直接聆听叶剑英讲话。他的演讲，或谈形势，或讲建设，或忆往事，或叙乡情，既实在又风趣，款款说来，娓娓动听。常常是讲今比古，妙语珠玑，引起会场上的人时时爆发出笑声和掌声，使马万祺激动不已。那时叶帅工作极忙，在会议休息时间，特意和港澳人士跳交谊舞，找机会和马万祺等交谈。每次会见，都使大家如沐春风，倍感温暖，很受教育和鼓舞。他向大家介绍清匪反霸和工农业建设成就，时常询问澳门局势，并一再嘱咐马万祺要适应当地情况，与当地群众结合，树立长期观念。他还虚心地征求各方面意见。凡是马和港澳人士提出的提议和要求，只要合理的，又能办到的，他都亲自料理；即使办不到的，也向他们解释清楚。那时马万祺听到中山县在土改中落实归侨政策有问题，曾向叶帅反映。叶非常重视，当即答应调查，慎重处理，不久便落实了政策。这虽然是小事一桩，亦足见叶帅虚怀若谷、爱护归侨的一片赤心了。

1954 年以后，叶剑英从广东调回北京，与马万祺见面的机会少了。但他仍然没有忘记马先生，经常捎信来问候，给予亲切关怀。尤其使人难以忘怀的是十年浩劫的那些岁月。“文化大革命”一开始，林彪、江青一伙即对叶剑英进行迫害。马万祺在澳门陆陆续续听到一些不好的传闻，听说老帅被打成“二月逆流”，孩子们也被投入监狱，感到十分不安。那时马的两个大孩子，长子马有建在北京首都钢铁公司工作，次子马有恒在广州暨南大学读书。林彪党羽得知马与叶帅的关系，便指使造反派拘禁马家的两个孩子，企图逼供“黑材料”，制造攻击叶帅的“炮弹”。孩子们断然拒绝了。叶剑英知道后，非常气愤。他虽然身处逆境，但仍排除困难，设法搭救保护马万祺的儿子，把他们接到住处，留在身边。他像对待自己的子侄一样，亲自给他们讲革命历史，教他们读书学诗，嘱咐他们不要乱跑，还同他们一起游泳、打乒乓球，照顾得无微不至。后来马先生和他的全家每念及此，都感激叶帅的大恩大德。更令马氏夫妇和孩子们感激不尽的是，次子在叶帅身边滞留期间，叶帅十分关心他的婚姻大事，经与廖承志商量，为他介绍对象，后与荣毅仁的娇女荣智婉订婚，结为秦晋之好。马万祺在喜筵上高兴地填词《长相思》一首，抒发情怀。

喜筵开，
庆筵开，
祖国兴隆颂主裁，
欢欣共举杯。
亲友来，
挚友来，
一片真诚两不猜，
恩情满载回。

1969至1970年间，马万祺的肺病发作，时好时坏。叶帅知道以后，特别关心，要他将病历从澳门寄来，并请北京友谊医院院长、著名教授钟惠澜和在京的著名肺科大夫为马诊断。后来，叶剑英特邀他到京，又请了吴垣兴、钟惠澜、吴应凯及首都几家医院、北京结核病研究所的著名专家教授为他会诊。马先生因为沉疴在身，心情急躁，提出只要可以做手术，就不如彻底将肺切除，剪除后患。而六家医院有五家不主张做手术，一家认为可做可不做，一时难以定论。最后报请叶帅裁定。叶帅询问病情，又仔细看了病历，劝马用医治肺结核的新药治疗，不赞成手术。马先生遵照他的意见用药，果然奏效。马万祺感动地说：“这多亏叶帅的关怀帮助，使我战胜疾病，幸福地活下来。”马万祺特赋《感皇恩·颂叶帅寿辰》一首，赞美叶帅：

倚剑论纵横，
长征途中。
多少严寒与风雨。
顾盼当年，
万里河山闲渡。
到而今澈悟，非天数。

遵义奠基，
延安奋斗，
才使人民载歌舞。
此生曾誓，
永伴激流深处。
况英雄未老，千秋著。

倚剑论纵横。叶剑英是一位身经百战、久经考验的伟大政治家和军事家。不管任何时候，遇到多么大的风浪，他都能把握航向，万里河山闲渡，永伴激流深处。对于叶剑英的这种临危不惧、从容不迫的气魄，马万祺是十分敬佩的。

“文化大革命”期间，只要条件允许，他每年都要争取回内地一两次，只要有机会，每次回去总要探望叶剑英。那时群魔乱舞，人妖颠倒，全国陷入极度动乱之中，他总是担心叶帅的安全。但马万祺没有料到，他每次看到叶剑英，叶帅都是那样乐观，静如处子，稳若泰山。即使在他受到监视、“审查”的那一段时间也是如此。从叶帅身上，马万祺得到不少启示和力量。有一次他去看望叶帅，老人家身体欠安，他祝叶帅健康长寿。叶剑英点头致谢，小声默诵曹操的《龟虽寿》诗：“神龟虽寿，犹有竟时，腾蛇乘雾，终为土灰。老骥伏枥，志在千里，烈士暮年，壮心不已。……”叶剑英怕马万祺听不清，特意拉过他的手，在手掌上写了“老骥伏枥”四个字。马万祺心领神会，暗自想到年逾古稀的老帅，虽然不得已“韬光养晦”，但他对国家大事依然耿耿于怀，志在千里。

在十年动乱期间，叶剑英身处逆境，遭到迫害，但他逆流而进，勇敢搏击，同林彪、江青一伙进行了长期不懈、各种方式的斗争。

林彪“自我爆炸”后，叶剑英的处境稍有好转，仍在与“四人帮”苦苦周旋。征途坎坷，重任在肩。1973年春，马万祺又去看他，相谈甚欢，向老人家表示，以后每年至少来看望他一次，祝福他“寿比南山”。叶帅听了微笑地点头，表示谢意。这一年，马万祺写了《再祝叶帅寿辰》的诗。诗曰：

京华几度同欢叙，
领益良多仰劲松。
大树雄风天可柱，
将军怀抱海能容。
平生肝胆追红日，
一片丹心透九重。
唐代汾阳功不匮，
位高名显半儒庸。

1976年1月，周恩来总理与世长辞。北京人民为了悼念周总理，冲破“四人帮”的种种禁令，纷纷走上天安门广场，在人民英雄纪念碑前，献上白花，发表演讲，朗诵诗篇，愤怒声讨了万恶滔天的“四人帮”。“四人帮”慌了手脚，导演血腥镇压的“四五”惨剧，扬言要抓天安门悼念活动的后台邓小平和叶剑英。其时，担任澳门乒乓总会会长的马万祺正率领澳门乒乓球队访问朝鲜，归途路过北京，又适逢叶帅寿辰，遂偕夫人罗柏心女士去向正在“养病”的老帅祝寿。叶剑英此时此刻，见老朋友来访格外高兴，招待他们夫妇共进晚餐，暗示自己并无大病，“老骥伏枥”，依然故我。此次虽未多谈，但马先生伉俪看到老帅依然那样稳健达观，心里一块石头落了地，默默祝福他老人家劲松常青。

这年，在周恩来、朱德、毛泽东等党和国家的主要领导人相继逝世之后，“四人帮”加紧了篡党夺权的步伐。在此危急时刻，叶剑英不负众望，挺身而出，精心筹划，在多数中央政治局委员的支持下，执行党和人民的意志，一举粉碎了江青反革命集团。马万祺在澳门欣闻这个喜讯，当即挥毫，作诗为贺。

电闪鬼狐警，
将军一怒平。
十年伤浩劫，
今日破坚冰。
德厚人歌颂，
风调物阜生。
鞠躬钦尽瘁，
济济庆功成。

清除“四害”，举国欢庆。马先生当时喜不自禁，赋诗之余，又填《沁园春》一首，词曰：

锦绣神州，
云驱雾散，
一片光明。
看，红旗漫卷，
妖氛扫尽；
人心大快，
举国欢腾；
启后承先，
指挥若定。
除“四害”深庆得人。
兴中国，
有宏才伟略，
八亿同心。

工农秣马厉兵，

树雄心壮志把天擎。
喜老帅安康，
胸怀浩荡，
狂澜屡挽，
竭尽股肱；
放眼江山，
恩情万种，
八十年华盛誉享。
最难得，
是忠心党国，
社稷苍生。

打倒“四人帮”，人心大快，祖国山河，光阳普照。

叶剑英以耄耋之年，身负重任，全力扭转局势，拨乱反正，清除流毒，为振兴国民经济，健全民主与法制，实行改革开放而呕心沥血，尤其注重团结海外侨胞和港澳台同胞，开展侨务工作，推动祖国和平统一。1977 年 4 月 17 日，叶剑英以全国人大委员长身份邀请港澳爱国民主人士共商国是，特设宴款待何贤、马万祺先生。马先生欢快异常，诗兴大发，写《欢乐宴》一首，回敬叶帅。

欢乐宴，
举酒千杯欢欣遍，
万众同心愿；
恭祝老帅长寿，
再颂国家强盛，
三愿宏图早实现，
壮志如虹练。

粉碎“四人帮”以后，百业待兴。80 高龄的叶剑英犹然风尘仆仆，巡视大江南北，研究解决四化建设问题。马万祺出于对叶老帅的爱心，时时

和王震将军一起陪同他到广州、珠海、深圳等地视察。马先生从叶帅甘冒酷暑，为国事辛勤奔波的实践榜样中受到教育和鼓舞，自己也处处关心祖国四化大事，献上一片赤子之心。

1978 年 3 月，为了推动科学技术事业发展，在全国范围内掀起一个向科技现代化进军的高潮，在北京召开了全国科学大会。来自全国各条战线上的优秀科学技术工作者、技术革新能手、科学种田的模范等专家、学者、济济一堂，研究制定 1978—1985 年全国科学技术发展规划纲要，以促进社会主义四个现代化的加速进行。在这样一个我国科学史上空前的盛会上，邓小平作了极为重要的讲话，叶剑英填《忆秦娥》词，特致祝贺。马万祺在澳门闻此盛会，依叶帅词韵填《忆秦娥》一首，为之祝贺。词曰：

赶科学，
神州俊杰争飞跃。
争飞跃，
必然王国，
自由王国。

攻关勇向尖端索，
雕弓敢把苍龙缚。
苍龙缚，
卫星交响，
红旗绰烁。

“人生贵相知。”马万祺同叶剑英长期相处过程中，相知默契。他感到，叶帅待人处事真诚厚道，谦恭和蔼。他常向身边的人员和子女说，叶帅兼有松树的原则性和柳树的适应性这两种高贵的品格。人们都愿接近他，向他袒露心怀，“无事不可对他言”。凡是和叶帅打过交道的国内外同胞都有同感，有口皆碑。

马万祺与叶剑英的友谊经过“文化大革命”的火与血的考验，患难铸真情。他虽然远在澳门，但是一颗赤心是常向北京，向着叶帅的。每逢叶帅的寿辰，他总不忘记前去祝贺，即使因故不能亲自拜谒，也写诗属文，以为慰藉。

1980年作《咏老帅》：“指点江山情未已，叮咛后继倍依依。”1982年4月20日写《恭祝叶委员长八十五寿辰》诗一首。诗曰：

春暖花开万象新，
元戎八十五华辰。
西山共祝南山寿，
薄海同钦四海心。
磊落光明北斗亮，
德高望重泰山轻。
苍松雅爱黄昏颂，
极目河山万里青。

1985年，马万祺得悉叶帅卧病，极为忧虑，夜不成寐，书《怀念老帅》，以表达思念叶剑英的深情。

北望京华思老帅，
平安喜讯慰心田。
气功谱就黄昏颂，
温暖人间十五年。

叶剑英病情恶化，长卧不起，终于在1986年10月22日凌晨与世长辞。噩耗传出，举国致哀。“惊闻叶帅驾归天，痛失元勋意黯然”。马万祺立即发出唁电并与夫人罗柏心携子女离澳，赴京奔丧，痛悼这位由衷敬爱的开国元勋和良师益友。

叶剑英逝世一周年之际，中共中央在广州起义烈士陵园举行由邓小平题字的叶剑英半身石雕像、墓碑的揭幕和灵骨安放仪式，马万祺特地从澳门赶来参加凭吊，并在《人民日报》上著文《感怀叶帅同胞情》。文中写道：

"敬爱的叶剑英元帅离开我们已经一年了。追忆与叶帅相处的那些日子，想到他对我的亲切关怀和教诲，不禁潸然泪下。"马万祺回忆往事，不胜留恋，瞻望祖国建设形势和美好前景，由衷喜悦。

（范　硕）

患难铸真情

——叶剑英和柯麟、柯平

柯氏兄弟：柯麟和柯平，广东省海丰人，都是参加革命很久的老共产党员。

柯麟比叶剑英小三岁，是广东公医（即中山大学医学院前身）最早的一批 CY（共青团员）。早在上世纪 20 年代初，他就通过老朋友李世安认识了叶剑英。

1924 年，叶剑英在黄埔军校工作时，约请柯麟到广州惠爱路的"西园酒家"饮茶会晤，洽谈甚欢，从此结下了真挚友谊。有一次，柯麟领导的中山大学医科"新学生社"一位姓杨的女社员的男朋友被警察局当政治嫌疑犯抓走。柯麟即带她去找叶剑英，托他帮助营救。不几天，经过叶剑英努力，警察局把那个男朋友放了出来。此后，柯麟和叶剑英一直没有中断来往。

1927 年，蒋介石发动四一二反革命政变后，担任国民革命军新编二师师长的叶剑英通电反蒋，从江西吉安赴武汉，从事革命活动。后受张发奎之邀，到他的第四军军部工作。柯麟也到第四军军部军医处当军医官（医务主任），是秘密共产党员。两位老友异地重逢，畅叙别情。不久，开始第二次北伐，他俩又一起随军，攻打奉系军阀，并肩作战。经过上蔡、逍遥镇、宋庄之战，特别是漯河、临颍的激烈战斗，于 6 月击退奉军后，从河南回师武汉。张发奎升任第二方面军总指挥，叶剑英被正式任命为第四军的参谋长。柯麟当上了第四军后方医院副院长。在这次北伐中，叶剑英和柯麟互相关照，促膝谈心，结下了深厚的战斗友谊。

当时，第四军中共产党人和进步青年较多，政治工作也相当活跃。柯麟是个活跃分子。叶剑英思想左倾，迫切要求加入中国共产党。他时常找柯麟交谈，谈到加入共产党的愿望，从他那里得到不少开导和帮助。后来，叶剑英通过同乡李世安正式介绍，加入党的组织，由柯麟所在的支部通过的。柯麟为他一向敬重的老相识叶剑英入党高兴地投了赞成票。

1927 年 12 月 11 日，广州起义爆发了。起义前，叶剑英以他在第二方面军、第四军中的合法的特殊身份，秘密准备起义的武装力量。起义成功后，任工农红军剐总指挥。柯麟当时在第四军第二后方医院当副院长，根据地下党组织的安排，秘密地参加了起义战斗，暗中保护抢救工农起义军中的伤病员。叶剑英利用战斗空隙到医院同柯麟一起探视伤病员。

在起义战斗中，警卫团团长梁秉枢（共产党员），身负重伤，仍坚持战斗。叶剑英知道了，要人马上送他到医院。随后，他自己也到医院，找到柯麟。

“柯院长，你见到梁秉枢了吗?”

“我刚才找到一部汽车，把梁团长抢下火线。”

叶剑英拉着柯麟的手，找到梁秉枢，并嘱咐说：“老梁是一位北伐战将，是我们的老战友。这次起义，警卫团就是他带出来的!”

柯麟再次察看梁秉枢的伤势，并亲自给他包扎。

叶剑英把梁秉枢交给柯麟以后，放心地走了。

为了安全起见，柯麟又冒着敌人的冷枪迅速地把梁秉枢转送到中山大学医科附属医院抢救。后来，又设法把梁秉枢接出来，送到农村掩护起来疗伤。

起义失败后，叶剑英避难到香港。其后，柯麟从厦门回香港时，弟弟柯平也到了香港。兄弟俩通过关系找到叶剑英。叶剑英同母亲、弟弟叶道英等家人隐居在九龙大埔墟。老友们经过起义战火的考验，出生入死，相逢在异地，非常激动，感到分外亲切。叶剑英与柯麟在香港隐蔽，听候组织的安排。这一段时间，他们几乎天天相处，回忆往事，展望将来，国事家事无话不谈，甚至下厨做菜，加深了了解，增进了友谊。

在香港，叶剑英和柯氏兄弟同住了八九个月。在“隐居”的这段时间，为了避开国民党便衣特务的追踪和香港警察的怀疑，柯麟和叶剑英按照党组织的嘱咐，平时很少外出，日夕围坐在一张桌子旁边，一面贪婪地从报纸上各种互相矛盾的消息中，设法了解、分析国内外政局的动向，一面认真阅读能看到的党的有关文件、材料，思索和讨论着未来的斗争，准备投入新的战斗中去。

1928 年秋，中共广东省委在香港的地下党组织安排叶剑英和柯麟一起乘船去上海，迎接党交给他俩的新的任务。

柯麟和叶剑英为避开敌人的盯梢，防止“出事”时互相牵累，他们是化装分头上船的，而且舱位也分隔开，不在一处。叶剑英西装笔挺，风度翩翩地昂然直上船头的头等舱，而柯麟则普通打扮，神志安然地悄悄进入了三等舱。当时，他俩乘坐的这艘海轮是美国邮船，只有头等舱才有膳食供应，叶剑英这位兄长每天三餐都偷偷地从餐厅里给柯麟老弟送去一些面包充饥。

在上海，柯麟和贺诚同志开办了“达生医院”，作为党中央的掩护机关。他们同叶剑英时时交往，互相鼓励，准备奔赴新的征途。这一年冬天，叶剑英奉命去苏联学习。临行前，与柯麟依依告别，互道珍重。

柯麟在叶剑英走后，继续留在国内，辗转在上海、沈阳、厦门、香港、澳门等地，进行革命活动。柯平也成了中国共产党党员。

1930 年秋，叶剑英从莫斯科回国，到达上海，又与柯麟见面。第二年初，与柯分手，去中央苏区。

1930 年底，柯麟从厦门鼓浪屿乘船从东海进入南海，回到了离别两年多的香港。

柯麟在香港荔枝角道 300 号，在柯乎的协助下开办了“南华药房”维持生计，同时作为共产党地下交通的一个秘密联络点，从事地下工作。1935 年，柯麟根据党组织的指示，又转移到澳门，进行联络叶挺将军等人的秘密工作。柯平则继续留在香港，主持“南华药房”的工作。

抗日战争爆发，叶剑英协助周恩来奔走于国统区，开展抗日民族统一战线工作。他从西安赴南京，到武汉组建并领导八路军办事处，积极开展抗日救亡工作。1938 年夏，叶剑英从武汉到广州中山大学等地演讲，宣传中共抗战的路线、方针，继而去香港澳门治病，又得与柯氏兄弟重逢。叶剑英住在柯麟家里。老战友们畅叙友情，瞻望抗日战争形势，亦喜亦忧。柯麟问叶剑英："我们还要坚持多少时间，才能取得最后胜利?"叶剑英鼓励他："扎下根子，准备坚持十年，迎接胜利。"叶剑英嘱咐柯氏兄弟在中共地下党领导下，在港澳积极开展抗日宣传，扩大统一战线，为抗战胜利后的工作打下基础。同时，提醒他们，港澳的情况非常复杂，要格外小心谨慎，机警行事。1941 年，香港沦陷后，柯平在广东东江纵队做税务与医务工作，1943 年以后，又受党组织委派返回澳门。

1945 年 8 月，日本投降后，柯麟开始担任澳门镜湖医院院长。随后柯氏兄弟在何贤、马万祺、甘伟光等进步友好人士的赞助下，开办新中行公司，由柯平任经理，经商并负责党的地下联络工作。

1949 年，广州解放，叶剑英主政华南、广东，担任中共中央华南分局第一书记、华南军区司令员、广东省人民政府主席。他到广州不到一个月，即给在澳门的柯氏兄弟捎信联系。当时，柯氏兄弟在澳门板樟堂街经营南光公司（该公司是经周恩来批准成立的）。由柯平出面担任总经理，柯麟院长在该公司二楼开业治病，兼做地下党的工作。

1949 年 11 月，柯麟让他的大儿子柯小麟从澳门带了一份"工作汇报"回广州送给叶剑英。叶剑英和广州副市长朱光接见了柯小麟，亲切地询问了柯麟的近况，并嘱他转告柯麟，党和政府准备调柯麟回广州工作。柯麟接到通知后，于 1949 年赶赴广州，受到叶剑英的亲切接见，经过长谈后，因工作需要，又返回澳门。

广州解放后，人民解放军向广西进军，准备解放海南岛，急需从港澳进口一批军用物资和医药用品。但香港控制较严，不易进口。叶剑英即责成柯氏兄弟速速经办。兄弟俩即与马万祺等先生联系，立即行动起来。他们以大丰银行名义借钱，购进 200 吨大米、50 吨玉米、50 桶汽油，还有大批药物、五金、钢板、锌铁皮、铅片、铝锭等工业原料和机油、青油、弹药等急用物资。为了保证出境，柯麟亲自出面向澳门总督交涉，顺利完成输送任务。以后，柯氏兄弟根据叶剑英主席的交代，在港澳继续为抗美援朝战争筹办战略物资。

1950 年底，柯麟按照叶剑英主席的要求，安排好澳门的工作，返回广州，接管中山医学院，任院长，同时兼澳门镜湖医院院长，继续负责澳门原来的工作（主要抓上层的统战），实际上在澳门的大量具体工作由弟弟柯平代理。柯平在组织的领导下进行侨务等各方面的工作，经常与尹林平、曾生、谭天度、柯麟等取得联系，汇报工作，并向叶剑英报告。

柯平每次从澳门回到广州，叶剑英都请他吃饭，听取他汇报，详细询问澳门方面的情况，给予具体指示。

解放初期，有人从广州窜到澳门，冒充叶剑英派去的公务人员，拿着叶的信件，向澳门知名人士何贤勒索财物。何贤即找到柯平、柯麟，带上信件给叶剑英看。叶看后，发现完全是伪造，立即进行处理。何贤很是感激叶剑英。

1951 年，柯麟带着何贤来见叶剑英。何贤代表澳门罗保集团向叶表达“澳人治澳”的心愿。叶剑英按照党的外交政策，开导他们继续做好各方面的工作，联系广大群众，倾听人民的呼声，多为老百姓办好事，保持澳门繁荣安定的局面。

有一次，何贤发现国民党方面存放在澳门的雷达器材 100 箱和其他军用物资。他通过柯氏兄弟报告叶剑英。叶当即派人带去一封亲笔信，要他们赶快把那批军用器材弄回内地，供部队紧急需要。柯氏兄弟见信后立即去办，并亲自到码头交运，由珠江军分区派驳船接应过来。国民党特务企图破坏，没有得逞。这批器材成为我军当时急需的第一批雷达器材。何贤还给国民党某少将特工人员做工作，促使他向共产党起义投诚。此人在 1963 年起义回国。

1951 年春节，柯麟接到中共中央华南分局正式调令，举家迁到广州。在叶剑英的关怀下，就任中山大学医学院院长。

1956 年，柯麟带何贤到北京拜会叶剑英。叶帅请他们吃饭。柯麟并陪同何贤晋见了周恩来总理。

广东全境解放后，广东和澳门边境从总体上看，是友好平静的。但有时发生一些小的摩擦和冲突，造成“边境事件”。在事件中，叶剑英在广州市珠岛接见柯平，了解情况后，特意请示中央，然后向柯平等交代政策，说：“你放心，要相信我们的力量，相信我们的政策，只要我们工作做到了，事态不会扩大。”当时身为中共澳门工作小组组长的柯平，根据叶剑英的指示，坚持有理有利有节的原则，在港澳城市工委领导下，同其他友好人士一起进行了大量工作，平息了风波。

叶剑英每次去珠海，只要有时间，就到唐家、拱北邀请柯平从澳门过来，了解情况，商谈工作，每每摆“狗肉宴”，热情相待。有时还派专人过去，沟通联络。

“文化大革命”期间，叶剑英受林彪、江青一伙的迫害，柯麟遭难受审，蹲“牛棚”，柯平在澳门也“靠边站”。叶剑英尽管自己处境相当困难，还是想方设法保护柯氏兄弟。1971 年九一三事件后，叶剑英境况稍有改善。柯平从澳门回来，特地去看他。叶剑英告诉他说：“不要怕，没做亏心事，不怕鬼打门!”以后，还托马万祺的孩子马有恒带自己的亲笔信给他，给以亲切叮嘱。

林彪叛逃以后，叶剑英通过中共广东省委，逐步改善柯麟、柯平的处境。柯氏兄弟与叶帅逐步恢复了正常关系。1978 年 9 月，广东省委为柯麟彻底平反，恢复名誉。1979 年柯麟被任命为国家卫生部顾问，并被安排担任第五届全国政协常务委员。

粉碎“四人帮”以后，叶剑英时常与柯氏兄弟会晤，相谈甚欢。凡是叶帅交代的事，柯氏兄弟都竭尽全力去办。

叶帅 80 寿辰，柯麟前去祝寿，叶剑英很感激，特送给他一张新照，并亲笔题名，以做留念。

从 1985 年后，叶剑英患病，柯氏兄弟多次来探望，他们看到老帅卧床不起，很是忧虑，默默地祝愿他老人家早日康复。但是天不遂人愿，1986 年 10 月 22 日，叶剑英与世长辞。柯麟带着子女前来吊唁，心情十分悲痛。柯平因故不能回京，特发来唁电，表示哀悼。

柯氏兄弟与叶剑英在漫长岁月中结下的真挚友谊，像三棵永不凋零的常青树，根深枝茂，毅然屹立于高山之巅。

（范　硕）

“谁反对参谋长就是反对我”

——叶剑英和张民达

相识在战场

1922年10月12日，北伐军许崇智部打垮了军阀李厚基，攻克福州，革命局势再度面临转机。

人民思念领袖，福州各群众团体联名申请孙中山主持闽局。藏身上海的孙中山一面派廖仲恺等赴闽慰劳北伐军，一面将北伐军改名为讨贼军，任命许崇智为东路讨贼军总司令，蒋介石为总司令部参谋长。

叶剑英听到这个消息，受到鼓舞，立即从香港动身赴福州，投效讨贼军，被委任为总部参谋。

东路讨贼军成立之后，所属三军扩编为十二个旅，两万余人，第二军军长由许崇智兼任，下辖五、六、七、八旅。第八旅旅长张民达也是广东梅县人，听说叶剑英胸有文韬武略，是个难得的军事人才，就向许崇智要求他来当旅的参谋长。

叶剑英久仰同乡名将张民达，这是个什么样的人呢？

张民达是孙中山先生的忠实信徒，是粤军中杰出的将领，也是在华侨中具有深远影响的人物。孙中山曾赞美他说：中国有二“达”，一为邓演达，二为张民达。张民达是梅县尧塘堡石螺岗人。民达小时就读英文学堂，后转入方言传习所，懂多种语言。历任吉隆坡、芙蓉、怡保等处审判厅传译，收入甚丰，然独有大志，任侠好义，愤于殖民地官场腐败和华侨受欺压，想另谋出路。适逢孙中山到南洋鼓吹革命，由邓泽如介绍，得识中山先生，在辛亥革命前，参加了同盟会。1917年，孙中山号召护法，率舰南下，张返国投效。初在大元帅府随侍中山先生左右，继入援闽粤军第二支队司令许崇智部，先任军事委员继任少校副官。1920 年，随车回粤，隶第二军军长许崇智部，因作战有功，升任旅长。

这就是叶剑英要认识的张民达。

“你来了，太好了！八旅有幸，请来你这样一位军师，将如虎添翼！”

张民达一见叶剑英，高兴得擦着双手，高声喊叫勤务兵，端茶倒水，收拾行装，忙个不停。

“不要太打扰了。剑英不才，还望旅长今后多多提携指教！”

“我们不讲客套，说真格的，”张民达应着说，“不瞒你说，论枪法，我还可以，可是我从来没有住过军事学校，不懂兵书韬略，带兵打仗很是吃力，所以才请你来助我一臂之力！来日方长，我们搭帮互助吧！”

看得出来，张民达这位战场上的虎将，原是一个忠厚老实、直来直去的男子汉。从他那高大魁梧的身躯、威严端正的军人姿态看，很像是一位北军的军官，但他却生着一副典型的梅州客家人的男性面孔：高高宽宽的额头，突出的颧骨，深陷的眼窝里闪动着两颗又大又亮的眼珠，透射着智慧的光。他虽然生长在南洋，但在他的身上却没有保留多少华侨的气质，相反的，多年的军旅生活，使他的皮肤变得粗糙，脸膛成了红褐色，带有更多的农民般的质朴。这和年青英俊，飘逸潇洒、更多富有文人气质的叶剑英，恰成对比。但是这两位气质不同的同乡一见如故，共同的理想和目标把他们紧紧地联结在一起。在此后的几年战斗生活中，情同手足，团结合作，配合默契，建立了赫赫战功，筑起了友谊长城。

张民达盛情欢迎新来的参谋长，向叶剑英介绍了各团长、营长，彼此相济，友好相处。

“真正革命军”

1923 年 1 月 4 日，孙中山在上海发出讨陈通电，号召讨贼军“为国家除叛逆，为广东去凶残”。孙中山组织西路讨贼军迅速出梧州沿西江东下，于 16 日占领广州。陈炯明通电下野，逃回老巢惠州。

孙中山虽以大元帅名义统领东西路讨贼军数万之众，还有舰艇数十艘，

但广东境内叛军并未肃清。陈炯明并不甘心失败，率残部叶举、熊略、杨坤如等部三四万人退守东江、惠州一带；叛将林虎、洪兆麟等盘踞潮梅，伺机东山再起，随时准备打回广州。

在这种形势下，孙中山以肃清东江陈炯明叛军为急务，并瞻望于许崇智的东路讨贼军来完成此重任。

这时，东路讨贼军攻克泉州后，经过一段休整，许崇智于2月1日率8个旅自福州、泉州经漳州分路入粤。张民达、叶剑英率部经南靖、龙岩、上杭向广东大埔推进。一向狡黠阴险的陈炯明看到大兵压境，便唆使林虎、洪兆麟等假意向孙中山投诚，主动让出潮梅。同时，秘密部署部队准备突袭东路讨贼军。这是个大烟幕和陷阱。许崇智不知是计，信以为实，率部长驱直入汕头。

4月下旬，张民达、叶剑英率第八旅进军途中，经与叛军来人谈判，看出敌人有诈，遂劝许崇智司令，拒受投诚，主动出击，追歼林虎的残部。但是许崇智正在陶醉于和平调解、收编，没有采纳。事情果不出张民达、叶剑英所料，“输诚”的“陈家军”相继叛变。许崇智不得已放弃潮州、汕头，率部向揭阳退却，大战于揭阳附近的言岭关，兵败失守，损失惨重。

叶剑英听到言岭关失守，立刻请命率第八旅开抵关前，准备反攻。同时报告在广州疗养的张民达。张师长闻讯抱病返前线督战。经过一天一夜的激烈战斗，终于挫敌破关，夺回要地。守关的敌人大部分投降，少部狼狈逃窜，叛将刘志陆险些被擒，这就是当时使粤军转败为胜、名震一时的言岭关大捷。张民达、叶剑英由于打了这个硬仗，威名远扬。

攻克言岭关以后，6月初第八旅乘胜追击，沿老隆、河源一线前进，直捣“陈家军”老巢惠州。东路讨贼军各部也相继围困惠州，意在必夺，展开攻势。

张民达、叶剑英率部到达惠州新村后，敌军熊路部增援惠州。张旅当即连夜偷袭，敌兵没有准备，四散逃走，又赶上前面河水暴涨，断绝退路，纷纷缴枪投降。第二天早晨清理战果，俘获熊略部三千余人，缴枪千余枝，打了一个大胜仗。

叛军总指挥叶举趁孙中山东征军立足未稳之机，命熊略、陈修爵等部，集中5000兵力，先行袭击博罗。这时，适逢连天大雨，东江水涨，博罗地势低洼，洪水入侵，许崇智率部坚守十余日，伤亡惨重，粮尽弹绝，危城告急。孙中山又急命第八旅前去解围。张民达、叶剑英接到命令后，分析敌情，决定采取“围魏救赵”的办法，命第十三团团长谭曙卿率全团猛攻叛军后方据点平山，乘胜占领淡水镇，威逼惠州。叛军只好从博罗分兵保卫惠州。博罗守军乘机突围出击，叛军败退，博罗之围遂解。张旅乘胜追击，配合友军，攻取博罗以北的重镇河源，从而截断了困守惠州之敌的水上交通。

但战局发展很不顺利。双方仍在鏖战中。张民达、叶剑英在参加围攻惠州战役中，英勇善战，历时半载，打了许多苦仗硬仗。特别是在争夺柏塘、泰尾的战斗中，星夜驰援，经过几天几夜的恶战，击溃敌人数次进攻，受到许崇智的嘉许，报请大元帅给张民达师长记大功两次。

孙中山返回广州，命东路讨贼军集结整编。他特别嘉勉张民达的第八旅。第八旅从进军福建，攻克水口，转战潮梅，大战言岭关，到解围博罗，克服泰美，一直到最后固守石滩，士气高昂，连战皆捷，实在是常胜之师。这与参谋长叶剑英的出谋划策，辅助张民达正确指挥，是分不开的。

1924 年 3 月 10 日，孙中山特意召见东路讨贼军第八旅及其他长官发表演说，加以训勉。他说：“诸君是许总司令和张旅长的部下，许崇智同张民达都是我们革命党很热心的同志。”表彰第八旅军官都是革命党，第八旅是真正革命军。

携手东征

1925 年 2 月 1 日，在中国共产党的推动和支持下，广州留守政府发布总动员令，举行讨伐陈炯明的第一次东征。这次东征的主力是黄埔军校学生军和粤军。粤军总司令许崇智任东征军总司令，蒋介石兼任东征军参谋长，周恩来兼任东征军的政治部主任，亲自出征。当时在粤军二师任参谋长兼新编团团长的叶剑英于 1 月 16 日奉命从香洲返回广州。同二师师长张民达一起投入战斗。

战争开始，左中路军各怀异志，与陈炯明暗中勾结。滇军按兵不动，桂军佯围惠州城，刘震寰溜走香港。唯有右翼军按原定计划誓师出征。

作为东征先头部队的第二师，在张民达、叶剑英率领下，于1月26日从广州出发。出发前，叶剑英召集各团军官讲明这次东征是为了巩固革命根据地，保卫孙大总统初建的革命政府，不仅仅为收复东江，而且为清除后患，出师北伐，谋全国之统一，取得革命之成功。他要求部队严格执行东征军政治部的规定。一路上“约法三章”，张贴《告百粤父老兄弟姊妹》布告，散发传单，不筹饷，不拉伕，不扰民。宣传队沿路宣传，制备茶点，邀请乡民开联欢会。原来对“陈家军”畏如虎豹、怨如寇仇的民众，一反常态，对东征军毫无恐惧，亲如家人。许多工友组成慰劳队、救伤队和运输队支援军队，许多农民自愿出民工，随军东征。沿途的小孩子也跟在东征军屁股后头，学唱革命歌曲。部队纪律严明，深受群众欢迎，“师行所至，鸡犬不惊，得民助”，“人民感其仁惠，激于忠义，输粟助力，用资饱腾，破彼强寇，如摧枯拉朽”。

当时东征途中，面对兵力众多但又一盘散沙之敌人，张民达和叶剑英提出了猛进猛攻猛追猛扑的“四猛”作战方针。在这一方针指导下，全师官兵英勇善战，旗开得胜，只几天工夫就扫清了石滩、石龙一线敌人。2月4日拂晓，打了遭遇战，击溃敌熊略部，缴枪数百枝，俘虏数百人。敌人急调两千余兵力来增援，二师将其击退后，乘胜攻克广九铁路线上的常平。二师首战告捷，军威远扬。

乘胜前进，连战皆捷。这时部队出现了松懈骄怠情绪。

叶剑英向师长张民达说：“师座！骄兵必败，兵贵神速，我们要一鼓作气，直捣黄龙！”

张民达同意叶参座的想法，立即召集军官训话，下达进攻潮梅的作战命令。

1925年3月下旬，二师攻克梅县城。

叶剑英被任命为梅县县长，继续协助张民达进行军事进剿和整训部队。

在全军欢庆胜利的时候，叶剑英参谋长正摊开日本版的五万分之一的中国军用地图和张民达师长研究林虎残部的退却路线。叶剑英根据侦察来的情报，分析林虎历次行军作战的规律，向张民达说：“林虎一向狡猾，这次遭到惨败，但不服输，他是准备东山再起的。”张民达也有同感：“正因为这样，绝不能给他喘息的机会，你估计他向哪个方向败走呢？”叶剑英用蓝笔在地图上画一条线，指着说："林虎残部很可能取道梅平交界之地，退入江西。"

张民达同意他的判断，当即命令在场的莫雄，让第三旅马上向干才石、大柘方向搜索前进，腰击敌人。第二天正午，果然在大柘附近同敌殿后部队李易标和刘志陆两军相遇开火。敌兵力虽然多两三倍，但已成惊弓之鸟，一触即溃。李易标的一个独立团全部被俘。自此战后，敌军悉数离开广东境，分别逃入闽、赣两省。

在这次东征中，也显示了叶剑英的军事指挥才能。二师之所以能够英勇战斗，所向披靡，是与他辅佐张民达师长，运筹决策，正确指挥分不开的。张民达很尊重叶剑英，对他言听计从，处处树立叶剑英威信，常常当着二师军官的面夸奖他的参谋长，头脑新颖，才智过人，指挥有术，并且告诉部队，参谋长可以代替他指挥，严肃地说："谁反对参谋长就是反对我，拥护他，就是拥护我。"叶剑英十分敬佩张民达，称赞他是"天生一具模范革命军人"。张、叶两个梅县出身的青年将领在战斗中结下了生死之交。

就在叶剑英和乡亲们一起沉浸在喜悦的春风里，为改变梅县山区面貌忙碌奔波的时候，忽然传来师长张民达在潮州不幸遇难的消息。叶剑英心急如焚，于4月中旬，匆匆忙忙赶赴潮州。临行前，把县长一职交由肖根性代理。

他连夜赶到潮州才知道张民达是奉许崇智总司令之急令，从蕉岭赴汕头商讨军机，因韩江暴涨于4月5日覆舟落难。叶剑英想尽办法，组织打捞，竟无结果。他只好去湘子桥头，望江遥祭。江水滔滔，如泣如诉。叶剑英回忆几年来与民达老友朝夕相处，并肩战斗的情景，一幕一幕地在眼前掠过。不尽的怀念，无限的悲痛！泪洒韩江潮。

（易　生）

“寄心海上云，千里常相见”

——叶剑英和邓演达

20 年代初，在孙中山组建的粤军第一军中，有一个工兵营。

这个工兵营建立不久，亟须整训，营长邓演达请求邓铿师长速派军校毕业的军官前来帮助。邓铿即调叶剑英前去。

工兵营驻扎在北较场四标营，这里原来是清朝的一个营盘，因为多年失修，营房已经大部破旧不堪，士兵搭起一排排竹棚棚，临时充作宿舍，生活很是艰苦。许多士兵不想干这个苦差事，常常有开小差的，思想动荡不安。叶剑英离开繁华市区来到这里一看，满目荒凉，好像到了另外一个世界。但他一心想着培训工兵的事，盼望粤军发展壮大，好早日出师北伐，却毫不介意，满腔热诚地奔赴新的岗位。

叶剑英早就听说，粤军里有二邓：一个是邓仲元（邓铿），早就见识过了；另一个就是邓演达，他的职务虽然只是一个工兵营长，但他的名气却不小于那位师长。他究竟是怎样一个人呢？叶剑英早就想见识见识，只是没有机会。

“报告营长，叶剑英奉命前来报到。”新来的见习教官跨进一间简易平房，向正在那里埋头读书的少校军官举手敬礼。

邓演达回过身来，两只黑亮的眼睛对这位新来的年轻军官注视良久，才慢慢地说：“好，果然是名不虚传，请坐请坐！”从他浓重客家话里表现出热忱的欢迎态度。

叶剑英坐下来，有点不大相信，眼前这个人就是邓演达。原以为他是一个像邓铿那样的革命前辈，不料相见之下，竟是同自己年龄相仿的年轻人。是的，邓演达只比叶剑英年长两岁，他穿着整齐的军装，扎着武装带，脚上蹬着擦得锃亮的黑马靴，一副堂堂的军人仪表，显得很神气，但看上去模样却要老成得多。高高的个头，背稍为有点向前弓，长方的脸上挂着严肃的表情，只有同人交谈时，嘴角上常常流露出深深的笑纹，给人一种亲切感和信赖感。

“听说你是从南洋回来的，又在军政府里当过差，到这里来能过得惯吗？工兵营可是白手起家，穷苦得很啊！”

邓演达看着眼前这位气宇轩昂、温文洒脱的青年军官说了实话，也出了一道难题。

“我是来革命的，不是来享福的。我在南洋就没有享过福，回国以后这几年也是身若转蓬，漂泊不定。只因为信仰中山先生，才投奔粤军来的。”叶剑英把自己的家世和去南洋回国以后的经历，简要地讲了一讲。

邓演达听着听着，嘴角上的笑纹多了起来。

“噢，想不到天下有缘来相会。说起来，我们还是半个‘老乡’咧！我家也是祖居梅县两村镇，后来才迁移到惠州鹿颈村，世代为农。令尊是前清的‘武秀才’，家父是前清的文秀才，是个穷教书的。我们都是从苦水中熬过来的，如今在孙中山旗帜下走到一起来了。”

“那我们是志同道合，殊途同归。”叶剑英欣喜地说。

邓演达走过的道路，同叶剑英的确是不同的。他很早就是孙中山的热忱拥护者。14 岁考入广东黄埔陆军小学，受学堂长邓铿的影响，秘密加入了中国同盟会。他读书勤奋，擅长诗文，做事又勇敢，被同学称为“铁汉”。辛亥革命后，激于革命热情，组织一砦同学参加革命军的“敢死队”。1919 年毕业于保定军官学校工兵科，第二年受邓铿的邀请，前往福建“援闽”粤军总司令部任宪兵连长。邓铿回到广州，为了加强第一师的建设，特调邓演达到师司令部任少校编练参谋兼任军官教育班主任，分批轮训下级军官，成绩卓著。在粤军中知道“邓教官”的人也就多了起来。

叶剑英从接触和交谈中，发现邓演达是一位性格内向、耿直诚恳的人，虽然年纪同自己差不多，但革命阅历却要深得多，便产生了一种敬慕之感。

“营长，我学的是炮科，工兵不懂，还请多加指教！”

“炮工炮工，原理相通。我们取长补短，教学相长。”邓演达又谦虚又亲切地说，“老乡，你先休息几天，观察观察，咱们再商量怎样把工兵营建设好。”

叶剑英遵命在工兵营住下来，一方面找人谈话，一方面到操场、营房观察，虽然看出些问题，但毕竟是初来乍到，心里还没有谱，过几天，他憋不住了，又来请教邓演达。

邓演达先请叶剑英谈谈观感。叶剑英一向为人谦逊，只说说自己的初步印象，觉得工兵营官兵精神状态还好，只是缺乏长久打算，各个方面都亟待安顿建设。

邓演达随即说："你已经看到了，当前工兵营首先要解决器材和资金，其次要使官兵明白：当兵为己，还是为国？这是中山先生常常教诲的，不讲清这个道理，大家都不愿在四标营吃苦，什么也办不成。"

叶剑英从心里佩服他的见识，根据自己从前办学兵营的经验，补充说："中山先生有句名言：军队的灵魂是主义。有主义的军队，是人民和国家的保障。要使官兵懂得主义，就得灌注精神教育，只要大家齐心协力，工兵营就不难办好，器材和资金也可以让大家想办法解决。"

邓演达听了高兴地说："是的，我们应该按照中山先生的兵工政策、思想办事，要依靠全营官兵齐努力，走自力更生的路，不能老是伸手向政府要钱，那不是个办法。"

"我理解中山先生的兵工政策就是亦兵亦工，自谋出路。"叶剑英引申一句。

两颗智慧的头脑，完全想到一起来了，越谈越兴奋。邓演达进一步提出扩办工厂的想法，叶剑英完全赞同。他们经过长时间的酝酿讨论，拟定了一个进行精神教育、工兵训练和开办织染厂的方案。然后，分头实施。在全营的士兵大会上，他们宣讲孙中山的国防计划和兵工政策的思想，动员大家一齐动手，办工厂，学技术。全体官兵精神振奋，热烈鼓掌拥护。

"剑英，你是海外归来的侨子，见识多，结识广，就请你来帮助操办一下建厂扩厂的事吧！"

叶剑英领受这个任务后，首先去报告邓铿师长，得到他的大力支持，又经过多方奔走，在政府和海外华侨的赞助下办起了第一个军民联营的织染厂。全营士兵在学习工兵技术的同时分批到工厂学习织布和漂染技术，完成生产定额。除此以外，叶剑英还同邓演达商量，结合工兵架桥修路科目的实习，帮助地方修筑公路，增加一部分收入。

就这样，经过短时期的实验，工兵营逐渐由消费单位变为生产单位，亦兵亦工，自给自足，并利用积累资金添补和修理工兵器材，在粤军中开创了军队训练和军工生产同时并举的一个先例，受到军界和地方各界的嘉许。

不久，粤军打败了桂系军阀，占领了广西。两广统一后，孙中山决定出师北伐一统全国。

这时，叶剑英被调离工兵营，作为孙中山大总统随员出征。

邓演达设宴为叶剑英送行。

他又羡慕又惋惜地说："我们合办的事业刚开个头，真舍不得你走。我已向师长请求几次，都没有留住，只好听命了。"

叶剑英回想与邓演达相处的日子，受教匪浅，十分感激："择生兄的心情，我是很理解的。多么盼望我们能同行啊！只是你重任在肩，暂时不能走，我相信总有一天在北伐战场上再度相会。"

两位好友，边喝边谈。酒后话更多。

邓演达看天色不早，又一次举起杯来："敬你最后一杯，但愿我们早日重逢。祝你一帆风顺，鹏程万里！"随即读一首唐诗，表达惜别之情：

车马去迟迟，
离言未尽时。
看花一醉别，
会面几年期。

叶剑英回敬一杯酒，随口读李商隐两句诗回赠；

人生何处不离群，
世路干戈惜暂分。

他接着又借两句唐诗说："但愿'寄心海上云，千里常相见'。"

对于这次离别，叶剑英后来在一篇文章中追忆道："已经是16年前的旧事了。记得那年的初冬，我为了要参加北伐的战争，就离开了广州市四标营的工兵营部，那时的工兵营营长是邓择生。我当时很知道，择生是热血盈腔，极想以其一生的精力，贡献给国家民族的，听说我和他请起长假来，很自然地经过一番的挽留。我也费过一番的解释，终于去意已坚，便随孙先生经梧州向桂林北上了。”

（朴　实）

“内战吟成抗日诗”

——叶剑英和张学良

叶剑英与张学良是老朋友了。他为促进西安事变的和平解决，与张学良，有一段传奇式的交往故事。

一

1936年下半年，全国抗日的声浪日益高涨。蒋介石对张学良、杨虎城积极抗日的主张不但不予理睬，而且步步进逼强迫他们向陕甘根据地进攻，限期“剿灭”红军。

蒋介石的压力变成了张杨两军同中国共产党合作抗日的动力。中共中央与张学良经过多次商谈，达成协议，准备与东北军建立“西北国防政府”，共同抗日。张学良几次要求中央派代表去西安，共同商讨军事合作问题。

在这种形势下，中央经过酝酿，决定派阅历丰富、足智多谋，且熟悉东北军情况的叶剑英前去西安。

8月17日，中共中央决定将中央东北军工作委员会改为洛川工委，叶剑英任书记，刘道生、欧阳钦、洪涛、李仲英为委员。叶剑英受命后于8月底，同汪锋、潘汉年等八人从保安化装进入西安。

当时，蒋介石派到西安的特务、宪兵很多，尤其特务活动猖獗，张学良的一举一动都处于特务的严密监视之中。

张学良对于叶剑英的到来非常重视，事先对叶的安全保卫工作作了周密的布置，在生活方面也作了精细的安排。他让叶剑英住在自己的亲信、卫队第二营营长孙铭九的家里，向孙多次叮嘱道：来人身系重任，无事不准打扰，要绝对保证安全，并提供一切方便。

孙铭九家距张学良的公馆不远，在金家巷的前面，是个小四合院。孙铭九安排叶剑英住进西厢房以后，特意叮嘱妻子，副司令交代，这位先生是个“重要人物”，要细心照顾。最要紧的是，不要让外人到这个房子里来。有什么事，一定要经过我。孙铭九还向门卫说，这位先生是他的亲戚，出入随便，不准阻拦，更不允许跟踪！所以，当时外界几乎没有人知道红军有个重要人物住在他家里。

叶剑英住在孙家，化名吴先生，仍然保持着红军的老传统，生活很朴素。他的房间里的陈设异常简单：一张床，一张桌，一把椅子，一个水壶。他身着长袍或中山装，风度翩翩，和蔼可亲，俨然一副学者气度。他深居简出，谦虚谨慎，无事不打扰孙家。孙的妻子只是每天早晨给他送一次开水。她后来知道了叶剑英的真实身份，想到他每天生活是那样简朴，深有感触地对孙铭九说：“这样的人，在东北军中是找不到的！”

二

叶剑英在临行之前，中共中央赋予他的主要任务是：筹划组织西北国防政府；组织建立抗日联军；培养训练东北军内部的进步力量，组织有抗日思想的青年学生充当东北军的下级干部；及时商议处理有关中共中央、红军和东北军之间的重要问题，等等。这些任务根据形势的发展，后来有些变化。但坚持实行西北大联合，共同抗日的根本任务没有变。

10 月 5 日，叶剑英与张学良会谈。他详细介绍了中共中央于 8 月 25 日公开发表的《中国共产党致中国国民党书》的政治背景，说明中共在对待蒋介石问题上，从“抗日反蒋”到“逼蒋抗日”，是根据国内关系变化的实际状况而作出的重大政策变动，这也是接受了张将军的意见。

当时主张“劝蒋联蒋抗日”的张学良听完叶剑英的这番解释后，十分高兴地说：“叶先生讲得很好，今后我们要更多地承担劝蒋抗日的工作。”

接着，双方就迅速停止内战，联合抗日问题交换意见。叶剑英将自己随身带来的一份《关于国共两党抗日救亡协定草案》交给张学良。这个草案是在国民党派代表与共产党代表潘汉年经过几次秘密接触后，由中共中央为联蒋抗日而提出的。

叶剑英说：“张将军，请阁下将我方意见转达给蒋介石。”

张学良爽快答应了。他说：“请叶先生以毛泽东、周恩来的名义给我写一封信，作为向蒋先生转递时的依据”。

叶剑英经电请中央同意后，立即补写了给张学良的信。信中提出：“只要国民党军队停止向红军进攻，不拦阻红军抗日去路与不侵犯红军抗日后方，我们首先实行停止向国民党军队的进攻，以此作为我们停战抗日的坚决表示。”信中最后希望张学良“将敝方意见转达蒋介石先生速即决策，互派正式代表谈判停战、抗日的具体条件”。张学良接信后，表示将尽快把抗日救亡协定草案连同此信转给蒋介石。

叶剑英与张学良继续商谈关于红军与东北军联合抗日的作战计划问题，张学良对中共中央拟定的红军抵抗日军的战略计划表示同意，并表示东北军将予以配合。他决定将六十七军集结于固原地区，五十一军集结于庆阳一带，一〇五师驻守平凉，以便与红军协同作战。

在商谈中，叶剑英根据党中央的交代，向张学良提出借款五万元、另给解决万套棉衣。张学良表示：借款的事，将努力去办。棉衣问题，马上可以落实，只是不便直接送往红区，运输有些麻烦。他提出，可先派车从西安送往兰州方向，再由红军在半路上取走。叶剑英对张学良如此爽快与机警深为钦佩。

经过几天的会谈，双方就一些重要问题取得了一致意见，叶剑英将会谈结果及时报告了毛泽东、周恩来，并于10月10日派张向三给中央送去张学良的五万元借款，以后又给红军分批转送去御寒冬衣。

三

如何帮助张学良整顿改造东北军部队，这是党赋予叶剑英赴西安的一项重要使命，也是叶剑英与张学良交谈的一个重要内容。当时，张学良针对下属部队存在的问题，准备通过整顿使东北军尽快实现年轻化、精锐化，但如何进行整顿，却没有想出明确的办法。因此，他非常希望叶剑英能为他整顿部队出谋献策。叶剑英了解东北军的大致情况和存在的主要问题后，向张学良提出整顿改造部队，除做必要的人员调整外，重在思想方面的训导，并提出了加强部队政训工作的组织措施和具体意见。

张学良听了叶剑英的意见，很感兴趣说："叶先生的高见，小弟完全赞同，全部接受，十分感谢！"他立即吩咐部下着手去办。

四

通过办训练班等办法，东北军部分军官状况有所改善。叶剑英在西安还利用各种有利时机，帮助张学良缓和他和蒋介石之间的矛盾，以应付复杂局势。10月中旬，红军部队在宁夏固原地区李旺堡包围了马鸿宾的骑兵二〇七团，蒋介石急令张学良派东北军前去解围。张学良急得团团转，只好求助于叶剑英。

叶剑英考虑到，这是进一步争取东北军，开辟西北交通线的一个好时机，应当帮一帮张学良。于是，他于13日、14日连续发电报给毛泽东，转达张学良的意见，建议应允张的要求，放出被我军包围的马匪骑兵团；允许东北军刘多荃的一〇五师按规定时间前去接应；同时要我军派人随带呼号密码直接与前去接应的一〇五师取得联系，与该师"永远通好"，请派人与一〇五师洽谈今后交通问题，开辟西北新的交通线。

毛泽东同其他中央领导人经过研究，采纳了叶剑英的建议，命红军有意放出包围在李旺堡的马匪骑兵团，并让开大路，在沿途布设宣传棚迎接刘多荃的一〇五师，让它接走马匪军。

红军与该师互通友好，建立了密切联系。张学良对此事处理结果很满意。他感激叶剑英说：“共产党真够朋友，你们帮我解了燃眉之急！”从此，对叶剑英也更加信赖了。

张学良还经常约请叶剑英在他公馆会晤，共商抗战大计。由于叶剑英在西安卓有成效的工作，红军与东北军、十七路军的关系得到了进一步改善，东北军的实力地位得到加强。西北地区初步形成了红军、东北军和十七路军“三位一体”的新局面。

五

1936年10月下旬，红军一、二、四方面军三大主力会师甘肃会宁、静宁地区，从而胜利结束了历时两年的全国红军的战略大转移。

这时，蒋介石看到红军经过长征以后，人数大减，力量有限，便认为这是消灭红军，荡平陕甘根据地的极好机会。于是，他在刚刚处理完陈济棠、李宗仁要求抗日反蒋的“两广事变”之后，腾出手来，便急匆匆调集重兵，准备对陕北革命根据地进行新的“会剿”。

张学良对蒋介石的倒行逆施日益不满，他多次力劝蒋介石停止内战，一致抗日，但都被拒绝。当蒋介石得知张学良、杨虎城已同中共发生直接联系和西安群众要求“停止剿共、一致抗日”的声浪高涨时，更是迫不及待地要解决西北问题，加速“剿共”。

10月22日，蒋介石率一大批军政要员飞到西安，向张、杨施加压力。蒋到西安后，分别召见张、杨谈话，宣布他大举“剿共”计划，部署东北军、十七路军立即做好一切准备，进攻陕北。叶剑英密切注视蒋介石的言行，冷静观察西安和其他地区的局势，随时将事态的发展向党中央作报告。

10月24日，蒋介石邀张学良等人一起登华山之后，再次召见张、杨，叫嚣在三个月之内把陕北红军全部消灭。张、杨不同意蒋继续“剿共”，慷慨陈词，遭到蒋介石严厉“训斥”。27日，蒋介石到王曲军官训练团向东北军、十七路军校以上军官“训话”，继续鼓吹“攘外必先安内”、“积极剿共”的陈词滥调，引起张学良、杨虎城和进步军官的强烈不满和愤慨。

叶剑英了解了这些情况，及时报告给了党中央。

六

10月29日，蒋介石以“避寿”为名返回洛阳，实则召集会议，制定加紧进攻红军的军事部署。张学良借给蒋介石祝五十大寿的机会，特用自己的飞机把阎锡山从太原接来，一起前往洛阳，同在那里祝寿的傅作义、徐永昌等，伺机劝蒋停止内战，联合抗日。蒋固执己见，拒不受听。蒋介石并对张学良大发雷霆，当众辱骂张不尽责“剿匪”，使张十分难堪。叶剑英了解到这些情况后，连续电告中央：“蒋张会谈结果极恶。蒋表示匪不剿完，决不抗日”，“张、阎、傅、徐到达洛阳不得任何机会提出意见，满腔抗日热忱，无处说也。”叶剑英在电报中请示中央：“拟离西（安）回保（安），详细报告。”同时，继续做张学良的工作。

党中央收到电报后，经过研究，决定叶剑英继续留在西安，进一步作张学良、杨虎城的工作，观察事态的发展，随时向中央通报敌、我、友各方面的动态和情况，酌处各项事宜，并让他向张学良借一笔军费。

12月4日，蒋介石果然带着大批随从，杀气腾腾再次来到西安。他住在临潼华清池附近的“剿共”临时行辕里，召见张学良、杨虎城，作最后摊牌，提出两个方案，让他们选择：一，服从“剿共”命令，将东北军、十七路军全部开到陕甘前线作战，由“中央军”在后面督战；二，如不愿“剿共”，即将东北军调往福建，十七路军调往安徽，让出陕甘，由“中央军”去“剿共”。张、杨无法接受这两个方案，再次向蒋苦谏，再遭训斥，逐决心实行“兵谏”，走上“逼蒋抗日”的最后一途。

叶剑英见蒋介石到来后的西安形势日益紧张，即按中央指示，返回保安。临行前向张学良告别，提出借款的要求。张学良慷慨允诺，再借10万块银元给红军。叶剑英感激地说：“张将军，你真是雪中送炭啊！”便带着巨款，悄然离开西安。

叶剑英回到保安后，毛泽东立即召开有中央领导同志参加的会议，听取叶剑英汇报西安情况。会议进行过程中，机要秘书送来张学良发来的电报。电报中说，形势十分危急，请叶先生即来西安，共商大计。会议没有开完，毛泽东决定让叶剑英马上返回西安，并嘱咐他把总政治部主任王稼祥带去，通过张学良的关系，送王到新疆转赴苏联治病。

七

12 月 12 日凌晨，张学良、杨虎城将军在多次向蒋介石进谏，最后“哭谏”无效，被逼得走投无路的情况下，为了使蒋介石改变“攘外必先安内”的错误政策，抗日救国，毅然在临潼华清池扣留了蒋介石，同时在西安拘禁了一批国民党军政大员。

“西安捉蒋翻危局，内战吟成抗日诗。”

12 月 17 日，中共代表周恩来等一行乘张学良所派专机抵达西安，当晚立即与张学良会晤，谈到深夜。叶剑英到达西安后，立即协助周恩来进行工作。按照分工，周恩来侧重于政治方面，负责上层统战和群众团体工作；秦邦宪侧重于中共党组织内部工作；叶剑英侧重于军事方面工作。

张学良亲自向周恩来提出，要叶剑英出任抗日联军临时西北军事委员会的参谋长。周恩来为此专电报告中共中央书记处批准。叶剑英以参谋长身份参加西北联军参谋团，与东北军、十七路军将领一起制定了抵抗亲日派“讨逆军”的作战计划和军事部署。同时他还积极参加外交谈判和其他工作。

这期间，南京方面在弄清了张学良、杨虎城和中国共产党无意加害蒋介石而希望和平解决这次事变的态度后，于 22 日派宋子文、宋美龄到西安谈判。从 23 日起，周恩来作为中共中央全权代表，和张、杨一起参加谈判，并首先提出停战及改组南京政府的六项主张。经过两天的谈判，同宋子文、宋美龄最后达成改组国民党和国民党政府，驱逐亲日派，释放上海爱国领袖和一切政治犯，停止“剿共”政策，联合红军抗日等六项条件。24 日晚，周恩来会见蒋介石，蒋当面表示同意谈判协定的六项条件，并表示他回南京后，周可去南京直接谈判。

在和平解决西安事变过程中，叶剑英协助周恩来日夜奔忙。他会见了各方面人士，同他们进行座谈，听取意见。他还采取出席报告会、个别出访等形式，进行统战工作，并将遇到的问题和解决意见向周恩来和中央请示报告。

八

就在西安事变即将和平解决的最后关头，发生了一件意外的事。

12 月 25 日，张学良没有同周恩来、叶剑英等商量，就放了蒋介石，并亲自陪同蒋介石乘飞机经洛阳飞回南京。此事在西安立即掀起了轩然大波。

叶剑英后来回忆此事，曾这样说道："后来张学良出了个岔子。他说抓是我抓的，放我亲自送。张学良亲自乘飞机送蒋介石到洛阳。张学良想当个（梁山英雄），他不晓得蒋介石的立场顽固得很。张学良刚一出门，孙铭九就向周恩来和我报告：副司令走了，送蒋先生回洛阳。我们说，不行，你马上坐汽车把他请回来！等他坐汽车到机场，飞机已升空了。结果，蒋介石一到洛阳，就把张学良扣留起来了。"

蒋介石到洛阳就翻脸不认人，到南京后又背信弃义地推翻自己的诺言，发表了《对张杨的训话》，软禁了张学良。

周恩来、秦邦宪、叶剑英对蒋介石的倒行逆施极为愤慨。他们通宵达旦地分析形势，研究对策，同杨虎城、王以哲等东北军、十七路军高级将领协商，确定由杨虎城领衔，于 1937 年 1 月 5 日发表了一份措辞严峻的通电，强烈抗议蒋介石扣押张学良将军的行径，揭露蒋介石重新挑起内战的阴谋。

在此期间，叶剑英尽力协助周恩来奔走于东北军、西北军和国民党留守西安人员之间，艰苦工作，维护团结，稳定局势。

九

事过三十多年后，1979 年 4 月 12 日，叶剑英访问西安，冒着早春风雪去八路军西安办事处旧址参观、回首往事，挥毫志感：

西安捉蒋翻危局，
内战吟成抗日诗。

楼屋依然人半逝，
小窗风雪立多时。

叶剑英颇有感慨地说：“周恩来总理在的时候说过，内战转为抗战，西安事变事实上是一个关键。一抓一放，不抓不行，抓了杀又不行。蒋介石答应条件就放了。抓到后谈条件，蒋介石答应联合抗日。内战转为抗战，西安事变这是主要的，逼迫蒋介石抗日。”

叶剑英很关心张学良的处境，1982 年有一次谈起往事说：“张学良为了表示对蒋介石的忠诚，说愿意亲自送蒋介石回南京。结果被蒋扣起来，直到现在。”他希望张学良将军有一天能回大陆重返故乡，看看祖国的巨大变化，早日实现祖国统一的大业。

（雷　雨）

分道扬镳

——叶剑英和蒋介石

奉命打南昌

人们知道，北伐战争中有三打南昌的故事。

但很少有人知道，三打南昌战役中，叶剑英和蒋介石有一段打交道的小插曲。

1926 年 6 月 5 日，国民政府召开会议，通过出师北伐案，颁布了出师北伐的动员令。

7 月 1 日，发表《北伐宣言》，9 日国民革命军在广州誓师北伐。

当时蒋介石是国民革命军总司令。

出师之始，蒋介石让何应钦率部驻防汕头，任命他的亲信——第一军第一师师长王柏龄代理第一军军长。接着，他又令第一军担任总预备队，任王为总预备队指挥官，负责指挥第一、二师，随他北伐。叶剑英被调任总预备队指挥部参谋长。

总预备队沿粤汉铁路乘车向北前进，经湖南郴州、衡阳、长沙。攻下岳州后，蒋介石以岳州为北伐军后方，命王柏龄、叶剑英率总预备队在此驻扎待命。

北伐军攻克汉阳、汉口后，蒋介石命所部向江西进军。王柏龄、叶剑英奉命率领备队第一师自岳州开到浏阳集中，随即进占江西之铜鼓城，配合第六军东下攻打南昌。9 月 10 日，北伐军程潜部第六军第十九师向南昌发起进攻，王柏龄、叶剑英率领第一师助攻支援。由于得到南昌工人、学生及省署警备队的内应，一举攻克南昌。

孙传芳听到南昌失守，大为震惊，迅速组织优势兵力夺回南昌。蒋介石闻讯，与加伦将军亲临前方督战，再攻南昌。加伦分析战场情况后，提议休整两周，集结力量，再重新组织进攻。但是，王柏龄不听加伦的劝告，争功逞能，急于进攻。

叶剑英冷静地分析了当时的敌我态势，同意加伦的意见。他对王柏龄一再申明自己的看法：孙传芳的精锐部队都集中在南昌。南昌三面环水，地势险要，即使我部孤军深入，打到城里，一旦敌人断了我军的退路，进去了也出不来。况且我军刚退，士气消沉，还是缓攻为好。

一向刚愎自用的王柏龄拒不采纳叶剑英的意见，贸然下令部队攻击，孤军突进。一部分部队突入城内，遭到敌人猛烈反扑，被分割包围，无法立足。王柏龄见势不妙，贪生怕死，率先逃跑。叶剑英和团长薛岳等只好组织部队仓促撤退，部队损失惨重。

10 月中旬，北伐军再次发起攻打南昌的战役。叶剑英与第一师代师长王俊奉命率部参加南昌西北的王家铺战斗。

当时，李宗仁的第七军与孙传芳部三个师在王家铺南约十里处鏖战几天几夜，不分胜负。叶剑英奉蒋介石之命协助第一师代师长王俊指挥部队从白山绕出昆仑台侧背，迅速赶到山脚下。他观察战场情况，看到交战双方已打得精疲力竭，战斗接近尾声，便向王俊建议说："他们已经打了三天三夜了，我们稍加砝码，敌人就退了。”他提议将部队主力迂回到敌人侧后去，正面用一小部分兵力佯攻，命炮兵向山上开炮，迫使敌军退却，然后在运动中拦头截尾，一举歼灭之。

王俊急于立功，不听劝告，将部队全部拉到正面，发起进攻。双方刚接上火，敌军看到北伐军援兵到来，连忙撤出阵地向后逃跑。王俊得意地喊起来：“敌人退了，我们追吧！”叶剑英看到这种不讲战术的愚蠢打法，气愤地说：“还追个啥！等你追下来，人家已经跑出几十里了，什么也缴不到。”

这次战斗，由于王俊不听叶剑英的意见，打了一个消耗仗，结果只缴到一个炮筒子。参加战斗的黄埔学生军怨气横生，把这件事报告了蒋介石。

第二次攻打南昌，北伐军又遭受重大损失，被迫撤围。

10月下旬，武昌方向的北伐军主力兼程驰赴江西前线，参加第三次攻打南昌。11月8日，北伐军终于攻克南昌，全歼敌江西总司令邓如琢防守南昌的部队。

在总司令官邸

11月9日，蒋介石的总司令部移驻南昌。蒋介石立即命令驻守汕头的何应钦所指挥的第一军第三师和第十师的东路北伐军沿东海岸进攻，扫荡孙传芳在福建浙江的兵力。由于王柏龄临阵脱逃，叶剑英率总预备队指挥部，随第一军的第一、二师驻守南昌。

蒋介石一方面通过他的党羽进行反革命的阴谋活动，为扼杀大革命做准备；另一方面积极网罗军事人才，扩充军队，建立蒋家王朝。

他听说他的嫡系部队一师连吃败仗，王柏龄临阵脱逃，王俊指挥无能，部队被敌军冲得七零八落，非常气恼！

王柏龄听说“校长”震怒，自知军法难容，躲起来不敢露面。

蒋介石是个视枪杆子如命根子的人。他的王牌军第一军是他几年来苦心经营的“老本”。武器装备精良，兵员配备充足。只是由于重用王柏龄、缪斌等亲信，极力排挤共产党员，使军官日趋腐化，“纪律日惰”，军心涣散。蒋介石在向南昌进军和战斗中已发现问题的严重，亲自“痛诫”一二师官长说："如果不能照我的话做到，我不再讲什么话，只有多预备几颗子弹，来枪毙我自己的学生。"进到南昌以后，几次召见王柏龄，找不到人，大发雷霆。立即将叶剑英、王俊和薛岳叫了去，破口大骂："茂如呢？跑到哪里去了？娘希匹，把我的脸丢光了！"骂过一阵，消了气，又摸摸光头，故意自责说："唵唵，都怪我用错了人，他根本不是带兵人才！"又要军法惩处。他责问一师代师长王俊为何不能转败为胜，控制战局。王俊想辩解，蒋介石大为光火，当即宣布撤他的职。

谁来当一师的师长呢？蒋介石费了思索。他听说在南昌战役中二王不听叶剑英的劝告，而叶剑英为人谦和，不自表功，使蒋介石更加器重他的才干，特意单独召见。

当时总司令部侍从室有个规定，凡是面谒蒋介石的军官不经特许的，都要卸剑。叶剑英不知道这个规定，一早起来空着肚子，带剑来到总司令官邸，只见那里门卫森严。通报以后，蒋介石特别允许叶剑英佩剑晋见。叶剑英越过几道门卫，未受阻拦，径直走进总司令官邸。

蒋介石刚刚进完早餐，桌上还摆着西式餐具。

叶剑英被迎进寝室，这是特殊的礼遇。蒋介石正坐在书案旁边。桌子上放着摊开的《曾国藩家书》。他看到叶剑英，微微欠身，脸上露出一丝笑容。

叶剑英本以为是来挨骂的，见他换了一副面孔，反而"丈二金刚"摸不着头脑，连忙立正敬礼。

"久违了，坐，坐。"蒋介石挥挥手，表示让座之意。这又是一种特殊的礼遇。一般官员来了，蒋介石多半用鼻子"哼"一声，不大让座的。他见叶剑英坐到椅子上，压低嗓音说："我们是老交情了，是从办黄埔认识的吧！"

"是的，校长。"

"两次东征，你在军事上很有见地，张民达师的战绩，多靠你的运筹。"蒋介石开始戴高帽了。

"不，还是张师长指挥得好！"叶剑英如实作答。

"张民达嘛，我是了解的，谈到打仗，好啦，好啦……现在他去世了，就不去评论罢了。"

叶剑英早就料到蒋介石会否定张民达的，因为他们向来不和的，此刻听到又在贬低这位故友，心中不快，便理论起来："国民政府对张师长是明令褒奖的，我看，张师长的雄才大略，这是众人皆知，早有定论的!"

"这个，这个，好啦，不去谈论了吧!"蒋介石见话不投机，有意叉开："张民达故去以后，我调你去教导师，以后又到一军指挥部。这一路来，茂如很不成气，你多辛苦了!"

叶剑英见蒋介石摆自己的功德，有意抬举，便谦逊地说："我只尽了一点参谋职责，不足挂齿。"

"不，你是个很有用的参谋人才，也是个将才。唵唵，现在茂如不知去向，一师没人指挥，我看你就去一师当师长吧!"

叶剑英丝毫没有思想准备，摸不透蒋介石的用意。他对这位总司令向来是敬而远之的。他略微沉思，想到一师是蒋的嫡系，有些部下很难管束，同二王的关系也很难处，更主要的是对蒋介石的面目还看不清楚，所以婉言谢绝说："谢谢校长栽培，只是我身体不大好，等打完仗再说吧，我还愿意继续当参谋长。"

蒋介石觉得纳闷，还有不愿当师长的？便摆出关心的姿态，立即吩咐军医官给叶剑英看病。

军医官奉命来到隔壁房间里，拿着听诊器，煞有介事地检查了半天，拿不准是什么病，便怀疑是肺炎，又有肠炎。

其实叶剑英本来没有大病。他是不愿意当一师的师长，而推说有病的。所以，当医生瞎说他的病情时，便对医生小声说："不要紧的，请你放行吧!"军医官继续蘑菇。叶剑英风趣地说："我还没吃早饭呢，等你检查确诊，人都要饿死了。"

军医没有办法，只好胡乱开个方子。

叶剑英懂得一点中医，看了看方子，是些"太平药"，叫护兵煎几副吃下去，也就拉倒了。

蒋介石第一次叫叶剑英当师长的事，也就这样糊里糊涂地拉倒了。

新编二师师长

南昌之役，北伐军俘虏了孙传芳的军官数百名，士兵数万人。蒋介石为了扩充实力，决定将收编过来的赣军组成新编师，任命叶剑英为新编二师代理师长。叶不便再推辞，只好受命。

新编二师组成后，奉命开赴吉安驻防整训。

在吉安，叶剑英虽然与共产党组织没有直接联系，但时常能接受到部队左派军官和秘密共产党员的思想影响。他以极大的热情出席地方上的总工会、商民协会等组织、团体的会议，支持革命和进步的活动。他还让党代表、进步的军官与学生联合会、妇女联合会等进行联欢，演出节目，思想日益左倾。

叶剑英带领的二师有六千余人，从师到连各级，都仿效苏联红军的编制，设立党代表，多由左派国民党员和中共地下党员充任。叶剑英提出“不要钱，爱百姓，不怕死”的口号，还规定了军官不准打骂士兵等军纪。部队成分虽然复杂，但经过一段整训，政治素质有所提高。

风云突变

1927 年，蒋介石在上海发动了四一二反革命政变。江西也很快陷入一片白色恐怖之中。吉安的反动分子，也在全城实行戒严，查封工会、农会、学生会、报馆等革命机构，强行押送国民党左派和革命团体负责人出境，并收缴了县农协自卫队的武器。共产党人被迫转入地下活动。

在这种严峻的形势下，摆在叶剑英面前有两条路：

一条是荣华富贵的路。这就是继续留在蒋介石嫡系部队，为蒋效命，升官发财。那时，蒋介石很赏识叶剑英。他不单单看重叶剑英年轻有为，才华出众，更重要的是因为这个出生在广东的“儒将”，曾经追随和保卫过孙中山，在广东地区和粤军中很有些影响。他想把叶剑英拉过来，利用其威望和才干，笼络人心，控制南粤。这就是蒋介石为什么几次给叶剑英封官晋爵，甚至允许他佩剑直入其私邸的缘由。

另一条是艰难曲折的路。这就是脱离蒋介石，另寻出路。蒋介石在上海发动反革命政变，大肆屠杀工人和共产党员。这时，谁是革命者，谁是反革命，真相大白。叶剑英终于看到了国民党右派的腐朽和反动，认清了蒋介石的丑恶面目。蒋介石口头上高喊“国共合作”、“三大政策”，实际上是挂羊头卖狗肉。当需要工农大众替他打江山的时候，他就满口的“扶助农工”，一旦江山得手，便“翻转猪肚就是屎”，立刻变成了“砍杀工农”。那些过去标榜自己是“左派”的革命者，这一次摇身一变，亮出了货真价实的右派嘴脸。右派掌了权，国民党就变了质，人民大众就遭了殃！

是反蒋，还是投蒋？事情就这样明摆着，毫无调和余地。在两条道路面前，需要迅速作出抉择。

叶剑英经过反复思索，终于选定了反蒋的路。

叶剑英决心已定，便与几个左派军官谈了自己的想法和态度，决定通电全国，公开反蒋。他召集全师军官开会，告诉大家：愿意革命，拥护武汉政府的留下；拥护蒋介石，想去南京的，也请自便。

叶剑英亲自起草并领衔签发的反蒋通电，使当时的政界和军界十分震动，也大出蒋介石的意料之外。

第四军副军长陈可钰为这件事去报告蒋介石：“叶师长反对我们！”

蒋介石犹然不信，说：“叶师长不会反对我们的。”

陈第二次去报告：“叶师长真的反对我们！”

蒋介石偏了偏头，说：“好啦，知道了，你下去吧。”还是将信将疑。

这时，吉安二师的右派军官和“孙文主义学会”分子与当地右派势力勾结起来，准备闹事。叶剑英与左派军官紧急秘密商议，决定二师举行武装暴动，拉队伍北上，投向武汉国民政府。同时，他作了如下部署：（一）迅速查明各团、营官兵的动向，以及驻地情形，拟出分头袭击、扣押右派军官、收缴枪械计划；（二）挑选特务营手枪队、教导队可靠人员分头执行袭击、扣押人员和收缴枪械的任务；（三）完成任务后，举行誓师大会，迅速编成四个团，取道赣北，经武宁、咸宁，向武汉进发。

吉安的反动势力也加紧了行动。他们的矛头直接指向叶剑英。这样，叶剑英在吉安便站不住脚了。他决定先去武汉进行联系。离开之前，左派军官和师部人员以给师座祝贺生日的名义，在师部驻地的后花园，几次摆宴集会，联络感情，交换情报，议论军机。有的团长急于举事，对叶剑英说：师座，还是快干吧！叶剑英示之以缓。最后一次集会，还摄影留念。这一张照片一直保存下来。

“永远开除出党”

为了躲避右派的耳目，叶剑英一行数人化装秘密起程。他走后，二师左派军官成立了“临时革命军事委员会”，于5月6日通电讨蒋，电文载当日汉口《民国日报》。通电发出后，遭到右派分子激烈反对，双方剑拔弩张，二师陷于分裂状态。“临时革命军事委员会”经过多方面酝酿，紧急磋商，于5月13日夜举行了武装暴动。左派军官们以敏捷的动作逮捕了反动军官，控制了部队。

暴动以后，“临时革命军事委员会”向武汉国民政府发电报捷，电文称：“本师反动分子暗中猖獗。（职等）于本月13日夜，协同农工群众，将本师反动分子肃清，从此绝对拥护中央，打倒蒋介石。”20日，在城内中山广场召开军民联欢大会。这次暴动由于缺乏经验，孤军无援，很快就被朱培德第三军的杨竹轩、杨如轩所部包围缴了械。

蒋介石得知新编二师暴动的消息，大为恼火，立即让下属向国民党中央执行委员会起草了呈文：

“前新编第二师代理师长叶剑英，率师驻次吉安，勾结共产分子，阴（谋）叛党，竟于5月13日鼓动该师学生队及师部监护队，勾结当地农民自卫军，将该师忠实部队逼令缴械，并将忠实官佐逮捕监禁。该师长叶剑英及跨党分子张克等倒行逆施，谋叛党国，即通令各军一体严缉惩办，拟请准该逆等一体开除党籍。”

7月28日，南京国民党中央监察委员会召开第十七次常务会议，决定将叶剑英等“永远开除”出党。随即将蒋介石的呈文转给南京国民政府中央执行委员会，经8月5日第十七次会议讨论，决定咨请南京国民政府通缉。

（傅师吾）

“应该团结抗日”

——叶剑英和汤恩伯

1939 年初，国共合作在南岳举办游击干部训练班。

国民党方面派汤恩伯任游干班教育长，中国共产党方面派叶剑英担任游干班副教育长。他们两人政见不同，但为了一个共同抗日的目标，总的看合作是比较好的，不过有时也有些矛盾和摩擦。

那时，每周星期一总理纪念周上，汤恩伯和叶剑英都分别对学员们讲话，讲话内容往往是各自阐述抗日战争的路线、方针。

1939 年的 3 月 12 日是孙中山逝世纪念日。南岳开了一个群众性的纪念会，游干班学员也参加了。在大会上各界人士都有代表讲话。有一位国民党衡山县县党部书记，作为会议代表讲活。他说，只有国民党可以救中国，只有三民主义可以救中国，其他什么党、什么主义都不能救中国。

轮到叶剑英讲话时，他就含蓄地说，我很赞成现阶段实行三民主义，但是应该实行孙中山的联俄、联共、扶助农工的革命三民主义。

汤恩伯听了，面有难色。

叶剑英坚持有理、有利、有节的原则，从正面阐述只有国共合作，才能抗日救国的道理。为了照顾汤恩伯的面子，没有展开论战。

在第一期学员将毕业之前，由于华北地区阎锡山的旧军与新军的摩擦，汤恩伯在第一次大会上声嘶力竭说：“在抗日军队的内部不应该有摩擦，有本事去和日本人摩，去和日本人擦!”铮铮之声，乍听起来似乎也很有道理。当时叶剑英听了，觉得这是个大是大非问题，要讲清楚。他站出来说：“我十分赞扬汤教育长的讲话，在抗日阵营内部不应摩擦，不应互相残杀，应该团结抗日，兄弟阋于墙外御其侮，但是如果一方要摩，那么另一方也必然要擦。”他接着说：“我们共产党人主张表里一致。现在抗日阵营内部，有些人口头上讲的是抗日，骨子里搞的是反共。这种人表面上讲得冠冕堂皇，而背地里却是男盗女娼，我们对此坚决反对！”

他的发言，无异当场给了汤恩伯一个响亮的耳光。

（吴众文）

“到敌人后方去！”

1939年抗战进入相持阶段，为了巩固抗日民主统一战线，扩大抗日游击战争，坚持进行持久战。这一年初，国共合作共同举办南岳游击干部训练班，以训练抗日游击战的骨干力量。中国共产党派叶剑英同志任副教育长，担任训练班的领导工作；边章五、李涛、李伯崇、薛子正等同志任教官。班本部设在南岳白龙潭原圣经学院。我当时在衡山县青年战时工作队，经过考试录取，脱下学生装，穿上军装，到游干班学习的。

叶剑英同志负责训练班的领导工作，还亲自给我们讲课，课目是：“游击战概述。”我们每天除了野外训练，就坐在何公馆走廊上听课，每人一条小板凳，一块小木板做记录。

他每次来讲课时，身着褪色的绿军装。脚上穿一双旧长筒马靴，手里拿着讲稿，站在我们学员面前平易近人，和蔼可亲。

我每次听他讲课，有不懂的地方，就向他请教，每问必答。有一次，我问游击战争的战略与战术的关系问题，他给作了详细的解答，使我对游击战有了完整的认识。他讲课理论联系实际，深入浅出，每讲到重要地方，还用手势加重语气。他讲军民关系像鱼与水一样，要紧紧依靠群众。我和同学问他，怎样才能得到群众拥护？他说：“在敌后开展游击战争，一刻也离不开群众，要搞好群众工作，就得了解群众的要求，抓住群众的心理！”说着，举起右手捏拢五个指头，以示掌握住了群众的样子，给我留下了深刻的印象。

在第一期学员毕业时，举行实地练习。在大草坪里讲评后，大家感到快要分别了，有些依依不舍，于是很多同志拿着自己的笔记本，要求叶剑英同志签名留念。他接着每个人的本子，根据不同对象，题上“到敌人后方去，把鬼子赶出去”；“路是人走出来的”；“要做大事，不作大官”等寓意深刻的警句。他接过我的本子，在上面写上：“到敌人后方去”六个大字，并签上他自己的名字。这是中国共产党发出的伟大号召，给我指明了前进的方向，受到了极大的鼓舞。毕业后，我和大部分同学都热烈地响应了这个号召，愉快地奔赴抗日最前线。

（谭安猷）

胆识非凡　品格高尚

叶剑英同志是我党的老一辈革命家、军事家。在他身边工作了 17 年，直接受他老人家的身教言教，使我感到他老人家在长期的革命生涯中，很有胆略，很有远见卓识。他的高尚品格为大家所推崇。

一、“吕端大事不糊涂”

叶剑英同志在长征途中，机智勇敢地同张国焘分裂党、分裂红军的行为作斗争，将张国焘危害党中央的“密电”及时送给了毛主席，为党为人民立了大功。这件事毛主席经常讲。从中央档案馆一份材料中看到：1937 年 3 月 21 日，毛主席在有张国焘等人参加的延安政治局扩大会议上说：“叶剑英同志将秘密的命令送来给我看，我们便不得不单独北上了，因为这密令上说：‘南下，彻底开展党内斗争。’”

毛主席在“文化大革命”期间，视察大江南北时，向杨成武同志谈起这件事。我亲耳听到杨成武同志讲：“主席当时摸着自己的脑袋给我说：‘叶剑英同志在关键时刻是立了大功的。长征途中，如果没有他，早就没有这个了。他救了党，救了红军，也救了我们这些人。’”

毛主席 1971 年 8 月中旬去南方巡视，与各地区的党政军负责人谈话时，也多次谈到此事。在 1971 年 10 月 12 日中办印发的一份材料中说：毛主席于 1971 年 8 月 28 日晚 9 时，在长沙与省、区几位领导人谈话时说：“张国焘搞分裂，叶剑英同志在这件事上立了一大功，张国焘打电报给陈昌浩说，坚决南下，否则彻底解决。当时叶剑英同志当参谋长，他把这个电报拿出来先给了我，我才走的，不然当时我们那些人就都当了俘虏啦。叶剑英同志在这个关键时刻是有功劳的，所以你们应当尊重他。那时我们的路线是正确的。军队如果不到西北，怎么能到华北地区、华东地区、东北地区呢？怎么能在抗日战争时期搞那么多根据地呢？到了陕北张国焘又跑了，他是很怕胡宗南的，后来他又跑到西安胡宗南那里去。我说张国焘如果不跑，要给他当政治局委员，你们信不信？”

1972 年 6 月 12 日，周总理在批林整风汇报会上也就密电问题讲了很长一段话。他说：“剑英同志先得到张国焘的命令，一得到，马上就报告毛主席。毛主席得到这个消息，决心北上。”又说：“剑英同志先将密电报告了毛主席，因而脱险，立了大功。这件事情，是毛主席经常讲的，在座的不少同志听到。不是主席总是拿古人的事来比喻吗？宋朝不是有位吕端嘛。古人有两句话：‘诸葛一生唯谨慎，吕端大事不糊涂’。主席拿这个例子多次说这个事。”

陈毅元帅于 1964 年 12 月 18 日在中央工作会议上，还把主席讲古人的两句话，写在叶剑英开会使用的笔记本里：

剑英道兄正之：
诸葛一生唯谨慎
吕端大事不糊涂
陈毅题赠

这个笔记本和陈毅同志的题赠手迹至今还珍藏着。

1977 年 5 月 14 日，是叶帅的八十寿辰。徐向前、聂荣臻两位老帅得知后，连夜作诗赠给叶剑英同志，以示祝寿！

徐帅诗的开头两句:“吕端当愧公一筹,导师评论早有定”。

聂帅诗的第二联:“川西传讯忠心耿,京华除害一身胆”。

这两位老帅诗的内容,都是说的叶帅当年在长征途中送“密电”的事。

当我看到和听到叶帅在长征途中送“密电”这件事,深深感到叶帅的胆略过人,使我深受教育。

为了亲聆叶帅关于送“密电”的事,我曾借给首长批办文件的机会,请教了首长。叶帅一开口就说:“送‘密电’这件事没有什么,个人的事情是不值得去说的……”在我多次的请求下,叶帅才简略地给我讲了一下事情的经过。他说:

> “那天,前敌指挥部开会,新任总政治部主任陈昌浩讲话,讲得正在劲头的时候,译电员突然从外边进来递给我一份电报,我一看是张国焘发来的,语气很强硬,觉得事关重大,应该马上报告毛主席。于是,我就把电报装进口袋里,悄悄出去,飞跑地送给了毛主席,毛主席接过一看,便急忙从兜里掏出一支很短的铅笔,把电报内容抄在一张吸烟的小纸条上,然后,对我说:‘你赶快回去,别让他们发现了。’我回来之后,会还没有开完,陈昌浩还在讲话,等他讲完了话,我把电报交给了他。没出任何事情。”

我倾听了这段惊险的故事,更加感到叶帅的功劳之大,党是不会忘记的,人民是不会忘记的,它将永远载入史册。

二、“全心全意一为公”

当“文化大革命”还处于发动阶段的时候,叶帅就觉得有些问题,如果再继续下去,党、国家、人民就要出现一场大的灾难,不可收拾。于是,对“文化大革命”通过写诗的方式,首先表明了自己的态度。他的这个态度,看起来不是肯定和支持的态度,而是抵制和否定的态度。如:赠陈毅同志的《虞美人》一词中写:“串联炮打何时了,官罢知多少。赫赫沙场旧威风,顶住青年小将几回冲!严关过尽艰难在,思想幡然改。全心全意一为公，共产宏图大道正朝东。”这首词作于1966年秋。手迹至今珍藏着。我每次看到，都非常敬佩他老人家的胆识。当时，正值全国大串联走向高潮，红卫兵运动席卷全国，党和国家各级组织普遍受到冲击并陷于瘫痪、半瘫痪状态，党的各级领导干部遭到批斗、“炮轰”，纷纷被“罢官”，陈老总也受到冲击和迫害。在这样一个危急的形势下，叶帅填了这首词，对“文化大革命”公开发出质问和慨叹，这是何等有胆有识的力作！这首词不仅使危难中的老帅受到鼓舞，同时，也告诉老干部们，在革命长征途上，道路愈险，须斗志愈高，信仰愈坚。要像陈老总那样，临危不屈，坚信共产主义洪流滚滚东去，任何人也阻挡不了。那群祸国殃民的丑类只能落得可耻的下场。

据我所知，陈老总读到这首词很受感动，立刻在这首词的右下角写下了“绝妙好词，陈毅拜读”。

三、横眉冷对，拍案而起

1967年1月，首先在上海，然后在全国掀起一场由造反派夺取党和政府各级领导权的狂暴行动。“文化大革命”从此进入所谓“全面夺权”的新阶段。在不长的时间里，掀起从中央各部门到地方各级党政部门以至各行各业的全面夺权风暴，使全国陷于空前的混乱之中。

面对这种局势，叶帅参加了1967年1月19日在京西宾馆召开的军委扩大的碰头会议和2月11日、16日在中南海怀仁堂由周总理主持召开的有许多政治局委员参加的碰头会议，在会上，为坚决反对军队与地方一样开展所谓大鸣大放等“四大”。叶帅横眉冷对，拍案而起，痛斥江青、陈伯达、康生、张春桥等人。叶帅用手指指着他们说：“坚持党对军队的绝对领导，是毛泽东军事思想和建军路线的一个根本原则。纪律是执行路线的保证，如果开展‘四大’，必然会发生无政府主义，什么个人服从组织、下级服从上级，都是一句空话。这样搞下去，怎么能打仗？怎么能担负起保卫社会主义祖国的重任？”还非常气愤地说，“你们把党搞乱了，把政府搞乱了，把工厂、农村搞乱了！你们还嫌不够，还一定要把军队搞乱！这样搞，你们想干什么？”“革命，能没有党的领导吗？能不要军队吗？”这些义正词严的批评和斗争，代表了党和人民的意志，表现了老一辈革命家的大无畏精神。

当天晚上，会议结束了，叶帅回到驻地后，觉得右手指疼痛，到军科门诊部照片一看，第五掌骨远端骨折。粉碎“四人帮”以后，有一次，我在给叶帅批办文件的时候，提起这件事，叶帅指着骨折的手指说：当时，在会上对江青一伙很气愤，拍案过猛而造成的。随后他问：照的片子还在吗？我说还在，叶帅笑笑说，好吧，就到此为止。

京西宾馆、怀仁堂两个碰头会议结束之后，张春桥、姚文元、王力等人拼凑了一个歪曲事实真相的所谓《会议记录》。江青定调说：“这是一场大的路线斗争”，并要张春桥等出面向毛主席告状。中央文革小组还在政治局生活会上，以“资产阶级复辟逆流”的罪名，组织对叶剑英等老一辈革命家进行围攻，江青一伙还诬指他们为“二月逆流”，向社会上散布、煽动群众掀起所谓“反击从上而下复辟逆流”的活动。从此，叶剑英等老一辈革命家遭到了无情的打击。

四、不怕软禁，不怕诬陷

1967 年 7 月下旬，林彪提出“砸烂总政阎王殿”，报纸上一发出“揪军内一小撮走资派”的口号之后，把黄永胜从广州军区调来北京，任命他为总参谋长、军委办事组组长，不让叶帅主持军委工作了。不久，黄永胜秉承林彪的旨意，成立“材料组”，伪造材料，陷害叶帅并停发他的文件，不准他与外界联系，还调整了警卫参谋，并向他们交代：“要注意叶剑英，不准他与子女通电话，不准他与外界人员联系。要把所有的电话都控制起来。”这实际上是把叶帅给软禁起来了。可是，足智多谋的叶帅，总有办法对付。有一天，一位警卫参谋突然怀疑叶帅往外打电话了。于是，他就想了个法子来整叶帅。他把前屋值班室电话线卷成几圈放在那里，看叶帅是否动电话了，只要电话一动，电话线就会有变化，电话线一变，就跟叶帅算账。恰好，这天下午，叶帅又从后屋卧室里来到前屋值班室，准备给孩子打个电话。当他走到电话跟前，一看，电话线被人卷成几圈放在那里。他又背着手仔细看了看，还数了数电话线卷了几圈。然后，才拿起电话给孩子们打，打完以后，把电话线又恢复原样放在原处。晚饭后，这位警卫参谋回来并没有看出电话被用过。事隔几年后，叶帅开始恢复工作的时候，把这件事当成故事讲给我们听。他说："那个时候（正是开始反'二月逆流'），打个电话都受限制。他们给我规定了好几条，不准我打电话，不准我与外界联系，这只是其中的一条。那时，我总要打电话主要是对社会上的情况不了解，对孩子们有些担心，打个电话，听听他们的声音、问问他们的情况也就放心了。尽管他们有这些限制，但我还是没少打电话。每打完一次电话我都偷着笑，笑他们这些青年人无论想什么办法、玩什么花样，我都一眼就看穿了。当然，这件事不是他们的过错，而是黄永胜一伙布置下来的。他们也只好这样去做。"

1967 年 9 月 3 日，北京机床研究所等单位的造反派，以抄叶帅子女的家为名，抄了叶帅的家，拿走了大量的机密文件、手稿、记录稿、讲话稿和中央、军委领导机关的来往文件以及中央领导人的保密电话本等等，并将有关材料经过整理编写了一本题为所谓《叶剑英罪行》材料上报给戚本禹及叶群等处。

叶帅在被软禁期间，不光是打电话受限制，其他活动也没有自由了。尽管如此，他还是和往常一样，学习、休息照常。后来，对抄过他的家和反他的造反派，他不但不追究，还帮助他们"卸包袱"。可见叶帅的胸怀是多么的宽阔，他把毕生的精力都放在了党和国家的大事上了。

五、在过"流放"的生活中

1969 年"九大"前夕，发生苏联军队多次侵入我黑龙江省珍宝岛地区的边境武装冲突事件。林彪借所谓战备发布了"一号命令"，把一些老一辈革命家赶出北京，让他们过着"流放"的生活。

当年过七旬的叶剑英同志来到湖南长沙，之后辗转于岳阳、湘潭、广州等地受尽林彪的追随者们的冷遇、刁难和折磨，但也受到许多领导同志、基层工作人员和广大群众的关怀和爱戴。在此期间，叶帅虽然身处逆境，子女受株连被关押、被下放农场劳动等情况，但他仍然关心着国家的建设、人民的生活。

在长达九个月的“流放”生活中，叶帅做了很多工作，特别是调查研究工作。如在湖南长沙期间，他为了帮助湖南省发展人民广播事业和普及农村广播网，花了不少时间和精力深入基层有关单位和部门进行深入细致的调查研究。从我整理他的工作手册里边记载的调查材料和数字对比的情况来看，他不仅抓到了第一手材料，还对这些材料作了深刻的分析。他写道，从1961年开始到1969年4月止，全省有33个县广播站、765个公社广播站、10万个广播喇叭等被砍掉、被破坏，其原因不单是三年自然灾害的影响，也是“文化大革命”中无人管理所造成的，他建议省革委会抓一下这个问题，到了这年的8月，全省情况有好转，765个公社广播站恢复712个；大队通广播的占全省大队总数的65%；生产队通广播的占全省生产队总数的20%。

六、揭穿陈伯达真面目

1970年8月23日，党的九届二中全会在庐山召开了。

会议由毛泽东同志主持，一开始，林彪就抢先讲话，坚持设国家主席。8月24日下午，在讨论林彪讲话的分组会上，陈伯达、叶群等人分别发言，并宣讲一份由陈伯达选编的题为《恩格斯、列宁、毛泽东关于称天才的几段语录》的材料。他们在发言中，按照林彪讲话的口径，抓住设国家主席和称天才两个问题不放，并集中整理一份有关这方面内容的简报。这份简报煽动性很大，在各组引起强烈反响，造成一种紧张局势。

毛泽东同志及时察觉到林彪等人为争夺个人权力进行宗派活动，于8月25日主持召开了政治局常委扩大会议，决定立即停止讨论林彪的讲话，收回简报，并责令陈伯达检讨。

叶帅在毛泽东、周恩来的直接领导下，再次站在第一线同林彪一伙展开了针锋相对的斗争。会议结束前，中央宣布对陈伯达进行审查。会后，毛泽东同志在庐山住地同周恩来、叶剑英同志连日研究“批陈”问题，并把调查陈伯达反革命历史和政治面目的任务当面交给了周恩来和叶剑英。

叶帅不怕担风险，愉快地接受了这个重托，很快地组织了调查小组，亲自带领奔赴福建、广东、广西等地，深入农村、深入群众，不怕苦不怕累，昼夜不停地开展调查研究工作。当时，我跟随叶帅参加了这项工作。叶帅于12月15日亲自带领我们下农村到陈伯达家乡惠安陈家大厝进行现场调查，还走访了周围群众。在福州工作了一段时间之后，为了方便调查研究工作，于12月初由福州市转到厦门市，住在鼓浪屿黄家大楼。这个地方距离金门岛很近，用望远镜可以清楚地观察到国民党的哨兵。在这样一个很不安全的地方，他工作了近一个月，过了元旦才转到广东、广西。

在这期间，叶帅工作很紧张，天天找人谈话，他有时为了弄清一个细节，找了这个人调查后，又紧接着找了那个人调查。白天时间不够，就占用晚上休息时间，经常搞到深夜一、二点钟才休息。他亲自抓第一手材料，及时给中央写工作进展情况报告，与中央保持密切联系。周总理看到报告后来电话赞扬，并亲切地说："工作要劳逸结合，注意身体，注意安全。"

经过几个月艰苦细致的调查研究工作，叶帅终于弄清了陈伯达这个政治骗子的真面目和他的反动历史，为中央粉碎林彪与陈伯达等人结成的反革命集团做出了重大贡献。

这一时期，我是直接在叶帅领导下，日日夜夜与他在一起工作，在进行工作交往的过程中，他给了我很多很深刻的教育。突出的是他的艰苦朴素的优良传统、谦虚谨慎的工作作风和稳扎稳打的工作方法。这是我要永远去学习，永远去作的。

七、"庐山终古显威灵"

叶帅继续与林彪、陈伯达等进行坚决的斗争，对他们保持着高度的警惕性。

1971年8月，毛主席在巡视南方时，与部分省、区党政军负责人谈话，着重谈了九届二中全会上的斗争，他指出："庐山这件事，还没有完，还没有解决"，"林彪对这件事'当然要负一些责任'。"当时住在北戴河的林彪，通过他们的亲信得知毛泽东谈话的内容，陷于极大的恐慌之中。他们密谋在毛泽东南行的旅途中对他采取谋杀行动。同时，他们还作了带领亲信骨干南逃广州、另立中央的准备。

9月3日，毛泽东从南昌到达杭州。当他了解到一些可疑的情况后，立即采取措施，于9月12日乘车提前返回北京，使他们的谋杀计划破产。林彪一伙看到南逃阴谋已难得逞，于9月13日凌晨强行乘飞机外逃叛国。途经蒙古温都尔汗附近，飞机坠地，机毁人亡。叶剑英同志愤怒地写下了《斥林彪》诗：

铁鸟南飞叛未成，
庐山终古显威灵。
仓皇北窜埋沙碛，
地下应惭汉李陵。

这首诗旗帜鲜明，义正词严，深刻地揭露了林彪的丑恶嘴脸和反动罪行，表现了强烈的憎恨。

林彪事件后，毛主席亲自抓落实干部政策的工作。11月14日，毛主席在接见参加成都地区座谈会的同志。当叶帅走进会场时，毛主席指着叶帅，对到会的同志说："你们再不要讲他'二月逆流'了。'二月逆流'是什么性质？是他们对付林彪、陈伯达、王关戚。"1972年1月初，毛主席又对周总理、叶帅说："'二月逆流'经过时间的考验，根本没有这回事，不要再提'二月逆流'了。请你们去给陈毅同志传达一下。"这就为"二月逆流"的错案平了反。粉碎"四人帮"后，中共中央又正式作出决定，宣布为"二月逆流"平反。

"二月逆流"的错案，虽然被毛主席给平反了，但制造"二月逆流"的江青一伙并不甘心。他们还继续反党乱军、打击迫害老一辈革命家，他们的活动日益猖狂。1974年，他们借发动"批林批孔"运动，把矛头直接指向周总理和叶帅，他们在一次报告会上，煽动大家向所谓封、资、修展开大规模进攻，抓什么"当代最大的儒"。会后，私自往军队里送黑材料，在军队里煽风点火、制造混乱。

叶帅为了制止他们的阴谋活动，给毛主席、党中央写了一封信，毛主席看信后作了指示："此事甚大，从支部到北京，牵扯几百万人，开后门来的也有好人，从前门来的也有坏人。现在，形而上学猖獗，片面性。"狠狠地批评了江青一伙。江青知道后，更加恨叶帅。张春桥讽刺叶帅说："用这个办法来告状，这也是一大发明。”江青一伙受了毛主席的严厉批评后，不服气，又利用手中的权力，通过报纸、讲演等形式，掀起大反“经验主义”的妖风，把老一辈革命家几十年积累的丰富革命经验，说成是“经验主义”。

中央军委为了消除林彪干扰破坏军队建设和江青一伙反军乱军所造成的严重恶果，于1975年上半年召开了军委扩大会议。在会议期间，叶帅与到会同志个别接触交谈，给大家打了招呼，并严肃指出：“不容许任何野心家插手军队、搞阴谋活动。要警惕江青一伙掀起反‘经验主义’的妖风和反军乱军，妄图篡夺军队领导权的阴谋。”叶帅的这些话，有胆有识、语重心长、深得人心。它对稳定军队、推动军队各方面的工作、顶住“四人帮”反军乱军的逆流，起了重大作用。

但是，“四人帮”并不就此罢休。就在这年，王洪文亲自主持办了四期的所谓“中央读书班”。他开始在“读书班”上交底说：“这次‘批林批孔’运动，要解决九次、十次路线斗争没有解决的问题”，“要解决复辟回潮的问题”，“要解决中央出修正主义怎么办的问题”。江青也在“读书班”叫嚷：“你们回去要发动群众揭盖子”，等等。他们办一期“读书班”，就提拔一批干部，有的连提三级，有的连提四级，极力往手里抓干部。叶帅发现他们这个阴谋之后，让我把王洪文办的一至四期所谓“中央读书班”中部队学员的情况摸清楚。他说：“看看都提了哪些干部，这些干部的具体情况如何，有多少是‘文化大革命’中的造反派?”等等。我按照他的指示，及时向有关部门作了了解和统计，并作了报告。叶帅看后，非常气愤地说：“他们是为篡夺军队各级领导权作组织准备。”并在军队召开的一次会议上指出：“不能通过办两三个月的学习班，就大批破格地提拔干部。这样做，不符合党管干部的原则。干部的任免、提升、调动要由各级党委来管。”并采取了果断措施。王洪文一伙的这种做法，被有力地制止了，于是，他们更怀恨在心。

八、热情支持伟大的“四五”运动

1976年1月8日，党和国家的重要领导人周恩来逝世，全党、全军和

全国人民非常悲痛。可是，在为周总理治丧期间，“四人帮”发出种种禁令，竭力阻挠和诬蔑群众性的悼念活动，引起广大干部和群众的愤怒。从3月下旬开始，首都人民自发地汇集到天安门广场，在人民英雄纪念碑前敬献花圈、花篮，张贴传单，朗诵诗词，发表演说，表达对周总理的悼念，痛斥“四人帮”的罪恶。清明节这一天，悼念活动达到高潮。首都和外地来京的群众不顾当时一再重申的禁令，到天安门广场的达二百多万人次。声势浩大，群情激奋，锋芒直指“四人帮”。

在天安门事件中，叶帅每天都派身边工作人员到天安门广场去了解动态，抄写革命诗词。他看了讽刺、鞭挞“四人帮”的诗词，心里非常痛快。

在天安门广场、人民英雄纪念碑前，广大干部和群众的这种举动，是对人民的好总理的怀念，是对万恶的“四人帮”的控诉！

4月4日，叶帅受天安门广场的群众举动所感染，不顾身边工作人员的劝阻，冒险带着警卫参谋马西金，从小翔凤驻地乘红旗车，经南长街到天安门广场西侧路，进入广场西北面，在距人民英雄纪念碑三、四十米远的人群中停车，观察事态发展的情况。在这里约停二十分钟左右、又转到广场东侧路，距纪念碑也很近。在这个地方约停十几分钟、然后，从前门二环路慢慢行驶至天安门前停了一会，从北长街回到驻地。叶帅观察了现场的一切，心里非常高兴。他说：亲自到现场一看，对运动的情况，心中更加有数了。

“四人帮”面对当前的这种局势，把中央、军委主持日常工作的邓小平(代替周恩来同志)、叶剑英同志视为“眼中钉”，认为有他们在位就别想达到夺取中央、军委领导权的目的。于是，在中央政治局恶毒攻击邓小平，并一致通过发出中共中央“一号文件”，由华国锋任国务院代总理并主持中央日常工作，邓小平只管外事。

在中共中央发出“一号文件”的同时，借口叶剑英健康状况有变化，突然发出了一个通知：在叶剑英“生病”期间，由陈锡联“负责主持中央军委的工作”。这弄得我们秘书莫名其妙，因为首长还在批办文件，并没有休息。接着，又在江青一伙的策划下，以中共中央的名义下达了一个“三号文件”，批转中央军委2月6日关于停止学习贯彻执行1975年7月叶剑英、邓小平在军委扩大会议上的报告和讲话。随后，“四人帮”在全国全军掀起了更大的"反击右倾翻案风"浪潮，诬蔑邓小平是"至今不肯悔改的走资派"，是"天安门反革命政治事件"的"总代表"、"黑后台"。"四人帮"在疯狂地迫害邓小平的同时，把攻击的矛头进一步指向了叶剑英。他们诬蔑叶帅是"邓小平的保护伞"，并制造事端，追查"天安门反革命事件"，一直追查到叶剑英同志头上，逼他"靠边站"，妄图达到剥夺他对军队领导权的目的。但是，叶帅毫不畏惧，继续坚持斗争。

九、挺身而出除四害

1976年9月9日毛主席逝世后，"四人帮"加紧了夺取党和国家最高领导权的活动。先是要夺汪东兴的权，因为他管的文件、档案里有他们的历史材料，所以他们把王洪文的一个工作人员安插在中央办公厅，住在紫光阁架设多部电话，盗用中办名义，要各省、市、自治区有什么重大问题向他汇报联系。

面对这种严重情况，叶帅及时给汪东兴打了招呼，要他加强戒备，不要被江青夺了掌管文件、档案的大权。

叶帅在警惕地注视着"四人帮"的动向的同时，苦心思索着在什么时机，采取什么办法来解决"四人帮"的问题，他经过与党内、军内的一些老同志个别接触和交谈，心里更有了底，更加增强了战胜"四人帮"的决心和信心。身为党中央第一副主席、主持中央日常工作的华国锋，在"四人帮"咄咄逼人的进攻下，也认识到必须消除这个党和国家的痈疽，但如何消除？一时却无计可施。这时，叶帅主动找上门了，几次与华国锋交谈。10月4日"四人帮"在《光明日报》下了动员令，叶帅向华说："我们和'四人帮'的斗争是你死我活的斗争，解决他们的问题已经到了刻不容缓的时候了，他们就要下手了，不能再等啦。我意，6日至7日下决心'一破一立除四害'。"经与华商议决定6日晚八时，以召开会议的名义，由华国锋、叶剑英代表中央政治局执行党和人民的意志，对江青、张春桥、王洪文、姚文元及其在北京的帮派骨干实行隔离审查。随后，又给汪东兴交代任务，做具体布置，要保证完成任务。

6日晚上，叶帅不顾年事已高，提前到会，与华国锋一起，不到一个小

时，就把“四人帮”解决了，实现了党和人民的共同心愿。当晚十时，中央政治局召开会议，商讨粉碎“四人帮”后党和国家的重大问题。会上，一致拥护处置“四人帮”所采取的果断措施。

10月7日至9日，中央分片召集驻京单位、各省、市、自治区领导，向他们打招呼。

10月14日，党中央向全党、全军和全国人民公布粉碎“四人帮”的消息之后，人们奔走相告，兴高采烈。许多老同志激动地说，叶帅为我们党和国家立下了不朽的功勋！

叶帅在粉碎“四人帮”的斗争中，起了决定性的作用。可是，他从来不讲自己的功绩，从来不强调个人的作用，他的这种谦逊质朴的高尚品格，赢得了全党、全军和全国各族人民的衷心爱戴。

粉碎“四人帮”的前前后后，工作很顺利，没有出现任何问题。我认为，一个重要原因，就是叶帅工作细心、保密工作做得好。他在粉碎“四人帮”的前夕，还照常工作，就在解决“四人帮”的当天中午，还继续让秘书去汇报工作批办文件。秘书们一点也不觉得就在这天晚上要解决“四人帮”的问题，这是粉碎“四人帮”取得胜利的关键所在。

十、“老骥仍将万里行”

粉碎“四人帮”之后，中国社会主义四化建设开始了新纪元、新长征，叶帅的心情格外高兴。

他于1978年“五一”国际劳动节来到具有光荣传统的广州，与当地的干部和群众一起欢度佳节，并在红棉树下摄影留念。在此期间，他在照片上写下了一首自勉自励的七言绝句：

> 百年赢得十之八，
> 老骥仍将万里行。
> 小憩羊城何所迁，
> 英雄花照一劳人。

这首七绝，抒发了自己老当益壮、永远革命的情怀。叶帅自比老骥，要在新的革命征途中，继续作“万里行”。

叶帅为了扭转“四人帮”对军队的干扰使之得到恢复和发展，以大量的精力领导全军在各个方面拨乱反正。从而开创了军队工作的新局面，并在安邦定国方面取得了伟大成绩。

叶帅为了加速四化建设，他领导全国人大和人大常委会，制定了一系列经济法规，保证了经济建设中各项工作的顺利发展。他注重实际，深入调查研究，经常到南方各地，具体地考察和指导四化建设及其他工作。

1982 年 5 月，他已是 85 岁高龄的老人了。那时，党中央根据他的年龄和身体条件，尽量减少他的具体工作，希望他健康长寿。可是，他还是每天都要批办文件，听汇报，翻阅当天的报刊。有时工作起来，忘记吃饭和休息。他把自己的工作、学习、休息写成三句话，放在写字台右边压在玻璃板底下作为“座右铭”，用来激励自己。这三句话是：“抓紧时间工作，挤出时间学习，偷点时间休息。”他“抓紧时间工作”，有三个不管：一是，不管是不是八小时以外的时间；二是，不管是不是吃饭的时间；三是不管是不是睡觉的时间，只要工作一来就马上去做，今日事今日毕。他的学习也是一样，一天的工作再忙也要“挤出时间学习”，经常在吃饭和散步的时间里，听秘书根据有关资料汇报一周来的国内外形势，经常在工作间隙时间读书看报，自学外语，主要是英语。有时上厕所的一点时间也要利用上，不是拿一张报纸看就是拿一本刊物看。这样一来，他的休息时间就更少了，只好“偷点时间休息”。他有时工作太累了，就坐在那里闭上眼睛休息一会，五分钟、十分钟就可以了。

叶帅一生为什么对自己要求那么严格？凭我在他身边工作这么多年的观察和体会，深深感到：他有一种可贵的精神，这就是为党的事业、国家的事业、人民的事业兢兢业业，活到老，学到老，工作到老，有一分热发一分光的彻底革命精神。

叶帅一生不仅是对自己要求那么严格，对身边的工作人员，从秘书到警卫参谋、从医生到护士、从服务员到炊事员也都一样严格要求。他于 1979 年 6 月 1 日曾为工作人员题写两句词：“认真负责、严肃工作。”这两句词就是对我们的鞭策。

我们可以这样说，叶帅既是一位可尊可敬的严肃首长，又是一位平易近人、慈祥亲切的长者。他只要稍有空闲，就和身边工作人员谈工作、学习、生活，拉家常。如1983年9月的一天，他在批办文件的时候，问我："办公室的工作怎么样，有什么事情没有?"我就向他作了汇报："办公室最近开个会，研究如何进一步做好秘书工作。首先，要坚持秘书碰头会议制度，每礼拜一下午开一次秘书碰头会，主要是小结一周来的工作，看看这一周里都有几件什么大事，秘书是怎样办理的。最后，把碰头会的情况集中起来，提出建议报给首长。"叶帅听了以后，非常满意，并亲切地说："你们这样做很好，全体工作人员也要有个会议制度。这样，就可以充分发扬民主了。一个国家、一个机关、一个单位、一个人没有民主和集中，工作是搞不好的。办公室民主和集中，主要靠讨论研究。头头要经常主持开些会议，发扬民主，然后把大家的意见集中起来作出决定，大家分头去办。这样就可以更好地工作。"他的这番亲切的教诲，给秘书们传达后，都很受鼓舞，大家一致表示：绝不辜负首长的教导，一定要在工作中认真贯彻执行。从此以后，各种会议制度一直坚持。全体工作人员一个月一次的会议制度也坚持得很好，它充分地调动了大家的工作积极性。

叶帅很关心青年人的成长和政治上的进步，在生活上对他们也很体贴照顾。有一天，叶帅在散步的时候对我说："中国的未来是属于他们青年人的（指旁边护士）。青年人朝气蓬勃，你们要经常接近他们，了解他们，并关怀他们政治上的进步，把团员中表现好的、具备党员条件的接收入党。"

叶帅对生长在红旗下的一代青年寄予无限的希望，他的殷切期望，鞭策了我们尽一切力量做好党支部的工作，加强了对青年团员的培养教育和发展党员工作。

叶帅还经常对身边工作人员问寒问暖，当他知道谁有困难时，就竭力帮助解决，即使是一些生活小事，也照顾得非常周到，非常妥帖，使人感到春天般的温暖，心里热乎乎的。

叶帅是一位伟人，也是一位凡人。作为一个伟大而平凡的人物，他不只是关心天下大事，在党和国家面临危难的关头，识大体、顾大局，坚定地把握正确的方向，表现出非凡的胆略和恢弘的气魄，真正做到"吕端大事不糊涂"，而且也非常关心群众，关心他人，在日常生活中，在人际交往的过程中，在一些平凡小事上，都表现得很突出。我要永远牢记他对我的亲切教诲、永远学习他的伟大而平凡的高尚品格。

（张廷栋）

“知道的不说，不知道的不问”

敬爱的叶剑英元帅逝世以后，我仍在他生活、工作过的地方参加做善后工作。每当我看到首长读过的书籍、批阅过的文件以及使用过的物品，他的音容笑貌就浮现在我的眼前，他对我的教诲和关怀，就一件件地在我脑海中闪过。

我是1971年10月份调到叶帅身边工作的。在此之前，我做梦也没有想到会到有着传奇般经历的、中外著名的叶帅身边工作。我是华北平原上一个农家的孩子，参军后到了野战部队，后调到总参机要局工作。一天，领导上找我谈话，通知我到叶副主席办公室帮助工作。当时我的心情是又激动、又紧张。我想象中的元帅一定是十分威严的，所以在高兴之余，又有点儿胆怯。可是当我见到叶帅那魁梧的身体、和善而慈祥的面容时，紧张而胆怯的心情完全消失了。首长是个极和蔼的老人。在工作之余，常和工作人员说说笑笑，没有一点架子。我们在首长面前也很随便。我感到，能在这样慈爱的首长身边工作，十分荣幸。

当时，正是九一三事件之后，我们党刚刚粉碎了林彪反革命集团，撤销了由林彪死党把持的军委办事组，确定由叶剑英同志以军委副主席身份主持军委的日常工作，各单位开始了对林彪反革命集团谋害毛主席、叛国投敌罪行的揭发批判。中央规定，军队揭发林彪反革命集团的材料，由各大单位直接呈送叶帅亲启。我负责首长文电的收发工作，由于当时的特殊情况，还负责分发参加军委办公会议领导工作的其他同志的文件，工作量很大，整天忙得不可开交。叶帅的工作就更忙了，每天都工作到深夜或凌晨。每当我看到七十多岁高龄的首长还夜以继日地工作，我就感到惭愧。

暗暗下决心克服自己在工作上怕苦怕累的思想。因为那时工作紧张，很少有什么娱乐活动。首长有时利用工作之余看看电影，总是忘不了我们，喊我们也去看。逢年过节，他总是邀请我们工作人员和他老人家一起吃饭。记得1976年春节，我到战友那儿去玩，他见饭桌上没有我，就让秘书打电话找我。首长这样关心和惦记每个普通工作人员，使我激动得不知说什么好，心情久久不能平静。

叶帅知识渊博，学问高深。他自己那么高龄，还孜孜不倦地学习。政治、经济、军事、哲学、文学无不涉猎。虽然他精通俄文，懂得英语，到了垂暮之年，还在深钻英语。他不仅自己刻苦学习，对身边的工作人员也严格要求，常常向我们讲述学习的重要性。教导我们学习马列、学习哲学、学习中央文件。他说：只有加强学习，保持清醒的头脑，才能在思想和行动上自觉地与党中央保持一致。在学哲学时，我和其他几个文化低的同志觉得这门课深奥、枯涩、难懂，他老人家嘱咐我们要知难而进，并亲自为我们订了学习计划，像老师对小学生一样耐心细致。要求我们按章分节熟读、讨论，并要写出学习心得。还要求每个人既当先生又当学生，在学习讨论时各着重谈一个问题，一人发言，大家受益，做到互帮互学。这样学习，使我受益匪浅，增强了认识事物、分析问题的能力，在不少问题上克服了盲目性，减少了工作上的差错。

他老人家在工作上也是以身作则，给我们做出了榜样。处处事事以党的利益为重，急人民所急，虑人民所需。上世纪70年代初，某地区下了一场大雪，一部分牧民和牲畜受困，来电请求部队支援。这份电报首长看到后，问我们是什么时间收到的，我们回答是刚收到的。首长满意地点点头，告诉我们像这样的事情一定要随到随办，不能延误。还说牧民们受困已几天了，这是人命关天的大事，一定要及时处理。

我负责文电的收发工作，整天接触的都是党、国家和军队的机密。保守党、国家和军队的机密是一件十分重要的事情。首长在这方面不但严格要求自己，还经常对我们进行教育。要求我们做到“知道的不说，不知道的不问”。记得有这么一件事，一个关于某同志调任某军区司令员的批件还没有传阅完毕，那个军区党委就知道了，并发电表示欢迎。首长看到发来的电报以后就一一查问是谁把情况泄露出去的。查问的结果不是我们办公室的同志泄露的。我们办公室的保密工作没有出现过什么纰漏，都是按照首长“知道的不说，不知道的不问”的教导去做的。

1976 年初，“四人帮”掀起了一场“反击右倾翻案风”的运动。小平同志又遭到了迫害，叶帅也受到了冲击，一度被中止了中央领导工作。周总理、朱委员长和毛主席相继逝世后，“四人帮”的反动气焰更加嚣张。叶帅和中央其他领导同志顺应党心、迎合民意，一举粉碎了祸国殃民的“四人帮”，挽救了革命、挽救了党。当时，小平同志身体不好，叶帅亲自过问安排小平同志住院治疗。小平同志出院后，叶副主席为了让他能尽快出来工作，尽快熟悉国内外情况，确定由自己的办公室转给他一套中央文件看。这套文件是由我签收转发的。我感到，当时叶帅确是高瞻远瞩、细心谨慎。

我在叶帅身边工作十几年，办的都是一件件小事，然而正是这样一件件小事，在我心中树起了他那和蔼可亲、平凡而伟大的光辉形象。他那伟大的革命精神、高尚的思想品德、优良的工作作风，将永远成为鼓舞我前进的力量。

（李俊山）

“这里的工作很重要，你们要当好参谋，把好关”

我是 1971 年 10 月调到叶剑英副主席办公室工作的，1975 年离开，在他身边只工作了短短三年多时间。记得我刚到办公室不久，第一次请首长批阅文件时，叶帅对我说：“欢迎你来工作。这里的工作很重要，你们要当好参谋，把好关。”当时我领会：九一三事件刚过，军队工作还没有走上正轨，下面直接请示军委的事情很多，如果稍有差错，就会给军队工作带来损失。我们遵循首长的指示，凡是来自下面的请示报告，我们几个秘书，事先都要进行认真研究，提出处理意见，对不十分清楚的问题，就及时与

有关单位联系，进行核实后，再呈首长审批，并将每件工作的办理过程进行详细记载。首长对我们这样做很满意。

有一天他对我们办公室的几位同志说：“你们也要建立办公会制度，把每天的工作研究一下，然后再分头去办。”这是叶帅一贯的工作方法。他告诉我们，这是他在粤军、黄埔军校工作时养成的习惯，每天都要召集有关人员开碰头会，研究一天的大事。他这样要求我们，是要我们建立良好的工作秩序，有条不紊地处理工作。

有一次叶帅在办公室提醒我们说：“你们要团结协作，共同把工作搞好。”九一三事件的一段时间，我们几个管军事工作的秘书和军委办公会议的秘书组在一个办公室办公，由于都是管军委的具体工作，工作上有些交叉，所以两个办公室互相通气、团结协作非常重要。叶副主席给我们指出之后，我们都很注意这个问题，有时遇到比较难处理的事，我们就在一起研究，提出意见，然后再呈首长审批。

在林彪反革命集团覆灭之后，“四人帮”反党乱军的活动不但没有收敛，反而十分猖獗，1974 年发动的所谓“批林批孔”运动，还直接把矛头指向周总理和叶帅；他们还打着毛主席的旗号，背着军委，直接插手军队，给部队送书、送材料、写信，到处煽风点火，“放火烧荒”，制造混乱。他们把军队的很多正常的战备活动说成是“阴”谋活动，想把军队很多老干部也牵连进去，达到他们不可告人的目的。

叶帅在自己处境非常困难的情况下，临危不惧，照样为党、为国家操劳，对“四人帮”的倒行逆施，他顾全大局，一方面及时地向毛主席、周总理汇报情况，一方面机敏地与他们进行斗争，采取能拖则拖的办法，与他们进行周旋。记得那时总参有个干部，向中央写信反映“四人帮”的亲信在山东的胡作非为，这封信转到了“四人帮”的手里。他们暴跳如雷，借题发挥，对这封信逐句、逐段进行批驳，并把矛头直接指向分管总参工作的叶帅。他们特意把信转给叶帅，要总参严肃处理。当我把这封信呈给叶帅看过后，他只是“嗯”了一声，告诉我说：“不要理他。”

叶帅在处理“运动”中其他问题时，也非常冷静，从不急于表态，总是先进行调查核实，然后再作结论。特别是在清查与林彪有牵连的人和事的问题上，叶帅挺身而出，和“四人帮”进行了针锋相对的斗争，在他的关心下，保护和解放了不少老干部，对稳定军心，加强军队建设作出了重大贡献。

叶帅不仅为党、为军队建设呕心沥血，勤恳工作，对身边的工作人员也十分关心，特别是对我们这些做秘书工作的同志经常给予谆谆善诱，亲切教诲，不仅教我们如何做好秘书工作，还教我们如何做人。他经常告诫我们："要夹着尾巴做人。"我认为这是对我们政治上的莫大关怀。我感到：在首长身边工作，最重要的一条就是要谦逊谨慎，特别是在首长处境非常困难的情况下，更要如此，不管处理任何事情，都要注意自己的身份，不能首长有多大，秘书就有多大，更不能打着首长的旗号去谋私利，帮首长的倒忙。所以，我们在处理问题时，在态度上、语气上都很注意，很少动用"尚方宝剑"。这样不但没有降低首长的威信，相反还提高了首长的威信。

在这方面，叶帅也是我们学习的榜样。他一生谨慎，民主作风非常好。他经常说："凡事要多听听下面的意见，多请示报告，这样就可能少犯些错误。"他每次开会，都是先听大家的意见，从不武断下结论。而且总是平易近人，和蔼可亲，从来没有看到他对别人耍过态度，发过脾气。

叶帅勤奋好学。他经常教导我们："要注意学习，要了解国内外大事。"这也是他的一贯作风，他的座右铭是："抓紧时间工作，挤出时间学习，偷点时间休息。"他不管工作多么紧张，每天都要挤出时间看书、看报、学英语，吃饭、散步时，还要秘书给他讲一天的国内外大事。在他这种孜孜不倦，活到老学到老的精神鼓舞下，办公室也建立了学习制度，经常学习国内外大事和党的方针、政策。叶帅知道后，非常高兴地说："这样很好。"

叶帅不仅在工作上是我们的榜样，在生活方面也是我们的楷模。他的生活很简朴，吃饭从不挑剔，穿的就更随便了，常常是蓝布衣、黑布鞋，只是在接见外宾时才穿一件比较像样的中山装。他利用空闲时打打乒乓球、钓钓鱼、看看电影。当时他身为党的副主席、军委副主席，看看外国影片是不受限制的。但他从来不看乌七八糟的片子，也要求我们不要看那些片子。他这种艰苦朴素、严于律己的作风，使我们深受教育。

在我将要离开办公室那天晚上，他还抽空儿对我作了一次长时间的谈话，其中有一点现在还记忆犹新，他说："现在党内斗争很复杂，要注意学习马列主义的基本理论。我们处理事情直观的东西多，有时论理不够。理论是思想的武器，要做好工作就需要理论，要以理论指导实践。古今中外，理论很多，最根本的是马列主义的理论，要有针对性的学习，要结合工作学习，这样工作才有进步，才不致迷失方向。”我意识到，叶帅之所以讲这些，是提醒我们不能只埋头工作，是要我们加强学习，提高理论水平，提高识别事物的能力，保持清醒的头脑，更好地为党工作。

（唐彦武）

“不能因为给我打针而紧张”
——叶剑英和孟宪臣

孟宪臣是叶帅的一名保健医生，在他的身边工作了七年多，为叶帅的健康长寿，作出了贡献。他回忆起在叶帅身边度过的那些难忘的日日夜夜，十分怀念这位伟大的革命老前辈。叶帅对在身边工作的每一个同志，在政治思想上总是严格地要求，亲切地教导；在工作上总是给我们以极大的支持、鞭策和鼓励；在生活上总是给予无微不至的关怀。老人家和蔼可亲，笑容可掬，非常平易近人。孟宪臣在他面前毫无拘谨之感，在他身边工作感到幸福、愉快和充实。

叶帅在他最后几年患病期间，始终是积极、密切地配合医护人员治疗的。他老人家不仅有伟大的政治胆略和气魄，而且还具有和疾病作斗争的胜利信心。有一次叶帅对孟宪臣说：“我们这些老年人战胜疾病，健康长寿，除了依靠你们这些医护人员，更重要的是病人本身的更好配合。”

叶帅患有一种老年病已近十年，使他的身体健康直接受到了影响，常常因此而引起并发症，特别是经常发生肺部感染。

1980 年以来，肺部感染一次比一次加重，并且发生的次数也越来越频繁。为了积极有效地控制肺部感染，静脉滴注抗菌素乃是最好的方法。但是，他却有点不大适应。于是，孟宪臣和专家们反复讨论，认为只有采用这种方法治疗，才能控制疾病的发展。

当叶帅知道了这是唯一有效的方法，便鼓励医护人员："要大胆地穿刺，不要因为给我打针而紧张。"

有的护士和他开玩笑地说："首长，您平时不是最害怕打针吗？怎么真正要打针的时候，又不害怕了呢？"

叶帅笑了笑，回答说："这个道理很简单，当你们决定要打针治疗，我要紧张，你们不是更紧张了吗？你们一紧张，会影响穿刺成功率。"

叶帅越是这样做，护士的穿刺成功率和治疗的效果也就越高。

孟宪臣在叶帅身边工作的日子里，时时挂念着他老人家的病情，期望他老人家的健康状况有好转。他的工作非常认真，耐心细心。每做一次治疗，他都作一次登记，精心分析病情的变化，建议医疗组采取更有效的医疗措施。

孟宪臣医生曾经做了这样几项统计：在叶帅患病的三年里，先后发生过数十次肺部感染，其中有几次严重，处于抢救之中；共用抗菌素几十种，做静脉穿刺上千次。这样治疗的结果，两肺部仅有支气管炎的表现，并没有达到机化的程度。这在医学史上也是少见的。这充分说明叶帅生前与疾病作斗争是顽强的，配合医护人员的治疗是积极的，从而为健康长寿奠定了坚实的基础。

孟宪臣在叶帅身边参加医疗工作，不仅提高了医疗技术水平，更重要的是，从亲身接触中，听到叶帅的亲切教诲，学到叶帅许多优秀品质和高度乐观主义精神。他在工作中，每遇到困难和问题，想一想叶帅就受到鼓舞，勇往直前，解决了一个个难题，取得了新的成绩。

（梦　文）

叶帅给我留下的深刻印象

1961年下半年至1962年我给叶帅开车，在他身边工作了约一年半。在此期间，我体会到了他老人家的许多优秀品德。有几个印象非常深，始终铭刻在我的脑海里。第一个印象是，叶帅非常重视对子女的教育，从不娇惯或纵容子女。

他经常问我有关其子女的表现，如子女们是否用车办私事，上学时表现得如何等等。

我记得1961年秋天，叶帅问我有关他小儿子的学习情况。我如实做了汇报，说选廉学习不好。当晚叶帅就训斥了他，且不让他吃晚饭。为这事，选廉对我很生气，不再同我讲话了。当然，以后他长大了，见着我，对我还是很友好的。

第二个印象是，叶帅非常严于律己。1962年春天，院务部有位首长给叶帅送了几条鲤鱼。他知道后，马上让他的参谋张弈安把鱼全部送回去，并批评了那位干部，告诫他不要搞这些不正之风。

第三个印象是，叶帅非常注意节约，从一点一滴抓起。

有一天晚上，我们大家都睡着了，忘记关灯了。

工作到深夜的首长发现后亲自关闭了灯。第二天，他谈起关灯的事，教育我们要注意节约每一度电、一滴水。我们大家都很惭愧，同时对首长这种从小事抓起的工作作风感到很佩服。

第四个印象是，叶帅对工作人员非常关心和爱护。

他经常了解身边工作人员的生活情况，随时询问我们大家有何困难。当他得知一位参谋的夫妻关系有些不和时，便给参谋做工作，教育他对妻子应当爱护，夫妻间应当互敬互爱。只要条件允许，他便主动提醒并安排那位参谋回家探亲，联络夫妻感情。

1961 年，有位公务员得了白血病，首长极其关心，想尽一切办法给她治病，尽量用好药，使她延续了十几年的生命。她叫王秀青。

叶帅对工作人员总是无微不至地关怀。他常问我生活有什么困难，工作累不累。有时还给我一些鸡、鱼和水果等，因为他知道我孩子多（我有三个儿子）。每当他得知我生活上有困难时，总是想办法帮我解决。这使得我能够一心一意地为革命工作。

（罗正祥）

老乡情

——叶剑英和李月华

1971 年元旦刚过不久，一天，叶剑英元帅回到了他的家乡梅县。

元帅红光满面，神采奕奕，头戴灰色工人帽，身穿灰色中山装，极为朴素庄重。他一下车就与当地领导及同志们一一握手、问好，十分平易近人。然后，下榻中共梅县地委招待所。招待所安排李月华专门照顾叶帅的生活。

叶帅住下以后，就和当地领导亲切交谈，他说："我这次回梅，带来很多人，你们不要铺张浪费，只吃三菜一汤，而且要家乡的饭菜，其他什么都不要。"

招待所遵照老帅的嘱咐，给他安排吃的是家乡老百姓吃的地瓜叶、咸菜、味酵粄、鱼丸和用铁棒槌的牛肉丸、猪肉丸。午饭时，李月华给他送上煎味酵粄，他吃得有滋有味，十分满意。在用餐时，地委马一品书记向叶帅介绍，端菜的小李，是他老家雁洋的老乡。老帅听了十分风趣地说："啊！雁洋的小李，你是雁洋哪个村的李姓?"

李月华回答："我是雁下村李姓。"

老帅接着又问："过去叶姓和李姓经常打架，现在还会吗?"

"解放以后就不会了"。

午饭后，小李送他回房休息，招待所特意在楼下为他准备的是弹簧床，他看了卧室后说："我不睡弹簧床，要睡硬板床，穷人家出身，习惯睡硬板床。"

李月华便马上给他调整了。

叶帅非常和蔼可亲，他要李月华拉过两张椅子，让小李面对面坐着谈话。小李心扑通通直跳。她心想，我这个山沟里的普通干部和国家元首坐在一起谈话，真是幸福，又怕说错话，心情很紧张，手足都不知怎么放才好！

谈话中，老帅了解家乡农业生产情况，人民生活情况，什么都问。小李只能知道多少回答多少。然后，元帅就同小李拉家常，问她家父是谁？多大年龄？母亲多大？家里还有什么人？几个兄弟姐妹？丈夫在哪里工作？工资多少？生活怎么样？……小李都一一告诉他老人家，当他听说小李母亲六十多岁，一年还干二百六十多个工日时，很是激动，让秘书用本子记起来，说："六十多岁还干这么多真了不起！梅县妇女非常勤劳，是家庭主妇，既要下田劳动又要做家务，带孩子，服侍公公婆婆和丈夫，不像潮汕和北方的妇女。"

当他听说小李过去是小学教师时，又问小李教国文还是教算术？学校怎么样？听了小李回答后，说："你真不错。"

随后谈到他要回老家时，又关切地问：我家后山上的树还有吗？屋门口的大榕树还有吗？里公塘还存在吗？村里的干部、家乡父老兄弟的情况怎么样？……小李将自己知道的情况如实地告诉他老人家。

叶帅听了很高兴地点头说："你要多回家看看，我这么远都还要回来看看。"

下午，叶帅回雁洋老家。晚上回来，小李接他老人家回房休息，看他情绪不太好，便问："首长，看到家乡情况如何？"

他叹口气说："唉！月华，家乡变化不太大，我们也有责任，房子还是半个世纪前的，路还是半个世纪前的，山变光了，真可惜。我屋门口塘边的大榕树也没有了。"他对家乡变化不大，表示十分忧虑和内疚。

第二天上午，他亲自调查梅江桥头菜市场，然后又与地委领导交谈，并接见了在梅县家乡的亲属。午饭后，他接见市委直属机关干部代表，并讲了话。

1980年8月13日，叶帅又一次回到家乡。

上午11时左右，招待所所长李月华和同志们在地委内所新楼门口等候着。当红旗牌汽车驶进大门口时，梅县地委、行署领导及全体工作人员排列两行拍手欢迎。大家见到他老人家身体健康，精神焕发，都十分高兴。

李月华上前和服务员扶他老人家下车，老帅因脚行动不太方便，坐着轮椅一边看一边感叹地说："变了！变好了！那么好的房子真没想到！"

小李问他老人家说："首长，你还认得我吗？"

"认得，认得，你是我雁洋的老乡——小李子，月华是吗？"

李月华十分激动地说："谢谢首长的关心。"

叶帅吩咐说："这次我又回来了，还是不能铺张浪费，还是吃家乡菜饭，三莱一汤，不能多。"说罢，他让小李推着轮椅到伙房看望师傅们，亲自交代一番，还和大家一起合影。

叶帅一住下来，就向梅州的领导干部宣布约法三章：一、不惊动群众；二、不铺张浪费，三菜一汤；三、不请客送礼。后面两"章"都照办了。就是不惊动群众这一"章"确实无法做到，因为群众出自于对老帅的敬仰，来看望的人成千上万，络绎不绝。

5月14日，叶帅回雁洋老家。

李月华先到雁洋作迎接准备。

在雁洋，群众早就把老帅家的门坪挤得水泄不通，在期待老帅的归来。当老帅的车徐徐来到家门坪时，群众十分自觉地让道，让他老人家进房。

此时老帅的心情十分激动，不顾自己的腿脚不便，三次站在门口接见了乡亲父老们，并在他小时候住的房里休息。在他家的厅里吃午餐。

午饭后，由小李和服务员扶着到乡政府后面的山上拜他母亲的坟墓。他还要去看父坟。因下面路不好走，大家劝他未能成行。

但叶帅并不死心。

问李月华："去我父亲的坟地的路是不是车子不能行？"

小李说："是真的，今晚下了一场大雨，因新修的山路土不实在，车轮子时有下陷的可能，不安全。"

他相信了。

那天晚上他又找李月华去打听大黄沙村有户人家，曾在大革命时期掩护过他，不知能否找到？他交代长子叶选平第二天去，一定要找到那户人家。

第二天，叶选平由地委办公室同志和李月华陪同一起去松南乡拜祭叶帅父亲的坟墓，然后顺水坐船去大黄沙找那户人家，但没有找到。

叶帅还特意去看望他小时的母校“三堡学堂”（现丙村中学）。

17 日，叶帅要离开梅县回北京去了。

早餐时，他叫秘书喊小李进去。亲切地说：“月华，你们这里的小伙房没有烟囱，师傅做饭汗流浃背，太辛苦了，你要请人修好这个烟囱，你现在是一所之长了，明年我还要回来，如果没有修好，我就要批评你了。”

小李答应一定要把它修好。

饭后，叶帅请李月华和服务员们，同他在餐厅后面的水池边合影留念。

叶帅很留恋，想多住一些时间。他在房里自言自语说：“唉！不要回去了，多住几天多好啊！”

李月华和服务员扶着轮椅说：“首长，明年你一定回来，我们大家等你老人家回来。”

老人家含笑点点头。

八秩高龄的叶帅出了门楼，下了轮椅，慢步前行，又一次接见了市（地）委机关干部代表，并讲了话。

他老人家在车上亲切地向大家招手。

车子开动了，李月华含着热泪目送他的车子远去……

（居里忆）

兄弟情

敬爱的哥哥，每当我思念您的时候，总要到西山您的故居看望，瞻仰遗像，目睹遗物。缅怀往事，历历如在眼前。

我们生长在广东梅州雁洋的偏僻农村，家境贫困。父亲操劳一生，五十而逝，母亲勤俭持家，勉强糊口。哥哥长我十岁，长兄当父，带我长大。

哥哥在中学毕业之后，考入云南讲武堂。在那紧张的学习生活中，犹不忘对我教诲。记得他曾在给我的一封信中写道："天下混乱，乃英雄吐气之时。有胆识，有军事学问者为前驱。有文才，有谋略者为后盾。"警策连篇，语重心长。那时我年少无知，在雁洋公学就读，不能完全理解信中真谛。到后来才晓得，哥哥是在抒发平生抱负，用以启示弟弟练文习武，立志报国。

哥哥从云南军校毕业后，回到广东，在家里只住了很短时间，就告别了贫病交困的二老双亲，嘱咐我长大扶持父母，照顾弟妹。他告诉我，只有剪除军阀，中国才有希望，用实际行动作革命"前驱"，追随孙中山先生救国救民。

第一次国共两党合作开始，建立统一战线，哥哥积极拥护孙中山"联俄、联共、扶助农工"的主张。他认为国共两党携手合作是国家和民族的希望所在。在黄埔军校任教和东征北伐期间，哥哥想方设法维持国共合作的局面，与一些国民党将领如邓铿、许崇智、何应钦、顾祝同等人都保持着一定的友好关系。记得哥哥说过，在北伐前夕，曾去拜访军界老前辈李烈钧，向他请教。李烈钧说：凡为军人，必须坚忍沉着。于是，在战争中，哥哥将"坚忍沉着"四个字作为立身行事之本，并告我不要忘记，以此相训勉。

大革命失败以后，哥哥没有气馁，反而对共产主义信仰弥坚。他抛弃国民党的高官厚禄，拨开白色恐怖的腥雾，秘密地加入了中国共产党。南昌起义后，他带领国民革命军第四军教导团返回广州，参加领导了广州起义。起义失败后，党派哥哥去苏联学习。两年以后，他从苏联回国，转道香港，我们又见面了。但是没住几天，知道他要去中央苏区，我连忙为他购置化装用的衣服鞋帽。我按照母亲的嘱托，去了“东成”和“西就”两家衣店，买了两套衣服，以取个“吉利”。哥哥知道了大笑，批评我不该像母亲一样迷信。记得哥哥走的那天晚上，好不容易回家来和母亲一起吃顿团圆饭。他含泪告别慈母，对我和家人千叮万嘱，临别赠言：在思想上要永远相信共产党、跟共产党走，在行动上要做有益于人民的事。在国民党统治下只能搞一些财务、税务工作，来养母持家，绝不能当国民党的县长、校长，为虎作伥，荼毒人民。哥哥的话，我始终牢记心中。我为了使哥哥安心地为革命事业奋斗，把赡养母亲的义务，作为革命的工作担当起来，尽忠尽孝。

自从哥哥走后，中央苏区经常派交通员来港执行任务。卢伟良同志频繁往来，在我家暂住。他和其他同志从苏区带来黄金和白银，要兑换港币，购买药品等物资。我遵照哥哥走时的嘱咐，尽力协助，代为办理。时间久了，彼此接触多了，获得同志们的信任。他们向我讲革命道理，介绍苏区的斗争情况，叙述红军克敌制胜，军民鱼水情的故事，使我深受感动和教育。

1936 年，哥哥在西安时期，辗转来信给老母请安，并嘱咐我说，国难当头，全国人民奋起团结抗日，弟弟作为爱国一分子，理应多做一些团结救亡工作。我谨遵教诲，通过各种关系，动员一些有志抗战的青年，前往陕北学习，参加抗日。

1938 年，哥哥回到广州，继续进行统战工作，并利用治病之机，看望母亲和家人。经哥哥介绍，我结识了党内负责人云广英、梁广等同志。当时广东省委书记张文彬同志为了同哥哥联系，就住在我们家里。哥哥还指示我协助云广英等同志营救关在广州南石头监狱里的同志。记得在这段时间里，我曾向哥哥提出去陕北学习的要求，哥哥对我说：母亲年迈又染糖尿症，你还是耐心奉养好母亲，照顾好幼小。我问及时局发展和国共两党前途，哥哥打个比方说："国共两党正如两个人赛跑一样，谁进步，谁跑在前头，预计十年内即可见分晓。"我听了以后，如拨云见日，对中国前途充满了信心。

不久，广州沦陷，我移居韶关。适逢八路军在韶关设立办事处，由云广英同志负责。根据哥哥以前的交代，我与他经常联系，并帮助办事处做些统战工作，争取国民党人员团结抗日。后来，国民党掀起反共高潮，云广英同我商量，先把办事处的枪支弹药转移到安全地方去。我找到旧同学李其章，他当时是六十二军军长黄涛的内弟、驻韶关办事处主任，经过接谈，完成了转移任务。

后来，日寇北犯韶关，时局紧张，母病转剧，我接到哥哥来信，希望把母亲及幼小送回梅县老家。我因公务在身，便拜托叶为梅带母亲、嫂嫂即叶选平和叶楚梅的母亲、叶楚梅以及众家人回梅县故里。不料长途跋涉，母亲痼疾多年，更兼 73 岁高龄，病情加剧，仙逝途中。临去前，还直呼哥哥的名字，问什么时候可以回来，家人和叶为梅安慰她说："不久就可以回来见你，无需挂念。"我惊闻噩耗，痛不欲生，赶回奔丧。这时正好收到哥哥给母亲的信。信中说：母亲，尔今年 73 寿高龄了，我狠抱憾，当尔 61 寿辰、71 寿辰，都不容儿子为母亲祝寿，希望母亲长命活下去，当尔 81 寿辰时，那时将是新中国，我就一定能在尔的身边，为母亲祝寿了……全家人看到了信，更加悲痛，我们将信焚在她的灵堂，让母亲在天之灵，知道肩负国家兴亡的远方儿子，如何地期望母亲延年益寿啊！

以后我辗转向哥哥讣告了母亲的噩耗，哥哥以万分悲痛的心情，复了一封信给我，记得这封信里有这么几句话：我们兄弟应该时刻怀念伟大母爱，将伟大的母爱，发扬为爱全国人民，乃至全人类，我为了悼念母亲，已经把胡子留了起来。解放后，哥哥来到广州我的家里，一进门就看到了母亲的照片，他摘下军帽，肃然起敬。良久，轻轻问我："弟弟，这张像可以给我带回去吗？"我体谅哥哥多年思母之情，自然答应了哥哥的要求。哥哥把母亲的遗像挂在自己的房间里，并在两旁恭恭敬敬地写上"为人民的儿子而微笑，为人民的儿子而欢心"，天天瞻望面带笑容的阿母。

1949 年，北平刚解放不久，我就到北平去看哥哥。哥哥告诉我，即将率大军南下，解放华南，叫我回广东和香港做些工作，解决一些物资供应问题，以便配合解放军解放华南。按照哥哥的话，我做了一些自己应该做的事。

“文化大革命”期间，哥哥受到林彪、“四人帮”的迫害，在极端困难的情况下，经常找我聊天，互相激励。一次，我害病住院，哥哥亲自参加会诊，手术前后，到医院看我，还特意抄写了苏老泉族谱引的系诗条幅给我：“吾父之子，今为吾兄，吾疾在身，兄呻不宁，数世之后，不知何人，彼死尔生，不为戚欣，兄弟之情，如手如足，其能几何，彼不相宁，彼独何心。”今天吟诵这些亲切的词句，更加使我想念哥哥！

敬爱的哥哥，您不光是我的亲人，而且是全党、全军和全国人民的亲人。您在人民中享有崇高的威望。人们都在深深地怀念您。

（叶道英）

父亲的遗教

金秋10月，本来是北京最好的时节，但是1986年的10月却成了我一生十分悲痛的时节。爸爸从两年前就一病不起，病情渐渐严重，我们兄弟姐妹们时常守候在他的身旁。每个星期日我总是在他身边度过，有时病情重一些，医生不允许我进入病房，我就在走廊上隔着玻璃久久地凝视着他那安详的面孔，而我自己的心弦总是绷得紧紧的，总是盘旋着这样一个念头：“爸爸，您真的舍得离开我们独自走了吗？亲爱的爸爸！”然而，从医生的眼神里，我时时窥见一种不祥的兆头。

10月22日的深夜里，秋风阵阵，星光暗淡，草木摇落，我不愿想也不敢想的事终于发生了，亲爱的父亲竟自离开我们走了，永远地走了！当时，病房里挤满了他生前亲密的战友，他们半个世纪以来在生死与共的战斗生涯中结下了真挚的情谊。还有与他朝夕相处的、他十分信赖和尊重的办公室和医务界的同志们，都在承受着永别的痛苦！兄弟姐妹们悲痛欲绝。我感到难言的悲哀，然而，“至哀反无泪”，我的泪水早已哭干了！

爸爸在临去的时刻没有给我留下特别的遗言，但他生前是那样地疼爱我们兄弟姊妹们。他一直关怀我的成长进步。他总是耐心地教育我，引导我，激励着我，要我好好地为人民服务，做一个有益于人民的人。

如今，每到星期天，我往往仍觉得他好像还在人世似的，我仍经常到西山去，看望他老人家在那度过了多少艰难与欢乐的旧院子。是的，爸爸喜欢这个院子，并曾为它题诗一首：“翠柏围深院，红枫傍小楼，书丛藏醉叶，留下一年秋。”我们兄弟姊妹们也喜欢这座楼，现在已是人去楼空，然而，这里每一间屋，每一件物品都使我回忆起老人家的音容笑貌，引起我对往事的追忆。是他老人家把我引上革命的道路，1946 年他送我去部队锻炼，以后，当他知道组织要送我出国学习时，他向我提出了严格的要求，亲切地写了一首长诗激励我，诗的原文是：

亲爱的梅儿：——爸爸有你而感觉骄傲。
鼓起你的劲儿，踏上你的长路。
这不是日暮途远呀！红日恰在东升。
阳光照着艰险的途程，比起黑夜里摸索，要便宜得
万万千千。
急进吧！追上那先头出发的人们。
急进吧！再追上一程。
那里有广漠无边的地盘，等待着你们去开垦。
那里有大批优良的种子，等待着你们去拿回来散播，赶上春耕。
人民要翻身了，许多人已经翻了身。
敌人着慌了，不顾一切地起来作绝望的抗衡。
这是人类历史上最热闹的场面。
急进吧！再追上一程。
我们不是速胜论者。
欢迎你们能够赶上这一场翻天覆地的斗争。

我想你们没有一个是“坐享其成”的人。

你们是铁中铮铮。

爸爸

1946 年 7 月 6 日北平

这些言词一直激励着我，给了我革命胜利的信心，并决心不“坐享其成”，要为实现伟大的共产主义理想而奋斗！老人家是我的父亲，也是我参加革命的启蒙人。

1948 年，我真的离开祖国到了那遥远的苏联去学习了。那时，父亲在他繁忙的工作中，总是抽空给我去信。信中的教导一直铭记在我心中，为了怀念爸爸，我将他老人家在 1949 年和 1950 年给我的两封信奉献出来，以寄托女儿对慈父的无限哀思。这里要说明的是，我曾珍藏着父亲给我的所有信件，只因“文化大革命”中多次被抄家而失散了，这两封还是不知经过怎样的曲折找回来的。

1949 年 5 月 27 日的信

亲爱的梅儿：

收到你最近的信，是 1949 年 4 月 21 日的。知道你养病已经恢复了健康，增加了体重一公斤，也增加了血，又在继续着你们的学习，我很高兴。

女儿：爸爸很对不起你，你来很多信，都没有答复。我知道远处，在遥远的虽说是很自由的国家里，由于言语、习惯等等，自然要增加一些对祖国的怀念，何况祖国的人民，正在以千万倍的信心和勇气，来打断快要挣断的锁链的时候，不断的胜利的狂风，吹到了远远的西方的时候，你们的心情，爸爸是知道的。

女儿：让爸爸们，把新民主的地基，铲得平平的，让你们后一代，在我们的祖国，加工地建筑起一座自由、快乐、文明、进步、庄严、华丽的世界。你们不能逃避这一责任，你们必须完成你们这一代的责任。因此，当着你们还在学习时期，就应该全心全意地为建设我们完全新的中国而努力！

女儿：我考虑过，也和哥哥商量过，主张你学农业。因为现在才开始学医，时间太长，恐学不好。不过这仅仅是提供参考的意见而已。不过我另一种想法，不管学那一门科学，首先要把俄文学个精通，那么，虽然在学校里没有学得很完全，出校以后，仍可自己继续研究的。

我在北平学习市政，跳下水去学泅水，时间还很短，学得还不多。我拟努力地学习下去，这也是一件不很容易的科学。

我写这封信时，正值刘宁一同志等快要出国，拿护照来签字的时候，匆匆写一封信，托宁一同志带给你，此时妞妞上学未回来，因此，你的妹妹就没有写信给你了。下次再给你寄信。

祝你

健康进步！

你的爸爸

1949年5月27日，北平

1950年4月22日的信

梅儿：

从李伯伯（即李克农）处转来的信及照片均收到。返穗后，同志送给我一架照像机，特托李伯伯送给你，如需别的亦可来信。

努力把自己锻炼成为人民所需要的人，不是多一个少一个没有什么关系的人，不是可有可无的人。确有一点本领，拿出来为人民做点事，尽点小螺丝钉的作用。这就是学习的目的，也是做人的目的。不要好高骛远，幻想多而实干少。这一点，可要注意。许多人都说你学得不坏，爸爸是高兴的。但应该懂得还不够得很。望继续努力：日进不已的学习，完成学习任务。在广州的人，你所认识的都好。勿念。祝你健康和进步！

爸爸

1950年4月22日广州

岁月如梭，我从莫斯科学习回国已经是几十余年了。工作中经历过许多困难，生活中遇到不少艰辛，特别是在十年浩劫中受尽凌辱与折磨。我之所以能够挺过来，在个人利益、工资待遇、职务面前，尚能自觉、知足的话，是靠党的培养，靠毛泽东思想哺育，也是受到了父亲经常的教育的结果。父亲对儿女们的要求是严格的。他经常召集我们一起开家庭会，询问大家在工作单位的表现。如果谁有什么问题，他就要提出严厉批评。在他的晚年，年老多病，许多事情力不从心。他还经常问我，弟妹们在单位表现怎么样，关心我们的成长。从父亲对我们的教育中，我得到了无穷的力量，对革命与建设增强了胜利的信心。

古语说："三年无改于父之道，可谓孝矣。"我虽已步入离休之年，还要决心谨遵教诲，绝不改于父之道，一辈子以爸爸为榜样，忠诚跟着中国共产党，在四化建设中尽点小螺丝钉的作用。

爸爸，您安息吧！

（楚　梅）

可爱的父亲

父亲在漫长的一生中，屡经历史的风云变幻和革命的惊涛险浪，其间不乏富于传奇色彩的非凡事件。但那并不是我亲身经历和体会过的。对我来说，叶剑英只是我的父亲——我的可爱的父亲。

父亲在我心目中留下两极性的印象片断：要么是一些充满喜剧性的生活细节，要么是他处于极其深沉的思绪中的时刻。这些片断，至今仍深深地打动着我的心。

我珍惜童年时代与父亲一起度过的愉快的时光。我几乎是由他带大的。记得 1947 年，我们住在山西三交双塔村。父亲整天忙碌，晚上看文件至深夜，从第二天燃余的蜡烛的长短可以推知他究竟睡过觉没有。我那时是个小娇气包儿，最大的本事就是用“告状”去骚扰他的工作。对此，警卫员陆叔叔大为不满。一天晚上，陆叔叔为父亲准备好浓茶和足够的蜡烛，就催我回屋睡觉。可我不识相，偏要泡在那儿，一会儿要听唱歌，一会儿要看自编皮影戏。磨着磨着把陆叔叔磨急了：“你不睡觉明天不和你玩了！”

“不玩就不玩，我和爸爸玩！”说着就要到爸爸屋里闹哄去。陆叔叔急忙一把拉住我：“不懂事的家伙，你简直是小坏蛋！”我拔腿就跑到爸爸身边：“陆叔叔骂我是小坏蛋！”

父亲无暇顾我，顺口敷衍说：“嗯，你说他是大坏蛋吧！”一面继续伏案写着什么。我如获至宝，又跑回陆叔叔那儿说：“你是大坏蛋！”

陆叔叔摇头说：“会告状没出息，说得过我才算本事。”我说：“就告，看你怎么办！”说着又跑到了爸爸那里，告诉他：“陆叔叔欺负我！”心想，这回爸爸可得为我出出气了，不料他听我说完就哈哈大笑起来，我觉得两边下不来台，金豆儿险些掉下来。他连忙站起来，拉着我的手说：“走，去找陆叔叔！”可是他一点也不偏袒我。他俩一见面，却哈哈地笑了。

我“哇”的一声哭了出来。旁边另一位警卫员叔叔“唷……唷……”地叫着，我哭得更起劲儿了。

“哎，小陆，哄哄她吧，她吵得我不能办公了。”父亲对陆叔叔说完，又哄我说：“你看我说他了，行了吧？还不快去睡觉！”他习惯性地轻拍了我一下，匆匆回自己房间去了。

陆叔叔向我做了个鬼脸：“真不怕羞，你长大还当不当兵了？”他一面送我去睡觉，一面说：“你别哭，明天我给你找只小狗狗。”“小狗？……我要花的！”“嘘——！别吵你爸爸！”陆叔叔指了指最亮的那扇窗户，我看见爸爸的身影一动不动地投映在那发黄的窗纸上面，我终于不再哭了。

父亲是一个具有强烈感染力的人，哪怕是讲一段故事，讲一首古诗，也能使人听得入神，经久难忘。每当他谈起“中华民族”之时，他那深沉的喜怒哀乐之情便激荡着我的心胸，使我倍感幸福或酸楚。记得上世纪60年代初，我在大学读书时，因为营养不良，得了浮肿病。父亲见我面孔苍白浮肿，什么话也没有说过。上大学后，和父亲在一起的时间不像儿时那样多了。能和父亲聚一聚，见见他慈祥的面容，成了一件经常盼望的美事。正巧一天下午没课，中午我就回了家，和父亲共进午餐。桌上的菜虽然简单，但对我来说也是“久违了”，心想可以饱餐一顿了。我端起饭碗大口吃起来。过了一会儿，才发现，父亲根本没动筷子，只是用一种异样的神情望着我。

“爸，您怎么不吃呀？您不舒服？……”

“女儿，你知道不知道，这几天，毛主席都不吃肉了。他对炊事员讲：‘全国人民都没有肉吃，为什么还要给我肉吃？’每次端上肉来给他，他都让端回去……他不是别人哟，连他都不肯吃肉了……”父亲的声音开始颤动，说不下去了。一个饱经风霜的老人，表情忧伤而痛楚，眼圈都红了。我作为女儿在他身边，心里说不出的难过。我知道自己是无法排遣他的沉重心情的，因为在他心里，正想着暂时困难给全国人民带来的痛苦。

饭桌上出现了沉默。长时间的沉默使我觉得周围的空气都变得沉重了。街上传来的声音显得遥远而混浊。我止不住自己的泪水。嘴里的饭变得像咸水浸过的锯末，难以下咽……

在父亲身边，我从没听到过他说自己如何如何能干，以此向我们这些小辈摆功。也从来没有听到过他去说谁谁怎么怎么不好。他说到别人犯了错误，总是带着一种沉痛而惋惜的语调。他这种以他人之忧为己忧的情绪，往往使在他身边的我们产生一种共鸣。他极重感情。记得有一次他自己说：“我若是学了医，一定是个好医生。”我相信这话。有时，我真觉得他应该当医生，而且相信他会成为一个名医的。

1982年，我到湖南拍摄故事片《风吹唢呐声》，住在长沙蓉园宾馆。在林彪的“一号通令”下达之后，父亲被送到长沙“冷藏”起来时曾在蓉园暂住，所以那里不少工作人员都认识他。父亲和炊事员、服务员、管理人员都处得很好。最有趣的是，父亲还为一位炊事员的妻子开了中药方，使她多年的哮喘病明显好转。我真不能想象父亲竟能给人治病！用广东话讲，真是够胆！

使我忐忑不安的是，那位病人在1982年又犯了病，要求我回北京后问问父亲那方子上开的都是什么药。他说：“你父亲是亲自到园子里去采的药。可惜我现在把方子弄丢了……”

细想起来，父亲确是这样的人，对自己不懂的事都怀着好奇的童心，对新鲜的事物从来不抱偏见。他乐于观察、试验、实践……

我又想起上世纪60年代的一个冬天，父亲从广东回北京时，小心翼翼地捧回两花盆“鹅不食草”的小秧子给我，稀毛喇痢头似的没有几根草。可这是他辛辛苦苦专门为我从地里挖回来的，我当然是非常感激。原来，他不知从哪儿听说，这种草可以治疗我的鼻窦炎，所以不远万里捧回来为我治病。其实我不过是鼻子过敏而已，哪里是什么鼻窦炎？他亲自操作来给我治病，结果为了他的美意，害得我鼻涕眼泪齐流，喷嚏咳嗽不断，一连数日，全家不宁。尽管如此，我还是爱我这可爱的爸爸。他珍惜他的女儿，竭尽全力；我也珍惜我的父亲，一片真心。

我想，我后来去学医，而且真的很热爱这门科学，是与父亲的“业余爱好”分不开的。他常说：“医生的话不能不听，也不能全听。每个人都有自己不同于他人的地方，要学会自己去摸索……”至今想起来，这还是十分有道理的话，我喜欢他对待事物的这种态度……

（凌　子）

无字的枫叶

爸爸生前很喜爱枫叶。大概是因为那火红的枫叶象征着燃烧的生命吧。

每当秋风落叶的时节，他总喜欢在 2 号楼的庭院里拾起一片片飘落的枫叶，把它夹在书里。他曾为此写下一首小诗：

翠柏围深院，红枫傍小楼。
书丛藏醉叶，留下一年秋。

想不到 1986 年秋天，正当枫叶随风飘落的时候，他离我们远去了。

为了怀念爸爸，哥哥姐姐们都在院子里拾起一片红叶，每个人在上面都虔诚地写上一句话，寄托自己的哀思。而我，捧着片片红叶，萦思缕缕，却写不出一个字。直到今天，我献给爸爸的仍然是一片无字的枫叶。

一片无字的枫叶，凝聚着女儿对爸爸无限怀念的深情，使我想起了和爸爸一起度过的日子，特别是想起了“文化大革命”中与爸爸患难与共的一段时光。

在那动荡的、“史无前例”的灾难岁月里，林彪一伙处心积虑想把爸爸搞垮，诬蔑他是“二月逆流”的黑干将，硬说他的孩子们都有问题，横加罪名，把我的哥哥、姐姐、姐夫们一共七个人投进了监狱，甚至连家中的保姆也被抓了进去。我那时只有 17 岁，为了保护我，爸爸把我送到当时任北京卫戍区司令的傅崇碧叔叔那里，当了一名通讯兵。谁知这事让江青知道了，她把傅司令叫去大喊大叫说：“叶剑英的女儿怎么能守总机呢！在这样的机密部门工作，走漏了消息怎么办？要把她抓起来！”当晚傅司令打电话给爸爸，说我跟班长吵架了，团结不好，让家里速来人把我接回去。我离开的第三天，就发生了所谓的“杨、余、傅事件”，傅崇碧叔叔被抓起来了。我当时也不能再在北京待下去了，于是远离爸爸去福建当兵。记得当时爸爸对我说：“很可能是傅崇碧救了你。”几年以后，当爸爸得知傅司令被放出来了，立即让我去探望他。他告诉了我事情的真相，并说：“你爸爸把你交给了我，我不能让他们把你抓起来，所以制造了一个借口，把你转移出去了。”

我离开北京以后，就剩爸爸一个人孤寂度日，行动受到限制，连打电话的自由也被剥夺了。在我们一家被搞得支离破碎的逆境里，爸爸和儿女们剩下的唯一联系就是一封封家书。“家书抵万金。”我真正体会到了这句话的意味。为了慰藉孤寂的爸爸，我经常提笔给他写信。我在家信中流露了我的担忧，十分关心他的安危和生活情形，可爸爸乐观、风趣的回信安慰了我，他写到："信中问到2号楼，且听吧：2号楼前果木多，一间古庙一头陀（他把自己比作古庙里的和尚）。女儿有假归来看，你的窝儿照样呵！"从这封平常的信里，我看到爸爸临危不惧、善于自处的革命乐观主义精神，使我受到鼓舞，得到很大的安慰。不久，爸爸被迫到工厂劳动，那时，他已是七十多岁的老人了，身体也不好，但他却精神饱满，觉得是一次学习的好机会。他被分配到装订车间工作，每天和工人们一起劳动，一起吃饭。大家亲切地叫他"老叶"。他在一封信中告诉我："每天到工厂向工人同志学习，受到教育很深。"他很遵守劳动纪律，除了完成分配的任务，还利用机会作调查研究，向厂里的领导干部和工人们了解生产情况，支持革新创造，关心群众生活。他在给周总理的报告中，热情赞扬工人们无私的共产主义精神，说工人们"敢于批评，敢于争论，敢于提出改革的意见"。并说自己"落后了，走上去吧！"

我在福建当兵的三年间，爸爸常常写信开导我，教育我，要我努力用毛泽东思想把头脑武装起来，嘱咐我在前线利用机会学军事知识和技术，不忘战争，希望我成为国家的有用之人。他在信中语重心长地说："人要成才，就要千锤百炼，才能成为有益于人民的人。你要刻苦锻炼，'马大哈'气味要天天压缩一点。"并对我每一微小的进步都感到欣慰，连我的字写得如何都注意到，一次来信中写到："来信，字儿写的仔细，不像以前鸽蛋大了，也照着格子写，一行行地像个读书人。谈谈工作，谈谈学习，也亮出思想，总的说近一二年大有进步，进入了社会，懂得点人生，爸爸高兴你的成长。"

1969年10月，林彪利用所谓"一号命令"，把爸爸和其他老革命前辈们赶出北京，实际上是流放外地。他抱病辗转于长沙、岳阳、湘潭等地，受尽折磨。直到1970年8月召开党的九届二中全会，揭露林彪、陈伯达抢班夺权的阴谋时，爸爸才同朱德、董必武伯伯一起，返回庐山参加会议。

1970年爸爸奉毛主席、周总理之命，为了开展批陈整风，到福建调查陈伯达的反革命历史材料。3年不见的爸爸来到连队看望我。他知道我当了班长以后，对我说："主席说过，'我们要学会当班长'。当好班长可不容

易，言教身教，都不得马虎！做大官，懒点错点，不见得马上就挨揍；当班长，领导与被领导，天天面对面，白天出了差错，晚上就挨批评，你的尾巴要夹得紧紧的，向连长报告时，两腿拖得重重的，这些都是锻炼人的好条件。”

1974年，“四人帮”加紧了篡党夺权的步伐，又搞了所谓“批林批孔”运动，把矛头指向了周总理和爸爸。元月25日在体育馆召开的“批林批孔”动员大会上，江青突然发难说：“要叶剑英的女儿响应号召，到下边去劳动改造。”这样我不得不中断学习，去福建的一个农场劳动。临走时，爸爸很难过，他觉得是因为他而株连了我不能继续学业，我安慰爸爸说：“哥哥姐姐们都蹲了监狱，这回也该轮到我了，没什么了不起！”

到农场后，我和爸爸还是经常通信，无话不谈。

在3月10日的一封信中写道：“女儿，收到3月6日的信，我想应该立刻回封信给你，因为你现在海角天涯，从事庄严的劳动。”

在信中，他告诫我要正确认识劳动创造世界的意义：“劳动是推动你迈进的动力。”“只要认真去劳动，体验，锻炼，不仅增加生产知识，主要是认识劳动怎样改造了人，认清创造世界是要多少真正能劳动，包括战争的劳动的战士，与自然斗争，与反革命斗争，认清了就会自觉地刻苦地去寻找思想的武器。”爸爸一再嘱咐：“望坚持不懈地完成任务。相信你会坚持下去的。”

“人生是多么短促，宇宙是多么无限，人们以短暂的时光完成悠远的事业，只有代代相承，蝉联不断，愚公式地干下去。这里产生后继需人的大问题。”

“亲爱的珊儿，勇敢地坚毅地准备好接起前一辈人的班来吧！你的聪明、正义，完全可以做到的。”

爸爸的每封信都写得那样亲切，那样深情，那样隽永。我从爸爸的信里吸取了无限的力量！

手捧这片无字的枫叶，我想起爸爸在战争年代写的一首诗——《看方志敏同志手书有感》。那首诗的后两句写道：“文山去后南朝月，又照秦淮一叶枫。”在这里，他用火红的枫叶来赞颂一代英烈为国为民的一片丹心。爸爸的一生不也正像这一叶红枫吗？

我久久凝视着手里这片无字的枫叶，仿佛看到了爸爸在临终前似乎有很多话想说，但最终他什么也没说……我手中紧握着的仍然是那片枫叶——无字的枫叶。

（文 珊）

“柯棣华是中印人民友谊的象征”

——叶剑英和郭庆兰

郭庆兰是印度援华医疗队医生柯棣华的妻子。

1943 年，在抗日战争最艰苦的年月里，柯棣华为中国人民献出了宝贵的生命。柯医生牺牲了三个月后，郭庆兰接到朱德总司令的电令，从晋察冀调回延安。

那时敌人正准备向晋察冀进行残酷的扫荡。郭庆兰怀着依依惜别的心情，背起未满周岁的婴儿印华，告别了前线的战友和她已经在这里战斗了五年之久的晋察冀边区，到了延安。

来到延安后，她虽举目无亲，但同志们的殷勤照顾和中央首长们对她的亲切关怀，使她从未感到过孤独无援。周恩来副主席、朱德总司令、聂荣臻司令员和叶剑英总参谋长都经常来向她表示亲切问候和帮助，解决她和孩子的生活问题。

在郭庆兰到达延安后不久的一天，朱总司令派一位警卫员，骑着一匹大红马来接她和印华去王家坪。中午，叶剑英派人来请她和印华去他那里吃饭。

郭庆兰过去没见过叶剑英，自感衣帽不整，又带着孩子，不免有些拘束。她去时，只见叶剑英和夫人都在屋子里等候。叶剑英只穿着一身普通军装，当即迎上前来和她紧紧握手。她抱着印华坐在饭桌旁边，桌上摆满了热腾腾的饭和菜。小印华伸手便要抓着吃，郭庆兰真有些不好意思。叶剑英笑着说："没关系"，并招呼她吃饭，叶剑英的夫人还帮助喂孩子。

她的心情这时才平静下来。叶剑英对郭庆兰说："1938 年我在武汉就认识了柯棣华大夫。当时，我曾接见过医疗队全体成员。爱德华是队长，柯棣华是最年轻的两位医生之一。"叶剑英回忆当时的情况说："柯棣华医生很活泼，肯学习，还会说几句中国话，在欢迎大会上唱过《义勇军进行曲》和《马赛曲》，使那次欢迎大会显得很活跃。"

叶剑英十分敬佩柯棣华的革命精神，他说："那时援华医疗队的同志都表示要到延安工作，他和周副主席则认为把医疗队暂时留在国民党地区工作，国际影响更大些。但柯棣华等同志仍坚持要去延安。最后我和周副主席只好表示同意。"郭庆兰听到后，感到有说不出的高兴。

叶剑英又抱过印华，逗得孩子直笑。看到叶剑英对下级干部如此平易近人，亲切可爱，使郭感动万分。

叶剑英看着孩子对她说："孩子可不胖呀，你是护士，应该把他喂得很好。"

郭庆兰说："在前方时，能按时喂奶，那时孩子很胖。由于我们近四五个月来，都在行军路上，喂奶就不正常了。"

她告诉叶剑英，为了保护孩子的安全，聂荣臻司令员决定秘密送她们到延安。她们一行只有四个人，除她和印华之外，还有一个保姆和一个管理员。三个人轮换着背孩子，由当地的秘密交通员一站一站地送过黄河，走到延安。路上通过敌人四道封锁线。过封锁线时大部分是夜间，白天则躲进山洞休息。有时爬山，有时过大河。走到晋西北时孩子拉肚子，她也患重感冒，孩子没有奶吃，沿途的老乡，对我非常关照，看到孩子没有奶，就把家里的土豆和小米煮熟了给孩子吃，因此孩子瘦了。

叶剑英听她说完，很关切地说："现在已到延安了，一定要带好孩子，将来印华要回到印度，像他爸爸一样，为印度人民服务。"这一席话使她更受感动。

下午 3 点多钟，叶剑英又派人把她送回柳树店。后来她们离开延安，和叶剑英一别多年，想不到 30 年后又见面。

1973 年的一天，中联部通知郭庆兰说，巴苏大夫（原印度援华医疗队成员）又再次访华，很想见她。郭庆兰应邀来京。在人民大会堂的小会议厅里，叶帅同他们一一握手。在座的有巴苏大夫及其夫人，还有中联部的几位同志。

叶帅首先用英语询问了巴苏大夫在印度的生活情况，然后又问郭庆兰在哪里工作。回答说在大连。叶帅连连点头，并询问大连“文化革命”的情况。

1974 年夏天，以秘书长拉蒂菲为团长的全印柯棣华纪念委员会代表团来华访问，叶帅又一次亲切地接见了全体成员，其中有柯棣华的三妹玛诺拉马和郭庆兰。三妹非常高兴地参加了叶帅主持的宴会。在宴会上叶帅询问了她全家人的健康状况，并回忆了印度援华医疗队在中国最困难的时候，和中国军民并肩战斗的情景以及柯棣华同志的革命业绩。他说，柯棣华医生为了中华民族的生存贡献出自己年轻的生命，深受中国人民爱戴和尊敬，中国人民是永远不会忘记他的。柯棣华是中印人民友谊的象征。

宴会后郭庆兰和三妹回到宾馆，三妹非常高兴地对郭庆兰说：“今天叶帅的宴请，好像我们的老父亲当年在家里和我们兄弟姐妹在一起团聚一样，我是不会忘记的。”

三妹还同郭庆兰谈到叶帅 1956 年率军事代表团访问印度时，没有忘记到她家探望柯棣华同志的老母亲及他们全家人的情景。她说：“那天，叶帅和两位陪同人员到我们家，叶帅亲自把毛主席为哥哥写的挽词，摆在桌子上，给老母亲一句一句地读完，并告诉老母亲这是中国人民的领袖毛泽东写的，他代表了中国人民对柯棣华同志的怀念。老母亲听后非常高兴，全家人都把这当做一种少有的荣誉。”后来三妹还参观访问了柯棣华当年战斗和工作过的地方，同样受到各地政府和人民群众的热情欢迎。

1976 年粉碎“四人帮”后，叶帅和聂帅建议，在石家庄建立柯棣华纪念馆，以纪念这位伟大的国际主义战士。柯棣华纪念馆建成后，中国邀请了包括柯棣华的大哥和五妹在内的以巴苏大夫为团长的全印柯棣华纪念委员会的成员来华参加纪念活动。代表团成员来自印度全国各地。12 月，中国北方天气寒冷，但代表团的成员们，都精神抖擞，怀着一颗火热的心，参加了开幕式，后又回到北京参观。在京期间，叶帅和聂帅又亲切地接见了全印柯棣华纪念委员会的代表们及柯棣华的亲属，并举行了隆重的欢迎宴会。叶帅在宴会中说：“这次打倒‘四人帮’，是毛主席生前的愿望，是毛主席想做而没有来得及做的事。现在全国人民欢欣鼓舞，各地出现了三空：鞭炮空（人们热烈庆祝）、酒空（人民表示高兴）、医院空（被迫住院的干部纷纷要求出院工作）。”

当时郭庆兰等听了都很受感动。她知道在中国危急存亡的关键时刻，是叶帅挺身而出，精密筹划，和中央政治局同志一道，一举粉碎了祸国殃民的“四人帮”，而叶帅把这一切归功于毛主席。这种高尚的革命品质，使大家由衷地钦佩。而最使郭庆兰和印度友人感动的，是在中国遭受唐山大地震之后，在石家庄建立了柯棣华纪念馆。中印人民的友谊于此得到了更高的体现。

印度人民十分钦佩毛主席。全印柯棣华纪念委员会主席比库·巴苏大夫，把一块非常精致美丽洁白的上面刻有中印两国文字的印度云石送给了叶剑英元帅，要他把这块云石砌入即将建立的毛主席纪念堂，并说：“这是印度人民的一片心意。”

叶帅十分感动地紧握巴苏大夫的手表示感谢。

1982 年 12 月 9 日，首都人民隆重纪念柯棣华大夫逝世 40 周年和爱德华大夫逝世 25 周年。郭庆兰应邀出席。叶帅因健康状况未能出席大会，但仍在他的住所接见了全印柯棣华纪念委员会成员。一位印度代表热情地把一块印度绸制作的花巾围在叶帅的脖领上，叶帅表示感谢。巴苏大夫在见到他的老上级叶帅时激动地说：“是您在 43 年前支持了印度援华医疗队的工作，是您培育和教育了我们这一代的人，今天我们能见到您这位德高望重的老领导，倍感亲切。”叶帅谦逊地坐在大家中间，合影留念，并和每个人亲切握手，使郭庆兰再一次感到在革命大家庭的温暖。但没想到这次会见竟成为她和叶帅最后的一次会见！

（果一文）

“我们是老朋友了”

——叶剑英和加伦

1925年1月30日，广州革命政府讨伐叛军陈炯明的东征军作战会议紧张地进行着。

总司令部召集东征军师以上参谋长正在研究作战部署。

会议室的正面墙上挂着孙中山的遗像，对面墙上是一幅放大的广东军事地图：

在一张长长的会议桌周围，整齐地坐着建国粤军、建国滇军、建国桂军的高级参谋人员。靠桌子的末端、不显眼的席位上坐着粤军二师参谋长叶剑英。他此刻用一种探寻的目光打量着一切，最后把眼睛停留在桌子的顶头，正中的席位上，那里端坐着许崇智总司令，在他右手边坐着苏联军事顾问团首席代表加伦将军。

许崇智简短讲话之后，作出笑容朝顾问团点点头，说：“现在欢迎我们的东征军总顾问加伦将军训话。”

几十只眼睛一下子投向加伦的身上。叶剑英用深情的目光期待着这位久负盛名的异国将领能给这次东征带来福音。

这位中等身材、体格健壮的苏联将军，今天身穿灰色的西服，看上去憨厚朴实，平易近人。他本名瓦西里·康斯坦汀若维奇·布留赫尔，虽然只有35岁，但在第一次世界大战和国内战争中，身经百战，功勋卓著，是个传奇式的英雄，曾担任远东共和国司令、陆军部长和军事委员会主席。1924年10月，加伦奉斯大林之命来到中国，担任孙中山革命政府的首席军事顾问和黄埔军校的总顾问。那时，叶剑英已去香洲新编团，偶尔返回军校授课，听过几次加伦演讲，读过他对广东政局战局发表的许多意见书。加伦敦促广东政府成立了军事委员会，并多次开会提出改编军队和未来作战的总方案，建议巩固广东后方，再举行北伐。在《近期工作展望》的报告书里，加伦客观地分析了政府的兵力和敌方的情况，提出了集中力量打败陈炯明叛军，加强对英国炮舰的防御，以巩固广东根据地的建议。他还提议在云贵、两广的各军中建立并加强政治工作。叶剑英十分敬佩这位无产阶级军事家对中国革命的见解。不久前，他曾和加伦一起讨论过东征军先头部队的作战计划。这次会议，他更想直接听听加伦将军对东征整个战役的部署和意见。

但是，加伦并没有应许崇智之请，哇啦哇啦地“训话”。他笑容可掬，转动着一双有神的灰色眼睛谦虚地打量着每一个人，然后转向总司令，要翻译转答说，首先感谢总司令对他的信任，但自己并没有现成的作战方案，很想听听各位长官的高见。

根据加伦的请求，总司令部的参谋处处长扼要地汇报了陈炯明叛军的兵力部署和在向广州逼近的态势：陈炯明已于26日下令，向虎门要塞和石滩等地发起进攻。加伦很细心地听着，凝聚着两道乌黑的浓眉不时地看看地图、插话，问明具体地点和路线。

会议空气很沉闷，发言的人并不踊跃。参谋处处长谈了意见之后，竟出现半天冷场。急得许崇智只好点滇军、桂军的将。由于滇军总司令杨希闵根本无意于东征，他的参谋长来出席会议之前未作任何准备，只奉命带着耳朵，没带嘴巴的。在许崇智一再敦促下，勉强应付几句，也说不出个子午卯酉。

这时，叶剑英站起来报告作战情况，他详细分析了二师面临的敌情和作战想定方案。

加伦听得很认真，边听边画图，做笔记，不时提出问题和建议。

叶剑英注视着加伦的一举一动，很赞赏他这种“每事问”的求实精神。

听完大家的作战情况报告，加伦不慌不忙地放下烟斗开始发言。

他首先从大的方面讲了全国的政治局势，接着讲到东征军和陈炯明叛军双方的作战能力、经济后盾、兵力装备以及所占据的地形特点，然后说：“你们中国的战略家孙子有句名言：‘知己知彼，百战不殆’。现在，我方的情况总算弄清楚了，但敌方呢？他们号称8万、10万，有没有那么多呢？”

说到这里，他从怀里掏出个笔记本边说边读起敌军各路兵马的数字，然后说："总算起来，敌人兵力也不过五六万人。敌人虚张声势，要打一半折扣。所以，我们千万不可灭自己的志气，长敌人的威风！"他最后说："大敌当前，要放弃争权夺利，握紧一个拳头，打击陈炯明！"

加伦说完敌军实际兵力之后，又与总司令部参谋处处长、二师叶剑英参谋长等一起根据侦察情报，用蓝笔在军用地图上标示敌军进攻的方向、路线。然后，又根据敌我双方的兵力和所在位置，提出东征军的作战部署和进军路线。

讨论中，滇桂军军官提出异议，主张集中兵力先打惠州。叶剑英反对这种打法，赞同加伦的计划，采取迂回战术，以主力绕过惠州，直取潮汕，以少数兵力围攻惠州。

会议经过争论决定。由许崇智根据加伦的计划下达了作战命令。

许崇智指令各路军根据统一的作战方案作出详细的作战计划。他接受加伦的建议，命令右翼军的第二师先头部队，提前出发，黄埔学生军跟进。

由于作战任务紧迫，在散会之后，许崇智交代留下总司令部参谋处处长、二师叶剑英参谋长与军事顾问加伦等，继续详细研究右翼军具体的行军作战计划。

叶剑英快步走到加伦面前，加伦热情与他握手："我们是老朋友了！"然后介绍一位苏联军官说："这是罗加乔夫同志，经许总司令同意，准备随你们二师行动，参与指挥作战。"

罗加乔夫也是苏联红军的将军，当时是驻北京苏联大使馆副武官随员，曾任苏联军事顾问团军事会议主席。

"认识你很高兴！叶将军。"罗加乔夫热情伸出手来，主动与叶剑英攀谈。叶剑英结识了加伦和罗加乔夫，心里有说不出的高兴。在交谈中，发现他们虽然来自异国他乡，但对中国南方的战局却很了解，尤其感到他们是真诚地帮助中国革命，更是充满感激和敬服之情。

从这次共同拟制作战计划以后，东征北伐，直到留学苏联，在伯力、红河练兵，有相当一段时间，叶剑英同加伦将军并肩战斗，建立了深厚的友谊，从他身上学到了许多东西。

不见加伦三十年，
东征北伐费支援。
我来伯力多怀旧，
欲到红河认爪痕。

建国以后，在庆祝苏联“十月革命”40周年之际，叶剑英访苏在伯力写下这首饱含绵绵情谊的诗篇，以纪念加伦将军，寄托着无限的哀思。

（赵东升）

编 后 记

20世纪的中国是一个风云际会、英雄辈出的伟大变革时代。伟大的时代造就出灿若群星的历史伟人。人民军队中功勋卓著的叶剑英元帅就是这些伟人中的一个。

作为人民军队中的一代伟人、著名战将，他一生中同党内外、国内外、军内外各种人士有着十分广泛的交往，有的是在硝烟弥漫的战争年代，有的是在轰轰烈烈的社会主义革命和社会主义建设时期，有的是在变幻莫测的外交场合，有的是在蒙冤受屈的荒唐岁月，有的是在工作中，有的是在生活中。几十年来，曾经同他有过交往的同志和人士，撰写了大量的回忆书籍和文章，叙述昔日交往中的轶闻、趣事。本系列丛书就是从这些大量的书籍或文章中精选精编成册的。此外，还有相当一部分文章是新约写或由编者撰写的。

在编选过程中，我们在尽可能地保留文章原有风格的前提下，根据本书的整体需要，对所有的文章作了必要和程度不同的节录、删改、改编，对有明显文字、观点和史实性错误之处作了修订。文章的标题绝大部分是编者拟定的。